高等院校精品课程系列教材

数字经济学
Digital Economics

井然哲 编著

机械工业出版社
CHINA MACHINE PRESS

本书基于经济学理论，以数字经济为研究对象，系统地分析了数字经济学的本质、表现形态等基本理论知识和实际应用案例。全书共19章，内容主要包括四个部分：基础篇（第1章至第5章），详细阐述了数字经济的定义与特征、数字经济与传统经济对比分析，以及数字经济的理论基础、基础设施、技术基础等内容；产业篇（第6章至第11章），主要从数字农业、数字工业、数字服务业（包括商业、金融、物流、旅游等）的视角出发，深入剖析了各产业数字化转型的意义和影响，旨在帮助读者更深刻地理解产业数字化转型；政务篇（第12章至第16章），着重从数字政务、数字城市、数字交通、数字医疗、数字教育等方面分别阐述了数字化发展进程及其重要性；政策篇（第17章至第19章），重点探讨了国内外数字经济的发展现状及相关政策，并提出了数字经济发展的实质性策略建议。

本书内容新颖，系统性强，理论联系实际，为便于读者理解，每章均包含引例和延伸阅读。本书既可作为经济管理类专业本科生、研究生及工商管理硕士（MBA）的教材，也可供数字经济的从业者和研究人员阅读参考。

图书在版编目（CIP）数据

数字经济学 / 井然哲编著 . —北京：机械工业出版社，2024.1（2025.8 重印）
高等院校精品课程系列教材
ISBN 978-7-111-74906-6

Ⅰ.①数…　Ⅱ.①井…　Ⅲ.①信息经济学－高等学校－教材　Ⅳ.① F062.5

中国国家版本馆 CIP 数据核字（2024）第 035079 号

机械工业出版社（北京市百万庄大街22号　邮政编码100037）
策划编辑：王洪波　　　　　责任编辑：王洪波　王华庆
责任校对：张爱妮　张 薇　　责任印制：常天培
河北虎彩印刷有限公司印刷
2025年8月第1版第4次印刷
185mm×260mm・14印张・1插页・275千字
标准书号：ISBN 978-7-111-74906-6
定价：55.00元

电话服务　　　　　　　　　网络服务
客服电话：010-88361066　　机　工　官　网：www.cmpbook.com
　　　　　010-88379833　　机　工　官　博：weibo.com/cmp1952
　　　　　010-68326294　　金　　书　　网：www.golden-book.com
封底无防伪标均为盗版　机工教育服务网：www.cmpedu.com

前言

人类社会发展过程主要经历了三种经济形态，分别是农业经济、工业经济和信息经济。每种经济形态都对应着不同的社会形态，分别是农业社会、工业社会、信息社会。

人类社会进入信息时代后，数字技术的快速发展和广泛应用衍生出了数字经济。与农耕时代的农业经济，以及工业时代的工业经济有所不同，数字经济是一种全新的经济形态，带来了新的动能、新的业态，引发了社会和经济的整体性深刻变革。

现在我们讨论的数字经济（Digital Economy），是一个内涵非常宽泛的概念，有人认为数字经济是信息经济的另一种称谓，也被称为网络经济、智能经济、智慧经济。实际上，任何直接或间接利用数据来引导资源发挥作用、推动生产力发展的经济形态都可以纳入其范畴。

数字经济是继农业经济和工业经济之后的主要经济形态，是以数据资源为关键要素，以现代信息网络为主要载体，以信息通信技术融合应用和全要素数字化转型为重要推动力，促进公平与效率更加统一的新经济形态。数字经济发展速度快、辐射范围广、影响程度深，正推动生产方式、生活方式和治理方式发生深刻变革，逐渐成为重组全球要素资源、重塑全球经济结构、重建全球竞争格局的关键力量。

数字经济之所以称为数字经济，是因为它凸显了支撑信息经济的信息技术二进制数字特征。0和1这两个简单而神秘的数字，在数字化世界中几乎可以组成一切。通过无数种组合，它们正在改变着世界，并给世界经济打上了深刻的数字烙印。

我们知道，人类社会的发展离不开两个车轮（一个代表技术，一个代表管理）和一根轴（人才）。数字经济的驱动技术无疑是一组数字技术。在这些技术的推动下，人类社会进入数字经济时代。这组技术所引发的社会变革与以往有着本质的不同。在农业时代和工业时代，所使用的技术为解放人类体力劳动做出了贡献，带来了农业文明和工业文明。而在如今的数字时代，所使用的技术特别是一些智能技术，在物理空间、网络空间、生物空间之间不断跨界融合，竞相发展，推动整个社会不断进步，为解放人类脑力劳动做出了贡献，带领人类迈向数字文明时代。

如今，可以说我们是旧文明的最后一代，也是新文明的第一代（《再造新文明》，阿尔文·托夫勒）。特别是 Z 世代，是数字时代的原住民，如果不能正视和融入，就会被时代抛弃。因此，我们需要适应数字经济的发展，利用它所带来的技术与管理创新，发挥人才的潜力，共同创造更美好的未来。

未来已来，我们不能观望不前，在这个属于全球的黄金时代，我们要行动起来，参与其中，携手新文明，共创共享新理念、新洞见、新规则，让这样一个令人期待的美好未来在我们手中创建和呈现。

前行不辍，未来可期。没有谁是这个大时代变革的观众。今天的你我，就是这个大时代创新和变革的主角。

本书是在完成国家自然科学基金项目（No.71072037）、上海浦江人才计划项目（Shanghai Pujiang Program）的基础上编写的。本书的编写是一项原创性工作，作者在阐述观点和见解时，还引用了农业经济、工业经济、服务经济、网络经济等领域的研究成果。

本书的编写也是在通识教育课——"'互联网+'与经济智慧化解析"教学实践的基础上完成的，该课程被列为教育部党的十九大精神进课堂示范课、党的二十大精神进教材、上海财经大学首批课程思政示范课，荣获上海财经大学课程思政设计优秀案例奖，所指导的参赛团队荣获中国国际"互联网+"大学生创新创业大赛铜奖、上海市"互联网+"大学生创新创业大赛金奖。在编写过程中，我们汲取了选课学生的建设性意见，使得本书能紧贴时代脉搏，内容紧跟时代变化。

本书的编写得到了诸多同行、专家的帮助和指导。本书对数字经济理论、体系、方法与应用案例进行了探索性研究，作者通过辛勤研究，使本书更具有创新性和鲜明特色。在编写过程中，作者参阅了诸多国内外学者在数字经济领域的研究成果，在此一并对他们表示感谢。

本书在编写的过程中还得到了上海财经大学李强、邵洁浩、汤漫淇、孟渝杰、余旭军、唐雅仁、潘梦雪、黄思超，波士顿大学井琛，马萨诸塞大学洛威尔分校李婕，四川大学周围等同学的帮助和建议。

在本书付梓之际，感谢中央高校建设世界一流大学（学科）和特色发展引导专项资金项目与机械工业出版社的大力支持。

由于时间紧迫，加之水平所限，书中难免存在一些有待商榷的地方，敬请读者批评指正，以期日臻完善。

作者
2023 年 12 月

目 录

前言

第1章 认识数字经济 1
    学习要求 1
    引例 一枝鲜花中的数字经济 1
    1.1 数字经济的由来 1
    1.2 数字经济的内涵 3
    1.3 数字经济的特征 4
    1.4 数字经济的意义 5
    1.5 延伸阅读：数字经济的杭州模式 7
    本章小结 8
    复习思考题 8
    参考文献 8

第2章 数字经济与传统经济 10
    学习要求 10
    引例 一只小龙虾的长三角"数字"之旅 10
    2.1 传统经济与数字经济的比较 11
    2.2 传统经济是数字经济形成与发展的基础和前提 12
    2.3 数字经济是传统经济创新性的延伸 13
    2.4 数字经济改变了社会生产方式 13
    2.5 数字经济进一步促进了传统经济的发展 15
    2.6 延伸阅读：数字经济抢走了传统经济的饭碗？ 16
    本章小结 16

	复习思考题	17
	参考文献	17

第3章 数字经济的理论基础   19

	学习要求	19
	引例 今日头条最懂你	19
3.1	宏观经济增长理论	20
3.2	微观经济消费者理论	21
3.3	信息经济理论	22
3.4	网络经济理论	23
3.5	拓展阅读：数字经济促进传统经济理论创新发展	24
	本章小结	25
	复习思考题	26
	参考文献	26

第4章 数字经济的基础设施   28

	学习要求	28
	引例 新基建 新空间	28
4.1	新基建和传统基建的区别	29
4.2	新基建的范畴	29
4.3	新基建的主要特征	30
4.4	新基建的作用	30
4.5	新基建的发展趋势	31
4.6	数字经济的驱动力	32
4.7	延伸阅读：北京市新型基础设施建设	34
	本章小结	35
	复习思考题	36
	参考文献	36

第5章 数字经济的技术基础   37

	学习要求	37
	引例 "小球"背后的"大数据"	37
5.1	人工智能	38
5.2	区块链	39

5.3	云计算	40
5.4	大数据	40
5.5	延伸阅读：数字经济背景下的算法协同治理	42
本章小结		50
复习思考题		50
参考文献		50

第 6 章　数字农业　52

学习要求		52
引例　数字化助推"甜蜜事业"蒸蒸日上		52
6.1	农业发展概述	52
6.2	数字农业的内涵	53
6.3	数字农业的作用	54
6.4	数字农业的模式	56
6.5	延伸阅读：云南元阳——为乡村振兴注入数字化动力	57
本章小结		60
复习思考题		61
参考文献		61

第 7 章　数字工业　63

学习要求		63
引例　让定制不再奢侈		63
7.1	工业发展概述	63
7.2	数字工业的内涵	65
7.3	数字工业的作用	67
7.4	数字工业的模式	68
7.5	延伸阅读：特斯拉的超级工厂	71
本章小结		72
复习思考题		72
参考文献		73

第 8 章　数字商业　74

学习要求	74
引例　Kappa 的数字化全渠道运营	74

8.1	商业发展概述	75
8.2	数字商业的内涵	76
8.3	数字商业的作用	77
8.4	延伸阅读：亚马逊与数字商业	79

本章小结 80
复习思考题 80
参考文献 81

第 9 章 数字金融 82

学习要求 82
引例 数字工行 D-ICBC 82

9.1	金融发展过程	83
9.2	数字金融的内涵	83
9.3	数字金融的作用	85
9.4	数字金融的模式	87
9.5	数字金融的发展趋势	88
9.6	延伸阅读：数字人民币	89

本章小结 91
复习思考题 91
参考文献 91

第 10 章 数字物流 93

学习要求 93
引例 "箱箱共用"数字化平台 93

10.1	物流发展概述	94
10.2	数字物流的内涵	95
10.3	数字物流的作用	96
10.4	数字物流的模式	97
10.5	延伸阅读：数字物流典型案例——顺丰速运	98

本章小结 99
复习思考题 99
参考文献 99

第 11 章　数字旅游　101

- 学习要求　101
- 引例　沉浸式体验游神都洛阳　101
- 11.1　数字旅游的内涵　102
- 11.2　数字旅游发展概述　104
- 11.3　数字旅游的模式　105
- 11.4　数字旅游的作用　106
- 11.5　延伸阅读：数字旅游案例——哈尼梯田的数字旅游实践　108
- 本章小结　111
- 复习思考题　111
- 参考文献　112

第 12 章　数字政务　113

- 学习要求　113
- 引例　长三角地区政务服务"一网通办"　113
- 12.1　政务发展概述　113
- 12.2　数字政务的内涵　114
- 12.3　数字政务的作用　115
- 12.4　数字政务的模式　116
- 12.5　延伸阅读：浙江省"最多跑一次"改革　117
- 本章小结　119
- 复习思考题　119
- 参考文献　119

第 13 章　数字城市　121

- 学习要求　121
- 引例　上海打造数字孪生城市　121
- 13.1　数字城市的内涵　122
- 13.2　数字城市的特征　123
- 13.3　数字城市的作用　123
- 13.4　数字城市的模式　124
- 13.5　延伸阅读：数字雄安　125
- 本章小结　128

　　　　复习思考题　　　　　　　　　　　　　　　　　　　　　128
　　　　参考文献　　　　　　　　　　　　　　　　　　　　　　128

第 14 章　数字交通　　　　　　　　　　　　　　　　　　　130

　　　　学习要求　　　　　　　　　　　　　　　　　　　　　　130
　　　　引例　TrafficGo 2.0 的成功秘诀是什么？　　　　　　　130
　　　　14.1　交通发展概述　　　　　　　　　　　　　　　　　131
　　　　14.2　数字交通的内涵　　　　　　　　　　　　　　　　132
　　　　14.3　数字交通的特点　　　　　　　　　　　　　　　　134
　　　　14.4　数字交通的作用　　　　　　　　　　　　　　　　134
　　　　14.5　数字交通的模式　　　　　　　　　　　　　　　　135
　　　　14.6　延伸阅读：北京新一代数字交通管理体系　　　　 136
　　　　本章小结　　　　　　　　　　　　　　　　　　　　　　137
　　　　复习思考题　　　　　　　　　　　　　　　　　　　　　137
　　　　参考文献　　　　　　　　　　　　　　　　　　　　　　137

第 15 章　数字医疗　　　　　　　　　　　　　　　　　　　138

　　　　学习要求　　　　　　　　　　　　　　　　　　　　　　138
　　　　引例　ChatGPT 做心理健康咨询的利与弊　　　　　　　138
　　　　15.1　医疗发展概述　　　　　　　　　　　　　　　　　139
　　　　15.2　数字医疗的内涵　　　　　　　　　　　　　　　　140
　　　　15.3　数字医疗的作用　　　　　　　　　　　　　　　　140
　　　　15.4　数字医疗的模式　　　　　　　　　　　　　　　　142
　　　　15.5　延伸阅读：乌镇互联网医院　　　　　　　　　　　143
　　　　本章小结　　　　　　　　　　　　　　　　　　　　　　144
　　　　复习思考题　　　　　　　　　　　　　　　　　　　　　144
　　　　参考文献　　　　　　　　　　　　　　　　　　　　　　145

第 16 章　数字教育　　　　　　　　　　　　　　　　　　　146

　　　　学习要求　　　　　　　　　　　　　　　　　　　　　　146
　　　　引例　杭州十一中"智慧课堂行为管理系统"引争议　　 146
　　　　16.1　数字教育发展概述　　　　　　　　　　　　　　　147
　　　　16.2　数字教育的内涵　　　　　　　　　　　　　　　　148
　　　　16.3　数字教育的特征　　　　　　　　　　　　　　　　148

16.4　数字教育的作用　　　　　　　　　　　　　　　　150
　　16.5　数字教育的模式　　　　　　　　　　　　　　　　151
　　16.6　延伸阅读：这块屏幕可能改变命运　　　　　　　　153
　　本章小结　　　　　　　　　　　　　　　　　　　　　　153
　　复习思考题　　　　　　　　　　　　　　　　　　　　　154
　　参考文献　　　　　　　　　　　　　　　　　　　　　　154

第17章　国内外主要国家的数字经济政策　　　　　　　　　156
　　学习要求　　　　　　　　　　　　　　　　　　　　　　156
　　引例　北京"数字中轴"　　　　　　　　　　　　　　　156
　　17.1　美国的数字经济发展政策　　　　　　　　　　　　157
　　17.2　欧盟的数字经济发展政策　　　　　　　　　　　　158
　　17.3　俄罗斯的数字经济发展政策　　　　　　　　　　　159
　　17.4　日本的数字经济发展政策　　　　　　　　　　　　161
　　17.5　我国的数字经济发展政策　　　　　　　　　　　　161
　　17.6　延伸阅读：数字经济会给年轻人带来什么？　　　　164
　　本章小结　　　　　　　　　　　　　　　　　　　　　　166
　　复习思考题　　　　　　　　　　　　　　　　　　　　　166
　　参考文献　　　　　　　　　　　　　　　　　　　　　　166

第18章　数字经济环境下的政府产业政策　　　　　　　　　167
　　学习要求　　　　　　　　　　　　　　　　　　　　　　167
　　引例　中国芯片产业曾经领先　　　　　　　　　　　　　167
　　18.1　智慧产业发展政策　　　　　　　　　　　　　　　168
　　18.2　人工智能产业发展政策　　　　　　　　　　　　　172
　　18.3　延伸阅读：中国数字经济主要政策节点　　　　　　178
　　本章小结　　　　　　　　　　　　　　　　　　　　　　179
　　复习思考题　　　　　　　　　　　　　　　　　　　　　180
　　参考文献　　　　　　　　　　　　　　　　　　　　　　180

第19章　数字经济发展对策建议　　　　　　　　　　　　　181
　　学习要求　　　　　　　　　　　　　　　　　　　　　　181
　　引例　数字福建　　　　　　　　　　　　　　　　　　　181
　　19.1　如何推动数字经济重点发展　　　　　　　　　　　182

19.2	如何释放中小微企业数字化转型需求潜力	182
19.3	如何促进数字经济高质量发展	183
19.4	数字经济如何支撑"双循环"发展新格局	184
19.5	延伸阅读：数字中国	185
本章小结		185
复习思考题		185
参考文献		186

附录 A　数字中国建设整体布局规划　　187

附录 B　"十四五"数字经济发展规划（节选）　　190

附录 C　二十国集团数字经济发展与合作倡议　　203

第1章 认识数字经济

学习要求

- 了解数字经济的由来
- 正确区分农业经济、工业经济和信息经济
- 理解数字经济的内涵
- 了解数字经济的特征
- 理解数字经济的意义

引例

一枝鲜花中的数字经济

随着人们对鲜花的关注度和消费力度的不断提升,鲜花市场开始快速扩张。传统鲜花产业在种植结构、品质管控、交易流通等方面存在诸多痛点。随着数字经济的发展,鲜花产业与数字技术逐渐融合,鲜花产业迅速被重塑。花农根据网络订单数据分析提前进行合理规划,优化了种植结构;通过传感物联等数字技术使得种植环节更加精准化,做到了实时品质管控。数字化的供应链更加注重规范化和标准化,降低了物流成本和产品损耗。消费者体验数据的反馈又会反向影响上游的供应商和种植端。数字化技术的运用,完善了鲜花产业链的各个环节,提升了整体产业的运作效率。我们可以看到一枝鲜花不仅体现了数字农业、数字物流、数字商业等数字经济形态,同时也体现了数字化产业和产业数字化现象。

1.1 数字经济的由来

人类社会的发展大致经历了三个阶段,分别是农业社会、工业社会和信息社会。三个社会阶段所表现出来的经济形态分别是农业经济、工业经济和信息经济。而每一种经

济形态，都是由相应的技术系统推动而产生的。比如农业经济的推动技术主要为耕种技术等，而工业经济的推动技术主要为蒸汽机技术、内燃机技术和电气技术等，信息经济的推动技术则为计算机技术、网络技术和通信技术等。

农业经济、工业经济和信息经济对比分析如表1-1所示。

表1-1 农业经济、工业经济和信息经济对比分析

时代	社会形态	资源	生产力特质	主要推动技术	经济形态
农耕时代	农业社会	物质（主要是土地等自然资源）	分散化个体	耕种技术等	以自然经济为主的农业经济
工业时代	工业社会	物质和能量（特别是资本和动力资源）	集中规模化	蒸汽机技术、内燃机技术、电气技术等	以商品经济为主的工业经济
信息时代	信息社会	物质、能量和信息（信息资源上升到重要的战略资源的高度）	分布式多元协同	计算机技术、网络技术、通信技术等	以网络经济为主的信息经济

每种经济形态又可以细分为多个阶段，数字经济作为信息经济的延伸，属于信息经济的高级阶段。

在数字经济中，数据成为核心资源，如大数据、云计算、物联网、区块链和人工智能等技术发挥了关键作用。随着数字技术的不断发展和应用，数字经济正在引领社会和经济进行深刻变革，塑造新的产业结构、商业模式和生活方式。

迄今为止，国际学界仍无统一的数字经济定义。然而，学者们普遍认为数字经济是工业经济向现代化转型的产物，它是以经济全球化为背景、以信息技术为驱动、以知识资源为依托的经济发展形态。

数字经济的演进历程如表1-2表示。

表1-2 数字经济的演进历程

时间	特征
20世纪90年代	互联网技术的崛起改变了信息传输和交互方式，以"0"和"1"构成的比特流展现出强大的生命力，改变了商品流通和交易方式。在此背景下，数字经济的概念被提出并引起了广泛关注
1996年	唐·泰普斯科特出版了《数字经济：网络智能时代的希望与危险》一书，详细论述了互联网对经济社会的影响，因此，唐·泰普斯科特被认为是最早提出"数字经济"概念的人之一 数字技术发展迎来高峰，曼纽尔·卡斯特的《信息时代：经济、社会与文化》、尼古拉斯·尼葛洛庞帝的《数字化生存》等著作问世，数字经济的理念开始流行。各国政府也将数字经济作为推动经济增长的重要手段
1997年	日本通商产业省开始使用"数字经济"一词
1998年	美国商务部发布了《浮现中的数字经济》报告，并以"数字经济"为主题发布了多项年度研究成果
2008年	国际金融危机爆发，全球经济特别是传统金融业遭受重创，但数字公司如苹果、Facebook、谷歌、微软、亚马逊等基本上毫发无损。阿里巴巴、百度、腾讯等数字企业受影响也不大。由此，各国开始制定数字经济战略，期望通过发展数字经济来促进经济复苏

(续)

时间	特征
2009 年	英国启动了"数字英国"战略项目。英国商业创新和技能部（BIS）与文化媒体和体育部（DCMS）联合发布《数字英国》(*Digital Britain*) 白皮书和《数字英国实施计划》，希望通过改善基础设施、推广全民数字应用、提供更好的数字保护，促进经济的长期稳定发展
2015 年	我国在 2015 年政府工作报告中首次提出"互联网+"，强调通过促进互联网融合创新作用的发挥，加快经济转型升级步伐，大力发展新经济，培育新动能。我国开始更多从经济视角研究数字化问题
2016 年	世界互联网大会、网络安全和信息化工作座谈会等重大场合，数字经济大放异彩 G20 杭州峰会发布《二十国集团数字经济发展与合作倡议》，指出数字经济是以使用数字化的知识和信息作为关键生产要素、以现代信息网络作为重要载体、以信息通信技术的有效使用作为效率提升和经济结构优化的重要推动力的一系列经济活动
2017 年	数字经济首现政府工作报告，开启了发展新篇章。十九大报告指出，推动互联网、大数据、人工智能和实体经济深度融合，培育新增长点、形成新动能
2020 年	2020 年，美国数字经济规模达到 13.6 万亿美元，中国数字经济规模为 5.4 万亿美元。德国、日本、英国位居第三至五位，规模分别为 2.54 万亿美元、2.48 万亿美元和 1.79 万亿美元
2021 年	中共中央政治局就推动我国数字经济健康发展进行第三十四次集体学习，强调把握数字经济发展趋势和规律，推动我国数字经济健康发展
2022 年	2022 年全球数字经济大会在北京召开，发布了《全球数字经济白皮书（2022）》

1.2 数字经济的内涵

由技术革命、经济形态变迁和商业模式变革带来的数字经济到底是什么？在这个时代中，经济形态有什么样的新变化？又应如何应对？要回答这些问题，首先需要厘清数字经济的内涵。

根据对数字经济概念的界定，可以发现数字经济在经济活动中的参与主体、交易产品以及交易方式等方面都依赖于数字化，都可以通过数字化实现效率的提升。

云计算、互联网和大数据等作为数字经济的重要推手和变革力量构成了数字经济的核心。同时，人作为内在驱动力，教育力、环境力、制度力、整合力和分配力作为外在推动力量共同推动了数字经济的发展。而知识型劳动力要素、知识要素、信息要素、金融要素、创新能力要素、核心技术要素、制度要素等数字经济核心要素构成了数字经济的中坚力量，推动了经济进一步发展，并向下一个新模式转型。

总体而言，数字经济具有以下内涵：

（1）以数字技术作为经济活动的标志和驱动力。它具有智能化、知识化的特点。

（2）以数字性思维取代工业化思维。在运行模式、产权制度、分配方式等方面注入了新的思想。

（3）资源配置的主要对象是数字化资源。不同于工业经济时代主要是对土地、石油等短缺资源的配置，在数字经济中，主要通过市场机制对数字化资源进行科学、合理、综合、集约的配置。因此，在数字经济时代，对智力资源（人才和智慧）的占有变得更为重要。

（4）数字经济是融合性经济。它采用现代创新引擎改造传统工业经济，构建新的经济发展形态。

这些特点和内涵共同构成了数字经济的核心特征，推动着经济的进一步发展和转型。我们需要适应数字经济的发展趋势，积极应对数字化带来的机遇和挑战，以实现经济的可持续发展。

作为新一轮科技革命和产业变革的突破口，数字经济是以互联网、云计算、大数据、人工智能等新兴技术为基础，以数字产业化和产业数字化为核心，致力于实现人与自然、人与人之间的和谐相处，实现以人为本、智能互动的现代经济发展新形态。

国内外数字经济风起云涌、发展迅猛。正确认识数字经济的基本状况，对于推动数字经济的发展具有重要意义。通过深入了解数字经济的发展动态，能够更好地把握机遇，积极参与到数字经济的建设和发展中来，进而在数字经济领域中占据制高点，取得更大的发展和竞争优势。

1.3 数字经济的特征

与传统经济相比，数字经济具有以下特征：

一是数字化。数字技术渗透到生产、分配、交换和消费等社会再生产的全部环节，数字技术的发展不仅推动了传统产业改造升级，还不断催生出新的产业发展模式、新型产品和技术。

二是效率性。数字技术通过降低信息获取成本，大大降低了经济社会发展中的交易成本，经济活动更少受到时间和空间因素的限制，技术创新、技术扩散、产品开发和价值创造能够实现快速迭代。

三是普惠性。与传统经济相比，数字技术使经济增长、就业和公共服务水平大幅提高，互惠型的发展模式使得企业和个人用户都能够享受到巨大的实惠。

四是融合性。数字经济极大地促进了产业间的融合、生产和消费的融合。在供给侧，产业边界越来越模糊。在需求侧，数字经济下的商业模式将更突显消费者的中心地位，更加注重消费者的需求和体验。

五是全球化。信息技术已经成为推动全球产业变革的核心力量，并且不断促进创新资源与新的生产模式、商业模式融合，加速推动农业、工业和服务业的转型升级。在经济全球化的背景下，一方面世界各国信息技术竞争日益激烈，另一方面，全球技术交流也日益紧密，在"竞合"的观念下。全球化特征日益凸显。

1.4 数字经济的意义

数字经济作为一种经济形态，是知识经济对传统经济的渗透与重塑。数字经济在知识功能化、个性化、价值化、增值化的基础上，将主体和客体、主观与客观具体地统一起来，形成了一种全面的知识经济形态。

数字经济是对现有知识经济的升华，其理念使知识经济的概念更加全面化、系统化、功能化、可操作化，使其成为一个完整的、真正意义上的经济形态。数字经济对传统经济转型升级提供了清晰的概念、明确的目标和强大的动力，使得传统经济转型升级不再只是一句口号，而是切实可行的实践。

1. 数字经济是对称型经济

经济发展涉及经济主体与经济客体之间的相互作用，这种关系本质上是对称的，也就是相互平衡的关系。经济主体与经济客体之间的对称程度决定了社会系统的有序程度、和谐程度和生产力的发挥程度。产能过剩问题实质上是由于经济主体与经济客体之间的不对称性导致的，而不对称性的程度则决定了经济结构不平衡和产能过剩的深度与广度。传统经济通过产能过剩引发经济危机来自发实现经济结构的"均衡"，而数字经济则通过人类的自觉努力来实现经济结构的对称。数字经济是规范性和实证性的统一，是主体性和科学性的统一。

数字经济的发展观就是经济对称发展观，供给侧结构性改革旨在通过宏观与微观、自由与法制、价格与价值、公平与效率、理性与非理性之间的协调，实现经济主体与经济客体的对称转化。在市场经济的有机体中，不同要素在不同时期具有不同的地位，生产力的发展是它们共同作用的结果。生产力是社会系统的整体功能，供给侧结构性改革实质上是社会系统自组织和有序化的过程。整个社会系统的对称有序性决定了是否有利于生产力的发展。供给侧结构性改革的根本目标在于建立对称的社会经济系统，使上层建筑与经济基础、生产关系与生产力相互对称，从而发挥最佳的生产力功能。

2. 数字经济是再生型经济

宇宙是从无到有不断裂变的过程，资源本质上是可以再生的。人类经济发展史就是随着人类征服自然能力的提高，由资源优化配置主导人类经济活动向资源优化再生主导人类经济活动的转化。如果说传统经济是资源配置型经济，数字经济就是资源再生型经济。再生经济的特性是使其成为双赢经济、和谐经济、幸福经济的基础，同时也是经济稳定发展的基础，是实现可持续发展的关键。

作为一种研究优化配置资源的学科，经济学是人类社会发展在特定阶段的产物，但在更广泛的人类社会经济活动中，经济学应该成为资源优化再生与配置的学科。优化配置资源只是实现生产力发展的手段，而生产力的发展则是优化配置资源的目的。

再生型经济的核心在于其结构，这包括生产中人与人、人与物的关系和组织。数字经济不仅体现在经济活动中知识的主导地位所带来的资源的再造，同时也体现在思维结构、社会结构、企业结构、生产结构的对称、有序、优化组合带来的资源的裂变与生产效率的指数级增长。这种再生既包括自然资源的再生，也包括社会资源、组织资源、思维资源、文化资源的再生。

3. 数字经济是生态型经济

人类已经发生和正在发生两次创业：第一次创业——生存创业，以实物和能源为生产的主要要素，以不可再生资源的大规模开采和使用为前提，满足人类的基本生存需求。第二次创业——生态创业，信息和知识逐渐成为生产中的主导要素，人类开始追求以最少的实物和能源资源实现生存。此时，人们的生活方式转变为追求生态平衡和可持续发展。

第一次创业，解决的是人类的基本生存问题，这个阶段的经济活动不可避免地对自然资源进行大量开采，自然科学在这里成为首要的生产力。然而，第二次的生态创业，则面向的是人类的可持续发展问题，它呼唤人类与自然和谐共存，倡导对自然资源进行更为高效且可持续的利用，人文科学（社会科学）、思维科学、哲学等知识领域的作用在这个阶段变得同样重要，成为新的生产力。生态创业、可持续发展，是数字经济的出发点和落脚点。传统经济是由低层的经营活动向高层的经营活动转移的，数字经济是用高层的经营活动统取低层的经营活动的。数字经济以知识产业为引领，以对人类第一次创业的成果——传统产业——按生态原则重塑改造为路径，以人与环境的协同为基础，以人类可持续发展为目标，最终致力于促进人类的全面发展。

4. 数字经济是发展型经济

数字经济是强调结构稳增长的经济，而不是总量经济；它的视角更加深远，聚焦于经济结构的对称态及在对称态基础上的可持续发展，而不仅仅是 GDP、人均 GDP 的增长与经济规模的最大化。数字经济是以增长促发展，以发展促增长的经济发展模式。

在数字经济的视域中，增长与 GDP 并非无关，但关键在于如何将 GDP 增长正确地定位于发展模式之中，使其成为再生型增长方式的一部分。数字经济追求的是能够推动发展的可持续的高速增长。

任何将减速与高效、高速与低效、GDP 高速增长与经济过热等概念等同起来，或者错误地将数字经济定义为减速增效、增长速度降温的观念，都是不准确的。

数字经济实际上是在准确找到经济增长点，建立经济结构对称状态的基础上，实现经济的高速可持续发展。它包含了高质量 GDP 的高速可持续增长，即在经济发展过程中的"调结构稳增长"。

1.5 延伸阅读：数字经济的杭州模式

始于 2000 年，杭州提出了"构筑数字杭州，建设天堂硅谷"的宏大愿景。然后在 2014 年，杭州在全国率先提出发展信息经济数字应用，将信息经济列为全市"一号工程"。

2016 年 G20 杭州峰会上通过了《二十国集团数字经济发展与合作倡议》，首次将数字经济列为 G20 创新增长蓝图中的重要议题，标志着以数字经济作为国家经济发展的新引擎已经成为各国共识，杭州成为中国首提"数字经济"的城市。

数字经济成为杭州经济增长和产业转型的核心引擎，带动了城市服务、社会治理、百姓民生、城乡一体化发展的全面升级。

数据的归集与共享体现在民生问题的管理上。杭州"最多跑一次"改革在 2017 年年底就已经交出了不俗的成绩单：公民凭个人身份证"一证通办"事项达 494 项，率先实现不动产产权证"60 分钟当场领证"，85% 的新设企业可按"一件事"标准在网上办理商事登记。

在制订行动计划时，杭州强化了顶层设计，以城市大脑建设为主线，统筹规划各行业各领域的数字化建设应用计划，将城市大脑打造成为深度连接并支撑数字经济、数字社会、数字政府协同发展的城市数字化治理基础设施。运用现代科技手段唤醒沉睡的数据，推动民生服务的数字化转型，构建国际一流水平的社会数字治理系统，这无疑是杭州在数字经济时代的一份献礼。

在杭州市致力于打造数字经济第一城的过程中，数字技术变革与数字产业变革实现了高度契合。

"城市大脑"的建设可以被视为杭州政企合作的"杭州模式"，即政府提供场景、匹配相关专业力量，各领域领军企业共同参与研发，形成的成果则用以支持企业向外拓展，实现外溢效应。

杭州"城市大脑"的最大特点，就是政府引领企业，以"城市大脑"这一无形概念带上实体的数字产品。而这些企业背后，则是众多提供产品和服务的中小企业。大企业通过自身力量可以进行海外布局，但对整个城市的数字产业发展而言仍是碎片化的，因此有必要通过各种方法，引领更大的产业集群出海，大手拉小手，做到数字产业"集团出海"，这可以称为新形势下政企和谐共振的杭州模式。

杭州在800多年前的南宋时期，已经在城市文化文明和经济社会建设方面遥遥领先，成为东方文化的重要交流城市。如今，杭州不仅要继承这样的城市文明的辉煌成就，更要发挥其现有优势，引领中国的数字经济发展。相信杭州有能力为亚洲乃至全球提出一个可持续发展、高效节约的城市治理中国样本。

（资料来源：《环球》，2019年第10期）

● 本章小结

本章对数字经济的概念做了总体的阐述和解释，通过对农业经济、工业经济和信息经济的比较，引出了数字经济的概念。介绍了数字经济的内涵和主要特征，通过分析数字经济与传统经济的区别和联系，阐述了发展数字经济的意义。

● 复习思考题

1. 谈谈你对数字经济的理解。
2. 试述数字经济的特征。
3. 结合日常生活事例，谈谈数字经济对经济社会的影响。

● 参考文献

[1] BUKHT R, HEEKS R. Defining, conceptualizing and measuring the digital economy[J]. International organisations research journal, 2017, 13(2): 143-172.

[2] TAPSCOTT D. The digital economy: promise and peril in the age of networked intelligence[M]. New York: McGraw-Hill, 1996.

[3] ILLING G, PEITZ M. Understanding the digital economy: facts and theory introduction[J]. Cesifo economic studies, 2005, 51(2-3): 187-188.

[4] SCHMID B F. What is new about the digital economy?[J]. Electronic markets, 2001, 11(1): 44-51.

[5] 陈晓红，李杨扬，宋丽洁，等. 数字经济理论体系与研究展望[J]. 管理世界，2022，38（2）：208-224；13-16.

[6] 卡斯特. 信息时代三部曲：经济、社会与文化 [M]. 夏铸九，译. 北京：社会科学文献出版社，2006.

[7] 尼葛洛庞帝. 数字化生存 [M]. 胡泳，范海燕，译. 海口：海南出版社，1996.

[8] 洪银兴. "互联网+"市场的经济学分析 [J]. 教学与研究，2020（3）：5-12.

[9] 黄奇帆，朱岩，邵平. 数字经济：内涵与路径 [M]. 北京：中信出版社，2022.

[10] 美国商务部. 浮现中的数字经济 [M]. 姜奇平，等译. 北京：中国人民大学出版社，1998.

[11] 任保平. "十四五"时期转向高质量发展加快落实阶段的重大理论问题 [J]. 学术月刊，2021（2）：149-150.

[12] 人民网. 中共中央政治局就推动我国数字经济健康发展进行第三十四次集体学习 [EB/OL]. [2022-11-03]. http://cpc.people.com.cn/n1/2021/1020/c64094-32258470.html.

[13] 汤潇. 数字经济：影响未来的新技术、新模式、新产业 [M]. 北京：人民邮电出版社，2019.

[14] 谢康，肖静华. 信息经济学 [M]. 4版. 北京：高等教育出版社，2019.

[15] 徐晋. 平台经济学：平台竞争的理论与实践 [M]. 上海：上海交通大学出版社，2007.

[16] 云南网. 云花数字化发展迈出新步伐 [EB/OL]. [2022-11-03]. http://yn.yunnan.cn/system/2019/03/11/030221718.shtml.

[17] 张铭洪，杜云，王晔，等. 网络经济学教程 [M]. 2版. 北京：科学出版社，2017.

[18] 张鹏. 数字经济的本质及其发展逻辑 [J]. 经济学家，2019（2）：25-33.

[19] 国务院. 政府工作报告 [EB/OL]. [2022-11-03]. http://www.gov.cn/guowuyuan/2015-03/16/content_2835101.htm.

[20] 国务院. 政府工作报告 [EB/OL]. [2022-11-03]. http://www.gov.cn/premier/2017-03/16/content_5177940.htm.

[21] 二十国集团数字经济发展与合作倡议 [EB/OL]. [2022-11-03]. http://www.cac.gov.cn/2016-09/29/c_1119648520.htm.

[22] 中国信息通信研究院. 全球数字经济白皮书（2022）[EB/OL]. [2022-11-03]. http://www.caict.ac.cn/kxyj/qwfb/bps/202212/t20221207_412453.htm.

第2章 数字经济与传统经济

学习要求

- 了解数字经济与传统经济的区别
- 理解数字经济与传统经济的关系
- 了解数字经济如何改变社会生产方式

引例

一只小龙虾的长三角"数字"之旅

小龙虾成为每年有千亿元规模的产业,数字化功不可没。

在上海300多公里外的江苏盱眙,虾农们会在天黑之前把虾笼放入稻田,次日清晨五六点便到了"收获"的时刻。在稻田间装得满满的虾笼被放入冷藏车,运往工厂。鲜虾到达工厂,通过传送带,活蹦乱跳的小龙虾进入自动化流程——分拣、挑选、去杂质。

借助电商的平台优势,缩短销售周期,降低周转消耗,这是冷吃小龙虾工业化的前提。于工厂而言,工艺管控是核心。在工艺设计上,时间是按秒计算的,例如油炸、风干、浸泡,多一秒少一秒都可能导致味道不同,在追求口感的同时亦要满足工业化标准。这些都需要借助数字化的手段。

最终包装完毕的小龙虾进入冷藏仓库,等待货车装车运输。从盱眙出发的冷藏车抵达上海进入大仓后,经过质检专员检测,小龙虾被放入收货存储区,在大仓内进行分拣、装车,并分别到达上海的各个前置仓。

从虾田到工厂,再到城市各个仓库,最终以最新鲜的状态抵达消费者手中,链条上的每个人都在争分夺秒。而这背后,数字化、算法在默默"指挥",让一切变得更高效。

从计算小龙虾的出厂数量开始,算法就已经在工作了。每天究竟需要从虾田捕捉多少数量的小龙虾?哪些口味需要多生产,哪些需要少生产?解答这些问题以天为单位,预测的时间越短，则越精准。

算法的预测以及诊断，覆盖工厂、物流、履约以及整个供应链。在大仓环节，货到扫码，系统传到设备。根据系统自动测算出的配货数量，工作人员按照系统提示执行即可。当订单来了之后，系统也会规划好在仓内的找货路线。配送的最后一公里，是最难的一公里。系统为配送员规划订单配送的最短路线，算法精准到分钟。根据配送员的能力，系统自动切换调度模式。

在当下，数字化已经走进越来越多人的生活，改变着人们的消费习惯及至一蔬一饭。冷吃小龙虾也因数字化带来的便利——供应链、前置仓、配送效率的提高——应运而生。冷吃小龙虾诞生在数字化的当下，也因人们的口味、消费习惯的不断改变而备受欢迎。品牌不断进化，形成了长久的、有着正向循环的情感连接。

在中国电商物流最发达的地区——长三角，从一只小龙虾的备货、制作、运输，并被传递、连接到人，最终抵达人们的餐桌，我们窥见了数字化生活的变迁，它改变了一只小龙虾的命运，也正在改变着每一个人。

2.1 传统经济与数字经济的比较

传统经济也被称作自然经济，是与商品经济相对应的概念。这种经济形态主要在乡村和农业社会中出现，显露出强烈的历史和时代特征，代表了一个时期的社会发展水平。传统经济依据社会风俗和惯例来解决基本经济问题，其运行模式强调标准化、规模化、模式化，以及效率和层次化的特点，依靠产品自身来组织并发展。传统经济对直接的盈利交易给予高度的重视，关注经营业绩的表现。然而，这种经济形式往往缺乏对客户满意度的评估，更倾向于关注数量而非质量。

数字经济的核心是要推动新技术、新产业、新业态的快速发展。它以体制和机制创新为手段，构建共享平台，推动经济的发展，扩大高技术产业和现代服务业等新兴产业集群，打造充满活力的新经济引擎。数字经济借助信息网络等现代技术，推动生产、管理和运行模式的变革，重塑产业链、供应链、价值链，改造和提升传统动能，以赋予其新的活力和生机。数字经济是以创新性知识为主导，创意产业为龙头的知识经济形态，是完整的、真正意义上的知识经济形态。

在当前社会发展的背景下，传统经济已经逐渐无法满足社会日益增长的需求，无法为人们提供长远、个性化、高质量的服务，这可能会引发一些社会问题。因此，受到需求和人口等因素的影响，传统经济面临着巨大挑战。然而，传统经济仍然是数字经济形成与发展的基础和前提。数字经济是在传统经济增长的基础上创造出的一种新的发展模式，离开传统产业、市场需求以及资本制度的支持，数字经济就如无本之木。新经济的生命力在于用其创造的新知识、新技术改造传统产业，从而提升其效率。数字经济并不否定传统的经济规律，而是在传统经济规律的基础上打上了数字经济的烙印，展现出新经济的独特属性。

因此，在此背景下，我们需要认识到，虽然数字经济已在全球范围内崭露头角，但传统经济并未被彻底摒弃。相反，数字经济在塑造新的产业格局、推动经济社会发展的同时，也在不断地汲取和融合传统经济的经验与智慧。传统经济和数字经济并非相互独立，而是相互影响、相互促进的。传统经济为数字经济提供了丰富的实践经验和理论支持，而数字经济则为传统经济注入了新的活力，引领其朝着更高效、更具创新力的方向发展。

总之，数字经济与传统经济是一种互动演进的关系，二者在不断的碰撞与融合中，推动着社会经济的进步和发展。我们只有把握二者的关系，理解它们各自的优势，才能在新的时代背景下，更好地推动经济的发展，满足社会的需求。在未来，数字经济将继续深化与传统经济的融合，推动全球经济向着更加开放、创新、高效的方向发展。

2.2 传统经济是数字经济形成与发展的基础和前提

1. 数字经济涵盖传统经济产业升级

数字经济主要是相对于传统经济而言的，它是一个相对的动态概念。因为所有的经济体在本质上仍然是人类创造财富的一种经济活动方式，涵盖了物质资料的生产、分配、交换、消费的全过程。传统产业升级是指将高新技术应用于传统产业，从而引发技术结构、组织结构和管理水平的升级。信息技术产业和其他高新技术产业在经济活动中的地位持续提升，并不意味着传统产业的重要性减弱了，两者只有同时推进，互相促进，才能推动数字经济的良性发展。一方面，高新技术产品的研制、开发和产业化需要传统产业提供高性能的生产装备。另一方面，传统产业升级为信息技术和其他高新技术创造了更大的市场空间。

2. 数字经济本质上与传统经济具有同一性

数字经济正在改变生产方式和生活方式，这是发展的必然趋势，但它无法取代传统的经济活动，因为数字产品无法替代食品、服装和住房等基本需求。与历次产业革命相似，以信息技术发展为核心的产业革命，推动了传统产业部门的技术革新，使得传统产业的主导技术逐步被高新技术替代，从而提高了产业结构的质量。在这个过程中，传统经济的某些特征经过整合、优化后，转化成了数字经济的关键要素。

2.3 数字经济是传统经济创新性的延伸

数字经济渴求更广阔的外部联结，具备借助科技手段优化传统经济企业效率与服务领域的潜能。就传统经济而言，若能搭上数字经济的快车，便有可能实现业务的扩展与创新。一个最直观的实例便是计算机的广泛应用，计算机行业对于以互联网科技为主的数字经济来说是一种传统行业，然而几乎所有的行业都因为计算机的使用而提升了效率。计算机行业并未因此而消亡，尽管其市场估值不如昔日，但依然是一个稳定的行业，而所有的相关联产业也因此得以进步。

数字经济行业与传统行业能并行不悖，传统行业可为数字经济提供基础，而数字经济则能成为传统行业创新性的延伸，借以提升其市场价值和市场份额。数字经济行业更多地依赖资本运作，而传统经济在资本的流动性上往往难以与之相比。因此，当数字经济企业获得资本后，可能会通过并购或合作的方式与传统行业相结合，以提升其自身价值，从而保持优势地位。同时，传统行业在获得更多资本后，通常会进一步扩大工厂数量和生产线，充分发挥数字经济强大的后备军作用。

2.4 数字经济改变了社会生产方式

生产方式是指社会生活所必需的物质资料的获取方式。它涵盖了在生产过程中形成的人与自然界、人与人之间的相互关系的体系。通常，物质资料生产的物质内容被称为生产力，其社会形式则被称为生产关系。这两者均构成了生产方式的建设性内容——物质生产方式（物质获取方式）和社会生产方式（社会经济活动方式）。换言之，生产方式是这两者在物质资料生产过程中的动态统一。

数字经济对社会生产方式的影响主要表现在以下三个方面：

1. 孕育了大规模生产模式

在传统经济模式下，制造业的大规模生产模式以企业为核心，基于库存驱动生产，而消费者只能从企业提供的一系列标准化的产品中选择购买相应的产品。这种生产思维通常认为消费者的需求仅仅在于价格更为优惠的产品，因此忽视了消费者的差异化需求，导致不满意的消费者群体不断增长。

互联网时代的到来解决了信息不对称的问题，使得人与人、人与厂商、企业与企业之间能够以低成本的方式实现连接。企业之间的竞争也由过去的局部竞争演变成全球范围内的竞争，同行业之间、跨行业之间，相互渗透、相互竞争日趋激烈。在这个背景下，日益缩短的产品周期、动态多变的市场、客户多样化和定制化的需求、信息化的发展等因素使需求被放大。为了应对这种情况，工业企业要能够实现快速、大规模的批量定制生产，满足产品多样性和消费者定制需求，增强产品的功能复杂性和协同设计，并实现绿色制造等目标。

传统经济的显著特点之一是需要库存，因为无法准确了解市场需求，无法把握消费者的个性化需求，生产者需要提前准备库存。然而，这种模式存在潜在的风险，增加了资本的消耗，导致生产者失去了灵活性，无法根据市场的个性化需求调整生产方式，消费者无法获得新鲜感，也无法满足个性化需求。而数字经济改变了传统的生产方式，克服了上述困难和问题。

数字经济以互联网技术为基础，通过大数据和C2B（Customer to Business）的模式将企业与消费者连接起来，使消费者能够根据个性化需求快速定制产品。这种模式使企业能够减少原材料价格波动带来的市场风险和产品库存压力，从而节省大量流动资金。越来越多的企业采用按订单生产的方式进行产品的生产。

"零库存"模式以现代信息技术和先进经营理念为依托，取消了传统的仓库，实现了市场开发、产品研发和产品供应链的有机结合，从用户需求到用户满足形成了一个完整的过程，有效地解决了市场需求与企业供应之间的矛盾，确保为消费者提供满足需求的产品。大量事实证明，"互联网＋零库存"模式具有强大的生命力。

2. 降低生产及流通成本

数字经济通过降低生产成本，实现了"零营运资本"。所谓零营运资本，就是零流动资金占用。在数字经济的生产方式下，企业在接到客户订单后才开始生产，所有生产活动都是按照订单进行的，如采购、制造和配送等。仓库不再是传统意义上的物资储存场所，而是物流作业中的一个关键站点，即物资流通的枢纽。这从根本上消除了积压的物资，消灭了"库存"，并降低了用于库存消耗的生产成本。

流通成本是经济成本的重要组成部分，降低流通成本对于企业和社会生产方式的升级至关重要。过去中国的发展方式相对粗放，企业的流通成本较高，以制造业为例，流通成本占生产成本的比例为30%～40%，而在欧美发达国家仅为10%～15%。数字经济推动"互联网＋"行动，建立数字体系，促进线上线下融合发展，加速共享经济成长，推动传统商业网络化、智能化和信息化改造，支持企业依托互联网优化资源配置和开拓市场。利用互联网技术提升传统行业的生产效率，尤其是借助互联网共享和分享的理念，能够有效地降低流通成本，提高资本的运行效率。

3. 实现了群体创造

在传统经济时代，经济主体以企业为主，每个工人都只能在流水线上发挥小小的螺丝钉的价值，不能充分调动自身的潜能并且通过协同来将能力最大化。然而，在数字经济时代，人与人之间通过信息形成联结，生产和协同的方式也得以重塑，促进了集体创造力的发挥。现在，人们可以更好地协同工作，共同创造更大的价值，从而实现群体创造。

2.5 数字经济进一步促进了传统经济的发展

1. 在传统经济基础上创造新产业

在数字经济推动下，基于传统经济的新的业态和新的商业模式不断涌现。例如，在制造业中出现了智能制造，流通领域崛起了电商，金融领域兴起了众筹，同时还出现了在线医疗和网约车等服务业的新兴领域。制造业和服务业一直是传统经济的核心组成部分，通过数字经济和"互联网+"新模式的引领，这些行业不断改进其运作模式，依托智能化手段不断丰富营销策略和扩大服务范围。同时，这些传统行业的转型升级也催生了新一代信息技术产业的蓬勃发展。数字经济和"互联网+"不仅推动了互联网与现代制造业、生产性服务业等领域的融合创新，还推动了云计算、物联网、大数据等新一代信息技术的创新和新一代IT、DT产业的发展，使新旧产业相互促进、竞相发展，从而极大地改变着经济发展的面貌。

2. 助力传统经济打造新业态

在"互联网+"的新常态下，我国经济社会发展正从"要素驱动"转向"创新驱动"，"互联网+"传统行业更加注重利用互联网技术创新来驱动生产和变革流通方式。此外，"互联网+"向改造生产和产业协同纵深方向发展。在改造生产方面，企业通过调整生产管理和运营模式，利用互联网"以用户为中心"的理念改造自身体制，以适应互联网经营的需求。在产业协同方面，企业通过在供应链上的互联网化，逐步实现产业协同，增加新需求，转变传统思维模式，使消费需求变得更加多样化、个性化和复杂化。

互联网逐渐与传统行业融合，改变了供给与需求的方式。"互联网+"的去中介化，让供给直接对接消费者需求，更好地满足了消费者的需求。传统经济提高了资源配置效率，而"互联网+"改进了传统行业，如工业制造业与传统服务业的生产（服务）方式、组织形态和思维理念，拓宽了产品（服务）的销售渠道。数字经济最大限度地释放了生产力，使其更好地满足市场需求，改善了资源的利用方式，实现资源的针对性和高效利用，减少了资源的浪费和占用。

3. 创造就业新空间

数字经济不断创造的新产业和新业态，日益成为新增就业的"吸纳器"。通过"互联网+"和数字技术的应用，各种传统行业的经营方式发生了颠覆性的变化，传统行业正在经历重大转型。数字经济的兴起降低了创业的门槛，并促使各类产业向公开化、网络化、信息化和大众化发展。在这个背景下，大量初创企业催生了服务业的发展，吸纳了大量的就业人口，为经济的平稳健康发展提供了有利条件。

2.6 延伸阅读：数字经济抢走了传统经济的饭碗？

近期，网络上流传着一种反对数字经济的声音。这些传播者认为，当前实体经济面临的困境并非源于实体经济自身未能及时进行转型升级，而是由于以电子商务为代表的数字经济模式抢走了传统实体经济的市场份额，导致了传统实体经济的衰退。那么，数字经济真的抢走了传统经济的市场份额吗？

从表面上看，实体销售、服务和生产都受到了冲击，相关就业也受到了影响。然而，网络销售却呈现出增长趋势，因为网络销售可以实现全天候不间断的营业，只要产品具有竞争力，就能随时吸引顾客。服务行业也是如此，比如网络营销需要大量客服人员来处理各种事务，订单随时生成，这就需要与物流和快递行业的无缝对接，从而创造了大量的工作岗位。

在数字经济时代，产品质量和创意是竞争的关键。传统的大规模生产逐渐被个性化创新型生产取代，产品的更新换代速度大大加快。如果不加强智能化生产投入，提高产品质量，就无法在市场上取胜。数字经济建立在传统经济基础之上，是对传统经济进行创新性延伸和改良的结果。因此，数字经济并非传统经济的对立面，相反，数字经济可以促进和助力传统经济的发展。

任何一次过渡都伴随着社会的阵痛。就像蒸汽机发明后，钢铁巨轮逐渐取代帆船，成为海上交通的主角，木质造船行业自然被淘汰；汽车发明后，马车逐渐退出历史舞台。事实上，这只需要观念上的改变。造船原理根本没有变化，船厂仍然可以继续生产；马车夫学会了驾驶，凭借对道路的熟悉和对速度的掌控，很快转型为专业司机。

变革虽然困难，但变则通，通则久。传统经济向数字经济的转型亦是如此。

● **本章小结**

本章主要介绍数字经济与传统经济之间的关联关系，传统经济作为数字经济出现之前的社会产物，为数字经济的形成奠定了一定的基础；而数字经济作为传统经济的一种延伸，则为传统经济的发展创造了更好的条件。在数字经济形态下，世界经济的运转方式和社会生产方式均发生了根本性变化。

● 复习思考题

1. 谈谈你对数字经济与传统经济关系的理解。
2. 试述数字经济的影响体现在哪些方面。
3. 试述数字经济如何助力传统经济的发展。

● 参考文献

[1] BUKHT R, HEEKS R. Defining, conceptualizing and measuring the digital economy[J]. International organisations research journal, 2017, 13(2): 143-172.

[2] TAPSCOTT D. The digital economy: promise and peril in the age of networked intelligence[M]. New York: McGraw-Hill, 1996.

[3] ILLING G, PEITZ M. Understanding the digital economy: facts and theory introduction[J]. Cesifo economic studies, 2005, 51(2-3): 187-188.

[4] SCHMID B F. What is new about the digital economy?[J]. Electronic Markets, 2001, 11(1): 44-51.

[5] 陈晓红，李杨扬，宋丽洁，等．数字经济理论体系与研究展望 [J]．管理世界，2022，38（2）:208-224；13-16．

[6] 黄奇帆，朱岩，邵平．数字经济：内涵与路径 [M]．北京：中信出版社，2022．

[7] 荆文君，孙宝文．数字经济促进经济高质量发展：一个理论分析框架 [J]．经济学家，2019（2）：66-73．

[8] 美国商务部．浮现中的数字经济 [M]．姜奇平，等译．北京：中国人民大学出版社，1998．

[9] 李海洋．一只小龙虾的长三角"数字"之旅 [N/OL]．南方周末，2022-10-11[2022-11-15]．https://www.infzm.com/contents/236262?source=101&source_1=236196．

[10] 卡斯特．信息时代三部曲：经济、社会与文化 [M]．夏铸九，译．北京：社会科学文献出版社，2006．

[11] 尼葛洛庞帝．数字化生存 [M]．胡泳，范海燕，译．海口：海南出版社，1996．

[12] 汤潇．数字经济：影响未来的新技术、新模式、新产业 [M]．北京：人民邮电出版社，2019．

[13] 赵岩．工业和信息化蓝皮书：数字经济发展报告 2021—2022[M]．北京：社会科学文献出版社，2022．

[14] 中国信息通信研究院. 数字经济概论：理论、实践与战略 [M]. 北京：人民邮电出版社，2022.

[15] 中国信息通信研究院. 全球数字经济白皮书（2022）[EB/OL]. [2022-11-15]. http://www.caict.ac.cn/kxyj/qwfb/bps/202212/t20221207_412453.htm.

第3章　数字经济的理论基础

学习要求

- 了解数字经济的理论基础
- 了解数字经济的宏观经济增长理论
- 了解数字经济的微观经济消费者理论
- 理解数字经济的信息经济理论基础
- 理解数字经济的网络经济理论基础

引例

今日头条最懂你

打开各大手机应用市场，新闻类App阵营里的黑马——今日头条凭借其独特的媒体体验，成为独立新闻客户端中的领跑者。

今日头条到底是什么？它是一个推荐搜索引擎，主要基于数字化来挖掘个性化的信息。通俗地说，就是通过用户的社交网络数据，为用户搜索并推荐互联网上的资讯，用户对推荐内容的反馈，又将使之后的推荐不断接近精确。与其他新闻客户端相比，今日头条的一个重要区别是：当你打开今日头条看新闻的时候，今日头条也在看你。……所有这些颠覆，都在今日头条里完成，而这些都是靠着数字化的技术来实现的，数字化把生活带入更加美好和高效之中。

用户浏览了哪些标题、点击了哪些、有没有看完、写没写评论、分享和收藏的情况，都会作为今日头条分析用户兴趣的数据依据。他们打出的口号是："你关心的，才是头条！"

今日头条只需要用户以社交平台账户登录，后台就能利用社交网络中的数据快速分析出用户的兴趣所在，然后推送符合用户兴趣的新闻内容。也就是说，每个人看到的今日头条都是符合自己兴趣的不一样的新闻。

因为"更懂用户"，今日头条受到了很多人的喜爱。今日头条内容推荐系统是高度智能的，覆盖信息更全，"了解"你更多。比如，在手机上看一个羽毛球明星，这个明星最新的视频就跳出来；如果你怀孕了，有关新生儿教育的优质内容马上为你提供……

相比于传统的新闻资讯类应用有一个庞大的编辑团队来制作和筛选内容，今日头条是一个没有编辑的新闻客户端，完全通过数据分析为用户选择感兴趣的信息。

3.1 宏观经济增长理论

在宏观经济学框架下，凯恩斯理论的基础来自工业社会，宏观经济增长的价值基础亦来自工业标准化生产。货币位于经济增长和发展的中心，社会分工促进分工的杨格迂回生产方式难以实现高效运行，经济增长和发展中难以避免出现高成本、高浪费的现象。

根据内生增长理论，技术进步被视为内生要素。在数字经济下，数字技术可以降低经济社会运行成本，推动资本和劳动力边际报酬的增长。在数字技术的作用下，人与人、人与物、物与物的互联互通推动了数据量的爆发式增长。生产者、消费者、政府等不同的市场主体获取信息的便利性有了极大的提高，同时获取相关信息的成本也大幅度降低。此外，在数字经济背景下，数据要素既扩展了生产要素体系，也对传统经济增长理论中的资源配置问题产生了影响。不同的数据借助数字平台在不同经济主体之间实现自由流动，解决了不同经济主体之间信息不对称的问题，不同经济主体之间的资源得以以更低的成本实现合理匹配和优化配置。

数字技术能够促进经济社会运行效率的不断提升。首先，数字技术实现了市场供需的精准匹配，不仅提高了市场效率和透明度，也从优化资源配置、企业创新与转型、促进贸易全球化等方面对宏观经济增长产生了深远影响。其次，随着数字经济的发展，原来价值链上的研发设计、生产制造、营销及售后等环节分化出更为精细与精准的相关环节，分工效率进一步提升。最后，依托数字平台，不同的企业相互依存、互利共生、共同创造价值，协同生产效率得以大幅度提升。

数字经济能够促进传统经济社会的转型升级。首先，数字经济的发展催生了新的产业形态，加速了传统产业向数字化和平台化方向转型。传统产业的数字化转型涵盖了生产、供应链和营销等各个方面的数字化升级，而数字化平台则是将传统产业与数字技术相结合，构建以数据为基础的平台生态系统。其次，数字经济与传统制造业的创新融合极大地提高了工厂的生产效率，同时打破了传统的产业边界，不断催生出适应市场需求的新业态和新模式。最后，数字经济推动农业实现数字化转型，使得传统农业逐渐朝着数字化、智能化和信息化的方向发展。农业数字化转型通过应用数字技术和信息技术等手段，提高农业生产效率，保障食品安全，增加农产品的附加值，促进农业的可持续发展。

总之，互联网、物联网、大数据、人工智能和云计算等数字技术的发展，为资源配置过程和机制带来了变革。与传统的标准化生产过程相比，数字技术的发展不仅提高了效率，还带来了更高的附加价值。在这个过程中，基于数字经济的"看不见的手"和"看得见的手"形成了新的组合方式和资源配置机制。例如，基于大数据的"看不见的手"可能转变为具有局部"看得见的手"的功能，而"看得见的手"则由于大数据、人工智能转变为部分"看不见的手"的资源配置效率。因此，市场、政府和社会自组织这三种资源配置机制之间出现了融合创新，有形实物资源与社会无形资本之间也发生了融合创新。这种变化正在改变基于工业社会基础的内生经济增长的动力源泉，例如大数据和教育等人力资本的融合，重构经济增长的内生逻辑。

3.2 微观经济消费者理论

在微观经济学框架下，供给与需求是两个基本的经济透视角度，而数字技术的应用则使市场上的供需能够更加准确地匹配。

从供给的角度来看，数字经济时代的产品创新被赋予了全新的内涵。在工业经济时代，商业模式主要是以厂商为中心的 B2C 模式，即依靠商业资源的供给来创造和驱动需求。这种模式的特点是以制造为核心、大规模标准化生产、广泛传播的大众营销以及消费者被动接受产品。然而，在数字经济时代，产品创新"以用户为中心"，通过"产销合一"模式，企业与消费者共同参与到产品的研发、设计、生产、营销和服务等方方面面，共同创造价值。在这种模式下，供需能够更加精准地匹配，资源得到高效利用，产品和服务的价值更加突出，市场上的各个主体也更加平等和谐。

同样，从需求的角度来看，数字经济时代的消费者不再是被动的消费者。正如普拉哈拉德在他的著作《消费者王朝：与顾客共创价值》中所描述的那样：消费者由孤陋寡闻变得见识广泛，由分散孤立转变为广泛连接，由消极被动变得积极参与。由于信息对消费者的赋能作用，价值链上的权力逐步转移到 C 端，消费者首次置身于经济活动的核心地位，这一变化改变了传统经济学中消费偏好和个体行为特征的内涵与界限。

从供给与需求均衡的角度分析，供给与需求的均衡存在性及其均衡变动方向构成经济模型分析的主体内容，数字经济时代的供给与需求均衡变得越来越随机。

由于数字经济下网络外部性和正反馈的作用，商品的价值取决于用户的规模，消费者从使用某种商品或服务中得到的效用取决于其他用户的数量。当其他用户增加导致某一消费者对某种商品的效用增加时，该消费者愿意支付更高的价格。

即使出现了更好的替代产品，由于消费者的路径依赖、锁定效应和转换成本，他们也不太可能在现在使用的次优产品和最优产品之间进行转换。结果是次优产品在市场上占主导地位，从而降低了市场效率，对传统经济学的一般均衡理论提出了挑战。然而，与此同时，由于数字经济中的网络外部性和正反馈效应，新产品更容易传播和被接受，从而减少了消费者的路径依赖、锁定效应和转换成本，降低了原有产品的外部性，进而打破了原有的均衡状态。

因此，在数字经济中，均衡状态失去了唯一性，总体均衡与局部均衡之间的结构或关系可能更多地被二级甚至三级局部均衡取代，类似于福利经济学中寻求帕累托最优转而寻求次优解或三优解的情况。随着数字经济对国民经济的影响不断增强，随机性和复杂性的分析将逐步从微观经济分析的边缘走向核心。

数字经济的出现颠覆了传统企业的盈利方式，融合了"规模经济"与"范围经济"。传统企业的利润主要取决于产品或服务的数量、成本和价格等因素，利润来源于产品或服务本身。然而，数字经济发挥了范围经济的优势，创造了除了企业自身产品外的其他伴生利润来源。"范围经济"是指由企业的范围而非规模带来的经济，也就是当同时生产两种产品的费用低于分别生产每种产品所需成本的总和时所存在的状况。

传统范围经济强调的是产品的相关性，产品相关性越强，范围经济的特征就越明显。而数字经济将产品相关性降至最低，例如植入广告可能与产品本身没有直接相关性，这极大地拓展了范围经济的应用范围。

在数字经济下，企业利润从提供商品和服务本身转向了广告发布方支付的广告费用，也就是说，广告费用由其他企业承担。而这种范围经济是在一定规模经济的基础上建立的，市场份额和用户数量是网络企业获取范围经济效益的基础。缺乏一定的规模，无论是附加广告收入还是其他潜在收益的获得，都无法实现。因此，数字经济通过充分发挥规模经济和范围经济的作用，彻底改变了传统的盈利模式。

3.3 信息经济理论

数字经济是信息经济学的一种具体表现形式和实践应用。在数字经济时代，信息已经成为一种重要的经济资源，数字经济的发展离不开信息资源的支撑，包括用户数据、知识产权等资源的积累和利用。因此，我们看到信息资源的价值不仅在于其本身的内容，更在于如何获取、处理和利用这些信息资源。

信息不对称是信息经济学的一个重要研究领域，它指的是在经济交易过程中信息掌握和传递的不对称性。在交易双方中，一方可能掌握更多或更准确的信息。这种不完全信息状态使得市场交易不再是完全透明和公平的，而受到各种不确定性和随机性的影响，这可能导致市场出现信息外溢、选择性披露和道德风险等问题。例如，交易前的信息不对称可能导致"劣币驱逐良币"的现象，而交易后的信息不对称则可能导致道德风险。信息不对称现象在现代经济活动中随处可见，如金融市场、劳动力市场、医疗市场等领域，对经济效率和交易成本产生了重要影响。

然而，随着数字化技术的迅猛发展，市场交易主体之间的"信息不对称"问题得到了极大的改善。数字化技术使得信息可以被更加高效地收集、存储、传递和分析，从而实现了信息的透明化和公开化。同时，数字化技术还引入了一种去中介化的交易模式，使得个体之间可以直接进行交易，从而降低了信息搜寻成本和交易执行成本，重塑了交易成本的内涵。网络平台已经成为交易主体在虚拟环境中获取资源和信息的集散中心，这使得供需双方能够以更低的成本获取所需要的信息。网络平台还能够降低商家为寻找客户或搜索供应商而产生的信息搜索和处理成本。例如，电子商务平台的兴起使消费者可以直接与卖家进行交易，无须通过中间商或传统零售商。在这种模式下，消费者可以更轻松地获得商品和服务的信息，从而能够更好地做出购买决策。同样，卖家也可以通过电子商务平台更加便捷地接触到潜在的客户和市场，从而提高销售效率和竞争力。数字化技术还为交易主体提供了更加便捷的支付、结算和物流服务，进一步降低了交易成本。又如区块链技术通过智能合约，将交易双方之间的约定和执行过程编码到区块链上，实现了自动化和去中心化的交易。这种方式不仅可以降低交易成本，还可以提高交易的安全性和可靠性，避免了传统中心化交易所面临的信任问题。同时，区块链技术还可以提高交易的透明度，让所有参与者都能够更好地了解交易情况和市场价格，从而更好地参与市场交易。这些新的技术和模式有效地弱化了"信息不对称"假设，促进了市场资源更优化地配置，同时提高了社会效率。

3.4 网络经济理论

网络经济作为一种新兴的经济形态，改变了传统经济模式，创造了全新的商业机会和增长点。在网络经济中，通过互联网等技术手段，生产者与消费者之间的交流和交易变得更加便捷、高效，同时也推动了数字经济的快速发展，加速了信息化进程。网络经济的出现和快速发展，极大地改变了人们的生产生活方式，我们能够利用互联网、移动通信、大数据、人工智能等新兴技术，以信息为纽带，将生产、交易、管理等各个环节进行数字化、网络化和智能化，形成新的经济模式和生产方式。

网络经济具有渗透性、外部经济性和全球性等特征。信息技术的应用和推广是网络经济取得巨大成功的重要原因之一。通过信息技术，生产者和消费者可以快速连接，从而提高交易效率，这极大地促进了传统产业的数字化和智能化转型升级。从产业分类的角度来看，信息技术已经广泛渗透到传统产业中，例如制造业、服务业和金融业等，为这些传统产业注入了新的生机和活力。同时，信息技术也催生了许多新兴产业，如人工智能、区块链和云计算等。在信息技术的推动下，这些新兴产业快速发展，成为经济增长的新引擎。网络信息技术的推动促进了不同产业间的融合和新产业的迅速发展。随着信息技术的不断发展和普及，网络经济已经成为推动经济发展和社会进步的重要力量。

此外，网络经济推动下的全球化是一种新的经济形态，它使不同地区之间的交流和互动更加便捷，促进了全球范围内的贸易和投资活动，同时也加强了国际合作与竞争。网络的普及和信息技术的发展使得全球各地的企业与消费者可以更加轻松地获取信息和资源，从而创造出更多的商业机会并提升了经济活动的速度和规模。网络技术和全球化的融合也为新兴市场和发展中国家带来了更多的机遇与挑战，它们可以通过网络技术更加便捷地接入全球市场。基于网络平台的商业模式促成了生产者与消费者之间的交易，消除了传统商业模式从生产到消费过程中存在的多层营销体系，大幅降低了交易成本，同时也扩大了企业的服务范围。尤其对于小微企业而言，广阔的市场平台可以帮助它们克服规模上的劣势，向全世界的消费者提供服务。

相较于传统工业经济带来的外部非经济性，例如工业生产中的"三废"（废水、废气和废渣）问题，网络经济则主要表现为外部经济性，也就是说，网络经济的发展不仅可以提高经济效益，同时也可以带来环境和社会效益。在网络经济阶段，信息资源已成为主要资源，而信息资源的再生与重复利用避免了资源的浪费和损耗，实现了资源的可持续利用。与此同时，随着信息技术的不断发展和创新，生产周期不断缩短，使得其他行业也受益于网络经济的发展。例如，在物流领域，网络技术的应用极大地提高了物流效率和精确度，从而为整个物流行业带来了巨大的推动作用。

3.5　拓展阅读：数字经济促进传统经济理论创新发展

数字经济已成为学界和业界的研究热点，然而数字经济理论研究仍处于探索阶段。互联网技术的发展带来了高度联通的社会网络和信息传播速度的极大提升，由此带来的商业模式创新降低了传统经济模式下的交易成本和资源配置成本，引起了广泛的资源重组与聚合，包括"免费模式""粉丝经济"和"信息推动"等形式带来的需求资源聚合、以经营平台为特征的市场资源聚合、基于反馈机制和大数据的质量信号聚合等。数字经济的发展对传统经济理论也造成了巨大冲击，在新古典价格理论中，价格随供求关系波动，并在供需平衡时达到均衡价格。然而，在数字经济中，成本的分布与传统经济理论有较大差异，特别是信息类服务具有极高的固定成本和极低的边际成本，导致难以准确计算其平均成本。此外，市场的快速更新和需求的巨大变动使得价格的剧烈波动成为常态。

在传统经济理论中，假设了"理性人"的存在，但数字经济的发展改变了这一前提条件。虽然信息传播途径的发展为用户获取决策信息提供了必要条件，但巨大的信息量也增加了用户学习和筛选的成本。经过筛选的信息具有较强的市场信号意义，同时网络外部性特征带来的"同僚效应"和推荐算法对类似信息加以强化，产品的"流行性"越来越影响人们的选择行为。此外，数字经济的发展也引发了许多新的矛盾和问题。例如，用户隐私数据保护和技术发展与用户数据使用需求之间的矛盾，以及满足精神和心理需求的"乐消费"及其引发的负面价值传播与商业运作乱象等问题。面对这些问题，只有通过理论创新才能找到根本的解决方法，为数字经济的发展提供有力的理论支持，为公共利益提供指导，并推动数字经济朝着更高效、创新和可持续的方向发展。

学界非常关注数字经济促进经济高质量发展的微观机理和宏观逻辑。在微观机理方面，互联网技术的信息匹配起到了一定的促进作用，引发了平台经济和共享经济等新的经济形态，从而提高了经济的整体均衡水平。在宏观逻辑方面，互联网等数字技术可以通过新的投入要素、新的资源配置效率和新的全要素生产率三个方面促进经济增长，形成经济的长期高速增长模式。数字经济理论体系框架和数字经济核心理论以及技术变革下的数字经济研究方法体系都亟须探索。

数字经济基础理论的研究对于理解数字经济的本质和作用具有重要意义，然而目前数字经济理论研究仍处于探索阶段，相应的数字经济理论体系也尚未成熟。数字经济对企业内外部环境有着深刻影响，涉及企业战略管理、财务管理与运营决策、能源效率提升和数字创新等领域。尽管数字经济理论尚处于完善阶段，且数字经济的持续发展又影响着数字经济理论及其发展进程，但数字经济的快速发展已经成为全球范围内备受关注的问题。因此，对数字经济的理论研究和应用探索也将持续深入。

● 本章小结

本章介绍数字经济的理论基础，主要从宏观经济、微观经济、信息经济和网络经济视角进行分析，从而阐述了传统经济理论是解释数字经济的基础，同时数字经济又促进了传统经济理论的创新发展。

● 复习思考题

1. 试述数字经济的理论基础有哪些。
2. 你认为哪些经济理论还可以解释数字经济的发展?
3. 谈谈数字经济是如何促进传统经济理论创新发展的。

● 参考文献

[1] GOLDFARB A, TUCKE C. Digital economics[R]. NBER Working paper No.23684, 2017.

[2] DAHLMAN C, MEALY S, WERMELINGER M. Harnessing the Digital Economy for Developing Countries[C]. Paris: OECD, 2016.

[3] TAPSCOTT D. The digital economy: promise and peril in the age of networked intelligence[M]. New York: McGraw-Hill, 1996.

[4] BRYNJOLFSSON E, HITT L M, KIM H H. Strength in numbers: how does data-driven decision making affect firm performance[R]. Working Paper at SSRN, No. 1819486, 2011.

[5] BAHL M. The work ahead: the future of businesses and jobs in asia pacific's digital economy[C]. Chennai: cognizant, 2016.

[6] FARBOODI M, VELDKAMP L. A growth model of the data economy[R]. NBER, Working Paper 28427, 2021.

[7] 龚晓莺,杨柔.数字经济发展的理论逻辑与现实路径研究[J].当代经济研究,2021(1):17-25.

[8] 黄奇帆,朱岩,邵平.数字经济:内涵与路径[M].北京:中信出版社,2022.

[9] 李海舰,李燕.对经济新形态的认识:微观经济的视角[J].中国工业经济,2020(12):159-177.

[10] 刘淑春.中国数字经济高质量发展的靶向路径与政策供给[J].经济学家,2019(6):52-61.

[11] 蓝婧,潘媛.今日头条最懂你[N].成都商报,2015-04-21(8).

[12] 荆文君,孙宝文.数字经济促进经济高质量发展:一个理论分析框架[J].经济学家,2019(2):66-73.

[13] 普拉哈拉德,拉马斯瓦米.消费者王朝:与顾客共创价值[M].王永贵,译.北京:机械工业出版社,2005.

[14] 裴长洪,倪江飞,李越.数字经济的政治经济学分析[J].财贸经济,2018,39(9):5-22.

[15] 许恒,张一林,曹雨佳.数字经济、技术溢出与动态竞合政策[J].管理世界,2020,36(11):63-84.

[16] 王金秋，赵敏. 数字经济的政治经济学研究 [J]. 政治经济学评论，2021，12（3）：144-163.

[17] 杨慧梅，江璐. 数字经济、空间效应与全要素生产率 [J]. 统计研究，2021，38（4）：3-15.

[18] 杨新铭. 数字经济：传统经济深度转型的经济学逻辑 [J]. 深圳大学学报：人文社会科学版，2017，34（4）：101-104.

[19] 易宪容，陈颖颖，位玉双. 数字经济中的几个重大理论问题研究：基于现代经济学的一般性分析 [J]. 经济学家，2019（7）：23-31.

[20] 张勋，万广华，张佳佳，等. 数字经济、普惠金融与包容性增长 [J]. 经济研究，2019，54（8）：71-86.

第4章　数字经济的基础设施

学习要求

- 了解新基建与传统基建的区别
- 了解新型基础设施包括哪些方面
- 理解新基建的主要特征
- 了解新基建的作用
- 了解新基建的发展趋势
- 了解数字经济的驱动力

引例

新基建　新空间

上海版"新基建"提出四大建设行动。目标是要对标一流水平，围绕新网络、新设施、新平台、新终端进行统筹布局，全力提升新型基础设施能级。

以新一代网络基础设施为主的"新网络"建设，涵盖高水平建设5G和固网"双千兆"宽带网络、全网赋能的工业互联网集群、下一代互联网、卫星互联网基础设施、新型政务外网及网络安全设施、全球信息通信枢纽等。

以创新基础设施为主的"新设施"建设，包括光子科学大设施群、新一轮重大科技基础设施、先进产业创新基础设施、科学与产业前沿重大创新平台建设等。

以人工智能等一体化融合基础设施为主的"新平台"建设，涵盖新一代高性能计算设施和科学数据中心、亚太一流的超大规模人工智能计算与赋能平台、政务服务"一网通办"基础支撑平台、社会治理"一网统管"平台支撑体系、国内首个医疗大数据训练设施、临港新片区"国际数据港"互联设施体系、长三角示范区智慧大脑工程等。

以智能化终端基础设施为主的"新终端"建设，包括千万级规模的神经元感知网络、新能源终端和智能电网设施、车路协同车联网和智慧道路、智能末端配送设施、"互联网+"医疗基础设施、新型数字化学校、智能化"海空"枢纽设施、智慧物流基础设施建设等。

上海新型基础设施建设规模和创新能级迈向了国际一流水平，高速、泛在、融合、智敏的高水平发展格局基本形成，5G、人工智能、工业互联网、物联网、数字孪生等新技术全面融入城市生产生活，新型基础设施成为上海经济高质量发展和城市高效治理的重要支撑。

4.1 新基建和传统基建的区别

与传统基建相比，新基建主要体现在三个"新"。

（1）融合新技术。新基建融合了移动互联网、云计算、大数据、物联网、人工智能、区块链等新一代信息技术，构建出一种软硬件相融合的基础设施模型，形成数字化、网络化和智能化的基础设施。

（2）满足新需求。新基建部署旨在满足经济社会数字化、网络化和智能化发展新需求，以支撑数字经济的发展和智慧社会的构建。

（3）激发新动能。新基建部署能够支撑经济社会创新发展，推动技术创新和产业创新，培育新的产业业态和应用业态，进而促进产业转型升级和社会提档升级，推动发展质量变革、效率变革和动力变革。

4.2 新基建的范畴

新型基础设施范畴，既包括新技术基础设施和科技创新基础设施，也包括经过智能化改造的传统基础设施。

新型基础设施主要包括三个方面内容：

（1）信息基础设施。主要是指基于新一代信息技术演化生成的基础设施。例如，以移动通信、物联网、工业互联网、卫星互联网为代表的通信网络基础设施，以人工智能、云计算、区块链等为代表的新技术基础设施，以数据中心、智能计算中心为代表的算力基础设施等。

（2）融合基础设施。主要是指深度应用互联网、大数据、人工智能等技术，支撑传统基础设施转型升级，进而形成的融合基础设施，例如，智能交通基础设施和智慧能源基础设施等。

（3）创新基础设施。主要是指支撑科学研究、技术开发和产品研制的具有公益属性的基础设施。例如，用于大型科技项目的基础设施、科教基础设施以及产业技术创新基础设施等。

4.3 新基建的主要特征

与传统基建相比，新基建主要有以下几个显著特征：

（1）支撑未来发展需求。新基建在支持产业转型升级和经济社会的全方位提升方面发挥着关键作用。新基建的部署旨在推动数字经济和智慧社会的建设，为建设网络强国、交通强国、数字中国、智慧社会等提供坚实的基础设施支持。

（2）经济社会带动效应显著。新基建展现出强大的经济社会带动力和溢出效应，具备激发新的投资，推动产业转型升级，促进消费升级，以及助力社会全面提升的能力，有助于有效发挥投资乘数效应。

（3）促进包容性和普惠性的发展。新基建的部署并不局限于特定的行业或群体，而是为经济社会的数字化、网络化和智能化提供更为先进与通用的基础设施。从长远来看，投资者、消费者、普通民众以及国家都将从新基建的发展中获益。

4.4 新基建的作用

新基建的推进在塑造数字经济格局中扮演着重要的角色，并对整个经济社会产生深远影响，主要表现在以下几个方面：

（1）新基建引领经济社会形态变革。不同的社会基础设施对应不同的产业业态和经济形态。智能通信、数据中心、工业互联网、人工智能等新型基础设施的广泛应用，预示着社会运行模式、经济发展方式、产业服务模式的新一轮变革。

（2）新基建驱动新业态和新经济发展。新基建作为推动新经济、新业态发展的核心基础设施，其部署是新经济和新业态发展的前提。社会基础设施的每一次提档升级都会引发新一轮产业变革，从而促进新经济和新业态的进一步发展。

（3）新基建部署将重构区域竞争新优势。新基建部署涉及新一轮区域竞争，抢先部署新基建有利于推动新经济发展和新业态区域集聚，并对周边区域产生极大的资源虹吸效应，进而重塑区域竞争格局。

4.5 新基建的发展趋势

（1）新基建部署将助力地方政府加速推进智慧社会建设。地方政府加速推动地区新基建部署，将为地方发展构建起面向未来发展的智慧化运行基础设施，有效支撑经济社会各领域数字化、网络化、智能化转型发展，能够为地方经济社会发展在新一轮竞争中塑造竞争新优势、赢得发展主动权。

（2）新基建部署将助力地方政府培育经济发展新动能。5G、数据中心、人工智能、工业互联网等新基建的部署，将为地方企业开展基于新技术的创新创业提供基础性、公共性的技术平台支撑。这将助力地方企业利用新一代信息技术，加快推进企业数字化转型和创新创业，促进地方数字经济发展，进而助推地方经济高质量发展。

（3）新基建部署将助力地方政府推动数字政府建设创新。地方政府加速政务新基建项目部署，有利于推动政务基础设施统建共享和集约建设，从而提升政府数字化、网络化、协同化和智能化服务以及监管能力；同时，也将增强政府利用大数据进行分析决策的能力，推动地方治理能力及治理体系的现代化进程。

（4）新基建部署将助力地方政府完善和创新民生服务模式。新基建部署为经济社会发展打造了全新的数字基础设施，依托数字化、网络化和智能化的数字基础设施，将大幅拓展民生服务渠道，扩大民生服务覆盖范围，增强民生服务针对性和精准性，促进民生服务均等化和便捷化。

（5）新基建部署将助力地方政府提高对突发事件应急响应的能力。借助新基建基础设施，政府将构建起数字化、网络化、智能化的社会治理网络体系，极大地提升在线监测、动态感知、协同联动、应急处置能力，能够提高公共安全、公共卫生、安全生产、应急救灾等领域突发事件的应急处置能力。

对新一代基础设施建设的内涵，我们可以从两个维度进行洞察。

一是从新基建与数字经济的关系来看，新基建可以被划分为两个主要组成部分。

1）传统基建补短板部分。主要作为产业数字化的基础设施，如智慧交通和智慧能源，它们是科技手段赋能传统行业的典范，其基础设施的建设将助力传统产业附加值进一步释放。

2）新技术数字基建部分。短期内主要是助力数字产业化，释放经济附加值，从长期视角看，其赋能的 5G、工业互联网、人工智能等新兴技术产业建设，又将进一步带动诸多传统行业的数字化转型。

这种解析方式提供了一个全面的视角，旨在理解新一代基础设施建设在数字经济中的作用，以及如何为传统产业和新兴产业提供支持。

二是从新基建的建设层级来看，可以划分为"云管端"三部分。

1）云基建。这一层主要包括云计算及数据中心基础设施产业链。网速增长和存储成本下降使云计算服务快速发展。云计算应用已经深入到政府、金融、工业、交通、物流、医疗健康等领域，云平台已演变为典型的新型信息基础设施。

2）管基建。5G 建设及海缆铺设等技术形成的通信网络是"云管端"体系的信息传输通道，也是构建"云管端"体系的重要前提。管基建为网络覆盖、终端连接数、数据流量持续增长提供平台保障。管基建能够为智慧终端与云端的交互提供快速有效的通道，满足新变革下催生的增量需求。伴随着 5G 网络建设的持续推进以及"云管端"生态的不断演进，管基建有望满足新通信场景下的增量需求，为智慧终端与云端的交互提供平台保障。管基建覆盖了诸如 5G 通信技术、物联网、车联网、工业互联网等多个信息应用网络平台建设。

3）端基建。云基建提供共享计算和储存资源，管基建为信息传导提供高速通道，端基建则作为"云管端"闭环中与终端结合最紧密的部分，旨在为用户提供服务，同时通过管基建构建的高速网络，为云平台提供信息存储计算。新基建政策的不断落地与实施，不仅将助力"云+AI"通用计算平台的构建，同时将助力在"云管端"三领域出现新的业态。

新基建"云管端"的交互平台，随着未来 5G 通信技术的变革，除了使网络本身呈现出广覆盖、低时延、大带宽之外，也将推动管基建平台升级，这包括物联网、车联网、工业互联网等方面的整体建设。

4.6 数字经济的驱动力

正如传统经济发展离不开交通、能源等基础设施所提供的强大运力和动力一样，数字经济的发展也需要新基建提供的驱动力。这些驱动力包括新生产要素（例如数据）的生产能力、处理能力、传输能力、存储能力等。接下来，以算力和存力为例进行详细讨论。

1. 算力

1965 年，英特尔的联合创始人戈登·摩尔（Gordon Moore）率先发现，当价格不变时集成电路上可容纳的晶体管数量随时间变化呈指数增长，大约每两年就会加倍。这一定律被称为摩尔定律，它揭示了信息技术进步的速度。摩尔定律和数字技术的指数级演化引发的诸多变革，在过去的几十年中，深刻地塑造并改变了人类社会。

指数级增长的集成电路技术为信息和通信技术的发展注入了强劲动力。随着时间的推移，以数字电路技术为支撑的高速网络将众多计算机相互连接在一起，形成了万维网。这个巨大的网络汇集了全球绝大部分的计算机资源。

数字计算机刚出现时,其主要应用场景集中于科学研究和军事领域,以替代"人类计算机"。在数字计算机问世之前,科学和军事领域的计算工作多依赖于大量人工计算,这些参与计算的人被称为"人类计算机"。在20世纪60年代初期,大型计算机开始应用于商业领域。然而,直到最近几十年,人们才开始清楚地认识到计算机必将成为有史以来普及程度最高的设备。历史上,对计算机未来发展前景的评估常常过于保守。例如,1943年IBM的创始人托马斯·沃森就曾预测全球市场的计算机需求量可能只有5台。据称,直到1977年,美国数字设备公司的董事长兼创始人肯·奥尔森还仍然坚持说:"认为任何人都想拥有一台家用计算机,这种想法是没有道理的。"1981年,微软公司董事长比尔·盖茨甚至声称,640KB的存储器对所有人来说应该已经足够了。这些预测都大大低估了计算机技术的发展潜力及其在现代世界的普及程度。

可以毫不夸张地说,没有任何一种现象像互联网一样,以如此迅速且深入彻底的方式改变了全球各地的文化和日常生活。

当今社会的一个明显特征是极度依赖信息和通信技术。在IBM推出第一台电子计算机——IBM701的时代,数字技术的影响力只在经济的一小部分领域显现,电话网络对经济的重要性虽然不容忽视,但它们的基础仍建立在模拟技术之上,依赖于数字计算机的经济产出所占比例微乎其微。然而,现今的情况已发生根本性的改变,数字技术已成为经济不可或缺的组成部分,对于其对经济产出的贡献率,我们甚至难以或者说无法精确计算。

由于晶体管的最小尺寸存在基本的物理限制,摩尔定律不可能永远成立。其持续适用性将遭遇挑战。然而,尽管摩尔定律可能达到其理论极限,计算革命却并未因此停滞。诸如更优化的软件编程技术、3D芯片以及量子计算等新技术应运而生。其中,云计算成为业界应对摩尔定律消亡的重要策略,物联网(IoT)的兴起将让我们逼近一个"消失点",此前计算机的形体从大到小,此后计算机将变得"无形",这使得计算无处不在,智能融入日常生活。

新兴的量子计算无疑将成为应对摩尔定律消亡最有效的手段之一。量子计算机是利用量子力学的非直观规则来构造的,这种方式能够比任何传统计算机更快地解决某些类型的数学问题。量子计算最著名的应用是破解某些加密代码,但其最重要的用途可能是精确模拟量子化学问题,这对于制造业和工业具有无法估量的价值。这是传统计算机无法解决的问题。

2. 存力

数据存储能力,即数据存力是以存储容量为核心,包含性能表现、可靠程度、绿色低碳在内的综合能力。

数字经济以数据资源作为其关键要素,代表了继农业经济、工业经济之后的主要经济形态。这种全新的经济形态正在成为高质量发展的新引擎,为经济社会健康发展提供重要动力。历史上每一个经济时代,基础设施都发挥着至关重要的作用。数据存储作为数字基础设施的重要组成部分,是数字经济发展的基石,为"以数兴业、以数惠民、以数善政"提供了强有力的支撑。

人类社会的文明史,实质上就是一部信息存储方式和传播方式变革的历史。从最早的结绳记事,到刻画在岩石上的象形文字,再到甲骨文的出现;从竹简、纸张的发明,再到打孔卡、硬盘、闪存的科技革新,人类对世界探索和理解的数据被持续地记录与保存下来,不断提升人类认识世界、改造世界的水平。

进入大数据时代,个人、企业和社会等各方面持续产生大量数据,这些数据规模不断增长,对数据存储能力提出了更高要求,包括容量、性能、功能和安全可靠性等方面。

数据是数字经济的基础性资源和战略性资源,没有存储,数据就没有保存的基础。存储系统承载着数据,只有数据"存得好",数据分析和应用才有可靠的"原材料"。如果存储效率低下,算力也难以发挥作用。

要引领数字经济发展,需要强大的数字基础设施,而数据存储作为数字世界的基础,已经成为数字基础设施的关键组成部分。以数据存力为支撑,只有数据"存得好"、算力"算得快"、网络"传得稳",数字基础设施才能充分发挥数据的要素价值。

数据存储是经济高质量发展的基石,数据能否"存得下、存得好"关乎数字基础设施能否"行得稳",关乎数字经济发展能否"跑得快、跑得远",关乎数据要素能否"接地气",切实带来生产生活的进步,促进经济社会高质量发展。

从数字基础设施的建设到数字经济的发展,数据存力所支撑的经济活动最终将影响到每个人、每个家庭和每个组织。因此,其衍生影响将扩展到政府、社会、企业的各种数据应用场景。

4.7 延伸阅读:北京市新型基础设施建设

聚焦"新网络、新要素、新生态、新平台、新应用、新安全"六大方向,北京市已经基本建成了具备以下特征的新型基础设施:网络基础稳固、数据智能融合、产业生态完善、平台创新活跃、应用智慧丰富、安全可信可控,并且达到了国际领先水平。这些新型基础设施为提高城市科技创新活力、经济发展质量、公共服务水平、社会治理能力提供了强有力支撑。

（1）新型数据中心。遵循总量控制，聚焦质量提升，推进数据中心从存储型到计算型的供给侧结构性改革。加强存量数据中心绿色化改造，鼓励数据中心企业高端替换、增减挂钩、重组整合，促进存量的小规模、低效率的分散数据中心向集约化、高效率转变。着力加强网络建设，推进网络高带宽、低时延、高可靠化提升。

（2）云边端设施。推进数据中心从"云+端"集中式架构向"云+边+端"分布式架构演变。探索推进氢燃料电池、液体冷却等绿色先进技术在特定边缘数据中心试点应用，加快形成技术超前、规模适度的边缘计算节点布局。研究制定边缘计算数据中心建设规范和规划，推动云边端设施协同健康有序发展。

（3）人工智能基础设施。支持"算力、算法、算量"基础设施建设，支持建设北京人工智能超高速计算中心，打造智慧城市数据底座。推进高端智能芯片及产品的研发与产业化，形成超高速计算能力。加强深度学习框架和算法平台的研发、开源与应用，发展人工智能操作系统。支持建设高效智能的规模化柔性数据生产服务平台，推动建设各重点行业人工智能数据集 1 000 项以上，形成智能高效的数据生产与资源服务中心。

（4）区块链服务平台。培育区块链技术龙头企业、骨干企业，形成研发创新及产业应用高地。建设北京市区块链重点企业名单库，做好服务和技术推广。建设政务区块链支撑服务平台，面向全市各部门提供"统管共用"的区块链应用支撑服务。围绕民生服务、公共安全、社会信用等重点领域，探索运用区块链技术提升行业数据交易、监管安全以及融合应用效果。结合自由贸易试验区建设，支持开展电子商务、电子交易以及跨境数字贸易的区块链应用，提高各类交易和数据流通的安全可信度。

（5）数据交易设施。研究盘活数据资产的机制，推动多模态数据汇聚融合，构建符合国家法律法规要求的数据分级体系，探索数据确权、价值评估、安全交易的方式路径。推进建立数据特区和数据专区，建设数据交易平台，探索数据使用权、融合结果、多方安全计算、有序分级开放等新交易的方法和模式，率先在中国国际服务贸易交易会上开展试点示范。

（资料来源：北京市发展和改革委员会网站 http://fgw.beijing.gov.cn）

● **本章小结**

本章主要介绍数字经济的基础设施，阐述了新基建与传统基建的区别，分析了新基建的主要内容和特征，介绍了新基建的作用和发展趋势，最后以算力和存力为例详细讨论了数字经济的驱动力。

● **复习思考题**

1. 试述新基建与传统基建的区别。
2. 你认为支撑数字经济发展的新型基础设施包括哪些方面？
3. 试述新基建的主要特征有哪些。
4. 谈谈你理解的数字经济的驱动力。

● **参考文献**

[1] 李洁，王月. 算力基础设施的现状、趋势和对策建议[J]. 信息通信技术与政策，2022，48（3）：2-6.

[2] 马红丽. 新基建助力数字化转型[J]. 中国信息界，2020（3）：22-25.

[3] 盘和林，胡霖，杨慧. 新基建：中国经济新引擎[J]. 经济理论与经济管理，2020（9）：F0004.

[4] 倪光南. 构筑安全可控信息技术体系 牢固"中国式"数字基建底座[J]. 软件和集成电路，2020（9）：15.

[5] 倪光南. 如何实现新基建信息技术体系的安全可控[J]. 信息化建设，2020（10）：54-55.

[6] 沈玉良，彭羽. "一带一路"倡议下基础设施标准合作机制研究[J]. 经济体制改革，2022（6）：28-35.

[7] 温晓君. 新基建助推经济转型升级和社会治理创新[J]. 新经济导刊，2020（2）：15-21.

[8] 熊伟. 新一代信息技术、新基建与数字化转型[J]. 中国信息化，2020（7）：28-29.

[9] 央视网. 国家发展改革委首次明确"新基建"范围[EB/OL].（2020-04-21）[2022-12-11]. http://news.cctv.com/2020/04/21/ARTI6QObJe1pP8e87BYyQ5fp200421.shtml.

[10] 赵星. 新型数字基础设施的技术创新效应研究[J]. 统计研究，2022，39（4）：80-92.

[11] 章琪. 摩尔定律将带来更多可能[J]. 世界科学，2015（6）：35.

[12] 叶薇. 上海版"新基建"行动方案出炉[N]. 新民晚报，2020-05-08（2）.

第 5 章　数字经济的技术基础

学习要求

- 理解数字经济的技术基础
- 了解什么是人工智能
- 了解什么是区块链
- 了解什么是云计算
- 了解什么是大数据
- 认识大数据的商业价值

引例

"小球"背后的"大数据"

"中国乒乓球队为什么这么强?"这个问题的答案,在过去,离不开国人对乒乓球这项运动的热爱,离不开一代代体育人为了乒乓球比赛而付出的辛勤汗水,离不开我国综合实力日益强大的大环境。

而在今天,这个问题的答案,多了另一个回答:还有人工智能和大数据应用的进步。

浙江大学研发的中国乒乓球队的智能大数据分析决策平台在数据采集和分析决策两方面为乒乓球队提供支持。在数据采集方面,平台基于可视化和人机交互技术,开发针对比赛视频的交互式数据采集系统,辅助分析人员快速采集比赛数据。在分析决策方面,基于数据挖掘、机器学习和可视分析等技术,开发乒乓球技战术可视分析系统,辅助分析人员进行深入的技战术挖掘。有了这些高科技的助攻,教练员和运动员们的训练与比赛变得更有针对性和科学性了。

5.1 人工智能

人工智能（Artificial Intelligence，AI）是研究与开发用于模拟、延伸和扩展人的智能的理论、方法、技术及应用系统的一门新的技术科学。人工智能是计算机科学的一个分支，旨在探索智能的本质，并创造出一种能够以类似于人类智能的方式做出反应的智能机器。该领域的研究范围包括机器人、语音识别、图像识别、自然语言处理和专家系统等。随着时间的推移，人工智能的理论和技术日臻成熟，应用领域也不断扩大。我们可以设想，未来人工智能带来的科技产品将成为人类智慧的重要载体。

人工智能是对人类意识和思维信息处理过程的模拟。虽然人工智能并非人类的智能，但它具备类似于人类思考的能力，并有可能超越人类智能。然而，实现这种具备自我思考能力的高级人工智能还需要在科学理论和工程技术上取得突破。

人工智能是一门极具挑战性的学科，涉及计算机科学、心理学和哲学等多个领域。它包含了机器学习、计算机视觉等不同领域的研究内容。总的来说，人工智能的主要目标是使机器能够完成一些通常需要人类智能才能完成的复杂任务。然而，对于这种"复杂任务"的理解在不同的时代和不同的人群中存在差异。

人工智能是计算机学科的一个分支，20世纪70年代以来被称为世界三大尖端技术（空间技术、能源技术、人工智能）之一。它也被认为是21世纪三大尖端技术（基因工程、纳米科学、人工智能）之一，在很多学科领域都得到了广泛应用，并取得了丰硕的成果。如今，人工智能已逐渐发展成为一个独立的学科分支，无论在理论还是实践上都形成了一个完整的体系。

人工智能是研究如何利用计算机模拟人类某些思维过程和智能行为（如学习、推理、思考、规划等）的学科。它主要包括计算机实现智能的原理、制造类似于人脑智能的计算机，并使计算机能实现更高层次的应用。人工智能涉及计算机科学、心理学、哲学和语言学等多个学科领域，几乎涵盖了自然科学和社会科学的各个学科范畴，其范围已远远超出了计算机科学的范畴。人工智能与思维科学的关系是实践和理论的关系，它处于思维科学的技术应用层次，可以看作思维科学的一个应用分支。从思维的角度来看，人工智能不仅限于逻辑思维，还要考虑形象思维、灵感思维，这样才能推动人工智能的突破性发展。数学被广泛认为是多个学科的基础科学，它也渗透到语言和思维领域。人工智能学科也必须借助数学工具，数学不仅在标准逻辑、模糊数学等领域发挥作用，还在人工智能领域发挥作用，两者相互促进，推动彼此更快地发展。

自计算机问世以来，人类拥有了一个可以模拟人类思维的工具。从那时起，无数科学家为实现这个目标而努力着。如今，人工智能不再是少数科学家的专利，全世界几乎所有大学的计算机系都有人在研究这门学科。学习计算机的大学生也必须学习这门课程。在人们的不懈努力下，计算机似乎变得非常聪明。在一些领域，计算机已经能够辅助人类进行以前只有人类能够完成的工作，凭借其高速性和准确性，计算机正发挥着重要作用。人工智能一直是计算机科学的前沿学科。目前，生成式人工智能已成为世界各国的关注焦点。作为下一代互联网的关键基础技术，各领域正在积极拥抱生成式人工智能，利用新技术实现降本增效，勾勒出充满想象空间的发展图景。

5.2 区块链

从科技层面来看，区块链（Blockchain）涉及数学、密码学、互联网和计算机编程等很多科学技术问题。从应用视角来看，简单来说，区块链是一个分布式的共享账本和数据库，具有去中心化、不可篡改、全程留痕、可以追溯、集体维护、公开透明等特点。这些特点保证了区块链的"诚实"与"透明"，为其建立信任奠定了基础。而区块链广泛的应用场景基本上都是基于它能够解决信息不对称问题，实现了多个主体之间的协作信任与一致行动。

区块链是一种基于分布式数据存储、点对点传输、共识机制、加密算法等计算机技术的新型应用模式。本质上，区块链是一个去中心化的数据库，由一系列通过密码学方法相关联的数据块组成，每个数据块包含一批次比特币网络交易的信息，用于验证信息的有效性（防止伪造）并生成下一个区块。

从区块链的形成过程看，区块链技术具有以下特征：

（1）去中心化。区块链技术不依赖额外的第三方管理机构或硬件设施，没有中心管制，除了自成一体的区块链本身，通过分布式核算和存储，各个节点实现了信息自我验证、传递和管理。去中心化是区块链最显著也是最本质的特征。

（2）开放性。区块链技术基础是开源的，除了交易各方的私有信息被加密外，区块链的数据对所有人开放，任何人都可以通过公开的接口查询区块链数据和开发相关应用，因此整个系统信息高度透明。

（3）独立性。基于协商一致的规范和协议(类似比特币采用的哈希算法等各种数学算法)，整个区块链系统不依赖其他第三方，所有节点能够在系统内自动安全地验证、交换数据，不需要任何人为的干预。

（4）安全性。只要无法掌控全部数据节点的51%及以上，就无法肆意操控修改网络数据，这使得区块链本身相对安全，避免了主观人为的数据篡改。

（5）匿名性。除非有法律规定要求，从技术角度来看，各区块节点的身份信息不需要公开或验证，信息传递可以匿名进行。

区块链技术的应用效果将很快显现出来。金融领域是区块链应用的传统领域，它在支付交易和资产管理等方面的应用发展较早。然而，由于业务场景复杂且监管严格等原因，区块链在某些业务场景方面尚未得到广泛应用，其应用模式也受到限制且相对单一。相比之下，非金融领域的应用如医疗、存证、慈善、通信、供应链、域名和征信投票等方面，由于场景相对简单且不涉及过多政府监管，已经陆续取得了突破，相关应用呈现蓬勃发展之势。

5.3 云计算

随着数据量的不断增大，现有大部分主流的软件工具已经无法在合理时间内撷取、管理、处理数据并将其整理成为帮助企业经营决策的资讯。面对海量数据，需要采用特殊的技术来高效处理，其中云计算是一项重要的技术，可应用于大数据处理，而不仅仅限于数据挖掘、信息处理。

"云计算"是一种基于互联网的计算模式，它根据需求将共享的软件、硬件资源和信息提供给计算机及其他设备。云计算描述了一种基于互联网的新型IT服务增加、使用和交付模式，通常涉及通过互联网提供动态、易扩展且常为虚拟化的资源。

之所以称为"云"，是因为它在某些方面具有现实世界云的特征：云一般都较大，云的规模可以动态伸缩，它的边界是模糊的，云在空中飘忽不定，无法也无须确定它的具体位置，但它确实存在于某处。

从用户的角度来看，云计算系统将各种数据，包括用户数据，通过网络存储到远端的云存储平台上，减轻了用户在数据管理方面的负担。同时，云计算系统还通过远程的大规模云计算处理平台来处理数据，能够担负处理大量数据的工作负荷。

未来，云计算主要有两个发展方向：一是构建与应用程序紧密结合的大规模基础设施，使得应用能够扩展到很大的规模；二是通过构建新型的云计算应用程序，在网络上提供更加丰富的用户体验，在云计算应用的构建方面，许多新型的社会服务型网络已经展现了这种发展趋势，而在研究方面，人们开始关注如何通过云计算基础平台将多个业务融合起来的问题。

5.4 大数据

要理解大数据，首先要理解"数据"这个概念。

数据（Data）是对客观事物的逻辑归纳，通过符号、字母等方式对客观事物进行直观描述。数据是进行各种统计、计算、科学研究或技术设计等所依据的数值（反映客观事物属性的数值），是表达知识的字符的集合。数据是信息的表现形式。数据可以是连续的值，如声音，称为模拟数据；也可以是不连续（离散）的值，如成绩，称为数字数据。数据通信就是指传输介质把数据从一个地方向另一个地方传送。数据在传送之前需要先经过编码转变为信号，然后在传输介质上传播。

进入信息时代后，"数据"的概念和内涵在不断丰富。"数据"的内涵扩大了，不仅仅包含原来传统意义上的数字，还包括存储在数据库中的各种文档、视频、音频、图像等。这导致了大量数据的产生，并且数据以指数增长的速度不断增加，从而催生了大数据的概念。

"大数据"是一个术语，是一个带有文化基因和营销理念的词汇，同时也反映了科技领域中正在发展的趋势。这种趋势为理解世界和做出决策的新方法开启了一扇大门。"大数据"的出现并非偶然，它是在信息化、网络化高度发达的今天，在这个数据无处不在的时代所必须要经历的过程。然而，这一现象的出现也给网络安全和维护、信息攻击和防御带来了新的问题和挑战。

大数据是指那些大小已经超出传统规模，一般的软件工具难以捕捉、存储、管理和分析的数据。然而，究竟多大的数据才能称为大数据，并没有普遍适用的定义。通常认为，大数据的数量级应该是"PB"（1PB=1024TB，1TB=1024GB，1GB=1024MB）级的。

鉴于目前对大数据的定义尚不一致，我们可以将"大数据"理解为：蕴藏着巨大价值的海量、高增长率、多样化的信息资产。

云计算是大数据诞生的前提和必要条件。没有云计算，就缺少了集中采集数据和存储数据的商业基础。云计算为大数据提供了存储空间和访问渠道，而大数据则是云计算的灵魂和必然的升级方向。

大数据的商业价值主要包括：

（1）顾客群体细分。大数据可以对顾客群体进行细分，并为每个群体量体裁衣般地采取独特的行动。云存储的海量数据和大数据分析技术使得对消费者进行实时和精确的细分成为可能，同时极大地降低了顾客细分成本。

（2）模拟实境。越来越多的产品装配传感器，汽车和智能手机的普及使得数据收集量呈爆炸性增长。

（3）提高投入回报率。提高大数据成果在各相关部门间的共享程度，可以提高整个管理链条和产业链条的投入回报率。

（4）数据存储空间出租。企业和个人有着海量信息存储的需求，只有将数据妥善存储，才能进一步挖掘其潜在价值。用户可以方便地将各种数据对象存放在云端，然后再像使用水、电一样按用量付费。

（5）客户关系管理。通过大数据深入分析客户、了解客户，以此获取新客户、提高客户忠诚度、降低客户流失率、增加客户消费，从而提升客户关系管理能力。

（6）个性化精准推荐。通过关联算法、文本摘要抽取、情感分析等智能分析算法，运用数据挖掘技术进行精准营销。

5.5 延伸阅读：数字经济背景下的算法协同治理

数字经济背景下的算法协同治理问题越来越受到众多研究学者和业界的关注。新技术革命引发了产业革命，催生了新的经济形态和业态，进而推动人类社会进步和发展。以人工智能、大数据、互联网、云计算、物联网、区块链等为代表的数字技术带来新一轮产业革命。智能时代的算法衍生出来的数字化世界，为现实的经济和社会带来巨大的福利与便利。算法开始介入甚至主导越来越多的人类社会事务，对客户、员工、企业都造成了深远的影响。例如，在互联网上获取的内容，诸如新闻、音乐、视频、广告以及购买的商品，很多都是由推荐算法个性化生成并投放给用户的。再比如，在外卖、共享出行、制造业等行业里，算法被积极使用到员工工作任务的制定、分配和检验的流程之中。许多企业还在招聘、投资和管理等方面使用算法。然而，伴随着算法应用兴起，算法伦理所引发的算法歧视、隐私忧虑、责任与安全等问题也日益凸显，给企业带来了新的危机。随着算法应用的不断深入，相关的原则、框架以及落地应用都取得了一定进展，但同时这一领域也面临着算法治理等方面的挑战，亟待密切跟进和深入研究。

算法系统是一种整合模型和算法的信息处理技术，这些模型和算法能够生成学习与执行认知任务的能力，从而在物质环境和虚拟环境中实现预测与决策。在设计上，算法系统借助知识建模和知识表达，通过对数据的利用和对关联性的计算，可以在不同程度上实现自主运行。算法系统可以包含若干种方法，包括但不限于：

（1）机器学习，包括深度学习和强化学习。

（2）机器推理，包括规划、调度、知识表达和推理、搜索和优化。

算法系统可以应用于信息物理系统，包括物联网、机器人系统、社交机器人和涉及控制、感知及处理传感器所收集数据的人机交互，以及人工智能系统工作环境中执行器的操作。

与算法系统相关的伦理问题涉及算法系统生命周期的各个阶段，包括研究、设计、开发到配置和使用等，还包括维护、运行、交易、融资、监测和评估、验证、使用终止、拆卸和终结。此外，算法行为者可以定义为在算法系统生命周期内至少参与一个阶段的任何行为者，包括自然人和法人，例如研究人员、程序员、工程师、数据科学家、终端用户、工商企业、大学和公私实体等。

算法系统可能引发一系列新型伦理问题，包括但不限于其对决策、就业和劳动、社交、卫生保健、教育、媒体、信息获取、数字鸿沟、个人数据和消费者保护、环境、民主、法治、安全和治安、双重用途、人权和基本自由（包括表达自由、隐私和非歧视）的影响。此外，算法可能复制和加深现有的偏见，从而加剧各种形式的歧视、偏见和成见，由此产生新的伦理挑战。其中一些问题与算法系统能够完成此前只有生物才能完成甚至在有些情况下只有人类才能完成的任务有关。这些特点使得算法系统在人类实践和社会中以及在与环境和生态系统的关系中，可以发挥意义深远的新作用，为儿童和青年的成长、培养对于世界和自身的认识、批判性地认识媒体和信息以及学会做出决策创造了新的环境。从长远来看，算法系统可能挑战人类特有的对于经验和能动作用的感知，在人类的自我认知、社会、文化和环境的互动、自主性、能动性、价值和尊严等方面引发更多关注。

算法协同治理策略分析如下：

（1）政府部门需要制定完善的算法治理的规制体系，并进行深度监管。政府部门应当为算法推荐建章立制、积极立法。算法推荐是数字经济时代的新事物，需要通过立法打破算法黑箱，确保算法推荐的透明化、合法化。目前，由各大网络平台自行决定算法推荐的模型，追求的往往是流量为王、利益至上。然而，用户众多的互联网平台涉及公共利益，政府相关立法应当本着强化公序良俗的指导思想，明确算法标准，规定相关算法推荐的基本原则、程序、参数等，为平台确立算法运用底线。

政府部门应当在法律法规层面赋予用户必要的对抗算法操控和滥用的权利。联合国教科文组织大会在2021年召开的第四十一届大会上强调，算法的工作方式和算法训练数据应具有透明度与可理解性。伦理价值观和原则可以通过发挥指引作用，帮助制定和实施基于权利的政策措施与法律规范，以期加快技术发展步伐。例如，欧盟的《通用数据保护条例》赋予了用户免受自动化决策约束，以及针对算法决策获得解释的权利。我国电子商务法第十八条也赋予了用户拒绝算法营销的权利。我国的个人信息保护法是一部保护个人信息的法律，涉及法律名称的确立、立法模式问题、立法的意义和重要性、立法现状、立法依据、法律的适用范围、法律的适用例外及其规定方式、个人信息处理的基本原则、与政府信息公开条例的关系、对政府机关与其他个人信息处理者的不同规制方式及其效果、协调个人信息保护与促进信息自由流动的关系等方面。

政府部门还应建立定期与不定期、内部与外部路径兼具的算法审查机制。例如，欧盟、美国和加拿大的监管机构要求平台企业应当履行与数据主体享有的算法权利相适应的配套性合规义务，定期进行数据保护影响评估和算法影响评估。我国个人信息保护法也明确提出个人信息处理者应当保证算法决策的透明度和结果公平合理，并建立个人信息处理活动合规审计和事前风险评估制度。为了应对算法滥用,国家网信办提出进行算法安全技术检查和评估,旨在对互联网企业的算法进行外部审查。此外还应结合具体的算法运行场景构建更精细化的审计规则,以确保算法审计和评估制度发挥有效的监管作用。

(2)企业要充分尊重社会规则和公众需求,并恪守行业自律。伴随着海量数据的大规模收集和算力的不断提升,算法被日益广泛地应用在金融、医疗、就业、警务、社会福利等商业和公共领域,成为数字社会的基础设施之一。算法的运用为人们快捷获取资讯、提升社会服务效率起到了一定的积极作用。然而,算法也在不断分析和透视着人类生活,如同一种操纵人类的"隐形牢笼"。无论是沉浸在短视频当中无法自拔的年轻人,还是被困在智能配送系统里无法招架的外卖骑手,这些现象都反映出算法在深度嵌入社会生活的同时,个体正在不断被系统化和数据化,甚至面临逐步丧失自主性和判断力的数字化生存困境。

以引发公众广泛关注的算法控制外卖骑手事件为例,北京市人社局一名副处长和北大一博士后分别体验外卖骑手的工作后发现,由于平台算法的深度介入,一种新的数字劳动生态已经形成:在算法操控下,本应彰显灵活、自由等特质的零工经济不断被异化,外卖骑手们不仅没有获得期望的薪酬,和平台共享数字经济的红利,相反,却沦为算法决策系统中一个个微不足道的数据。

算法之所以能够对外卖骑手的劳动进行直接操控,原因有多个方面。首先,与传统企业相比,平台企业具有较强的网络外部性,这意味着平台的价值增长与使用该平台的用户数量密切相关。例如,在外卖平台市场中,常常可见外卖平台为增加消费者和入驻餐厅的数量,不断通过算法挤压外卖骑手的送餐时间,以吸引用户和实现平台增值。从这一视角看,算法控制外卖骑手的背后,实质上是数字经济业态下资本对劳动牢牢掌控的一种表现。其次,随着海量数据的增长,算法模型的决策能力不断提高和优化,通过接单量、拒单率、准时率、用户配送满意度等指标,平台可以精准划分骑手所在的等级,并配以相应的绩效奖惩规则来规训骑手的行为。日益复杂的算法规则使得骑手们难以依据自身经验与算法进行对抗。相反,借助于严密且隐秘的数据收集和分析系统,算法构造出的数字化劳动控制机制正在不断侵蚀骑手们的自主性。

网络平台核心算法是企业服务模式和商业模式代码化的结果,已经超越了技术本身,其中蕴含着企业经营服务模式、商业模式、经营价值理念和企业价值观。虽然算法本身不具有道德规制的属性,但算法的开发者是受到社会制度约束的。算法具有价值观,算法的价值观就是企业的价值观,算法伦理道德缺陷是企业价值观上的缺陷。一些企业利用大数据算法实施"杀熟"行为,与传统线下企业对新客户实施"杀生"行为一样都是违背商业诚信的行为。一些企业大肆宣扬技术中立、算法中立等观点,为了博得大众眼球，赢得商业利益，宣传和推动低俗内容，提升点击率和访问量，办网站的一味追求点击率，做社交平台的成为谣言扩散者，做搜索的仅以给钱的多少作为排位的标准，实质上满眼都是企业的利益，却忽视了企业应遵守的社会公德和肩负的社会责任。

总之，数字经济中的算法对外卖骑手的操控源于多个因素。平台企业通过网络外部性和数据驱动的算法模型，实现对骑手劳动的掌控。然而，算法的运用也涉及企业的价值观和道德伦理，一些企业滥用算法来违反商业诚信和社会道德。因此，在数字经济的发展过程中，我们需要审慎思考算法应用的道德和社会影响，并强调企业在追求利益的同时应承担起社会责任。

算法所带来的算法歧视、隐私忧虑、责任与安全等问题为企业带来了新的挑战、风险及品牌危机。品牌危机大致分为两个种类：功能危机（Functional Crisis）和价值危机（Values Based Crisis）。功能危机主要由产品质量不合格或服务失败引起，损害了顾客对企业品牌功能的认知。尽管随着大数据、机器学习等领域的发展，算法的预测和判断能力日益提高，但算法决策本质上是基于过去数据对未来趋势的预测，从而导致算法的主观性和潜在的歧视，给企业带来功能危机。价值危机则围绕着企业的社会责任和道德规范，经常涉及损害企业品牌象征及精神形象的行为。算法所造成的歧视、隐私忧虑、责任问题都与价值危机息息相关。通过研究分析算法对企业带来的不同的危机，可以帮助企业决策者和管理者认识算法伦理及其应用价值。一是以大型网络平台为主体，构建网络平台服务算法联盟，围绕数据挖掘、隐私保护、精准营销、数据流动等领域，加快制定相关行业规则，包括算法宗旨、应用标准、运行规则和负面清单，以形成算法方面的行业共识，提高行业自律能力。二是依托行业联盟，发布算法应用行业自律承诺，推动龙头企业算法应用更加重视个人信息保护、商业诚信和社会公德，形成社会引导和示范效应，带动全行业算法公信力的整体提升。三是开展行业算法应用发展水平评估，总结行业算法发展成就，查找问题和不足之处，提高算法在社会中的透明度，提升社会对企业算法应用的信任度。四是加强算法创新行业交流，定期组织相关网络平台企业开展算法应用创新研讨，共同商讨网络世界算法创新应用模式。

由此可见，掌握市场准入、资源调配和规则制定权的平台企业，在算法加持之下，享有日益攀升的技术与信息优势。要有效摆脱"算法囚徒"的困境，需要回归到算法技术运行机理和平台经济生态系统之中，从用户、平台、监管的角度进行多元化协同治理。

（3）个人要树立自我保护意识，并争取合理的知情权和选择权。联合国教科文组织关于人工智能伦理问题的建议书强调，个人应当有权保留对个人数据的控制，并受到相关框架的保护。这些框架应该预见以下问题：透明度，合理保护处理敏感数据，适当的数据保护程度，有效和实际的问责方案与机制。除符合国际法的特定情况外，个人数据主体对于访问和删除其在人工智能系统中的个人数据的权利与能力应得到充分保障，个人数据用于商业目的（如精准定向广告）或跨境转移时应完全符合数据保护法的适度保护，切实有效的独立监督。作为数据治理机制的一部分，这些框架应使个人能够掌控其个人数据、维护数据主权，并促进国际信息自由流通（包括数据获取）。

为确保个人数据和敏感数据的充分安全，应制定数据政策或类似框架，或加强现有政策或框架。这些数据一旦泄露，可能对个人造成特殊损害、伤害或困难。相关实例包括：与犯罪、刑事诉讼、定罪以及相关安全措施有关的数据；生物识别、基因和健康数据；与种族、肤色、血统、性别、年龄、语言、宗教、政治见解、民族、族裔、社会出身、与生俱来的经济或社会条件、残障情况或任何与其他特征有关的个人数据。在内容自动生成、审核和监管方面，会员方应确保人工智能行为者尊重并促进表达自由和信息获取自由。适当的框架，包括监管，应让线上通信和信息运营商具有透明度，并确保用户能够获取多样化的观点，以及迅速告知用户为何对内容进行删除或其他处理的相关程序和让用户能够寻求补救的申诉机制。

以竞争性商业机密为理由，算法自诞生以来一直在黑暗、封闭的空间中生长。算法作为嵌入在软件和网络平台内部的运行规则，天生具有高度隐蔽性和不透明性的特点。此外，算法在很大程度上代表着企业的商业模式和竞争模式，是企业核心竞争力的体现，也是企业的知识产权。因此，企业通常不愿意公开和透露核心算法的细节。传统的监管模式主要基于业务合规性，但互联网业务具有分布式和后台管理等特点，给传统的集中监测手段带来了巨大的挑战。由于数据采集访问、算法内容分析和系统开放等技术问题，一些违规业务，如大数据杀熟和个人信息违规利用，很难被监测到。只有加强对算法内容的深度治理，才能既治标又治本。

因此，在算法伦理方面，算法推荐应当确保用户的知情权和选择权。技术应当是为大众谋福利的工具，而不应成为操控用户的手段。但各大平台都以商业秘密为由，很少公开算法推荐的数据模型，更糟糕的是，在算法推荐过程中，用户完全不知情。平台企业可以监控用户的一切，而用户往往对此一无所知。为了防止平台与用户之间的平等关系变成附属关系，消除平台成为"信息上帝"的可能性，算法推荐必须从"平台主导"向"用户选择"的模式转变。在进行算法推荐时，平台应当向用户告知主要参数的依据，用户有权随时选择、调整参数内容及其权重。换言之，算法推荐的模式不能是"医生开药"，而应当是"客人点餐"。国家网信办明确指出，所谓的算法推荐技术，是指应用生成合成类、个性化推送类、排序精选类、检索过滤类、调度决策类等算法技术向用户提供信息。算法推荐管理规定要求，用户必须有权关闭推荐和广告。这意味着几乎所有使用机器学习等算法实行推荐策略的应用均属于监管范围。应当向用户提供不针对其个人特征的选项，或者向用户提供便捷的关闭算法推荐服务的选项。用户选择关闭算法推荐服务时，算法推荐服务提供者应当立即停止提供相关服务。

在数字经济背景下，建立算法协同治理指数体系迫在眉睫。

为了深入探究算法协同治理的效果，构建如图 5-1 所示的算法协同治理指数体系。其中算法系统协同治理指数主要包括算法系统政府治理指数、算法系统企业治理指数、算法系统公众治理指数等。指数的计算可以基于产业大数据和社会大数据，数据来源于各级政府大数据管理机构的公开数据。算法系统社会认知指数主要基于网络舆情数据，数据来源于各大互联网平台。算法系统协同治理指数与算法系统社会认知指数之间的差距，可以定义为算法伦理鸿沟指数。

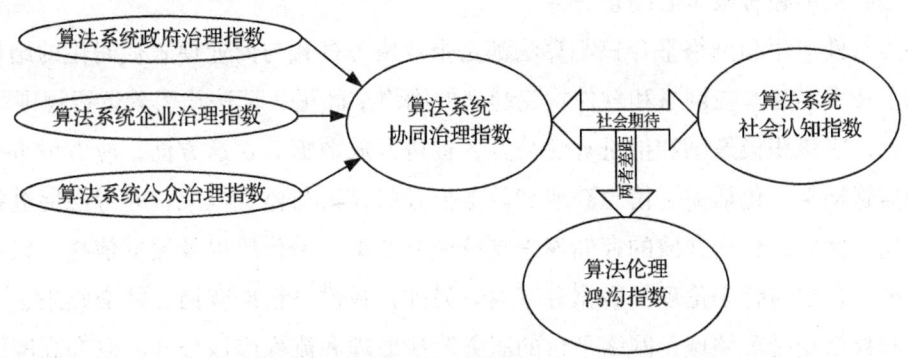

图 5-1　数字经济背景下的算法协同治理指数体系

同时，我们也必须认识到算法系统面临着诸多风险，比如，资本操纵风险、舆论舆情风险、伦理制约风险、垄断竞争风险、企业内卷风险、算力压力风险、社会经济风险、沉迷风险、隐私风险、知识产权纠纷风险等。算法系统风险体系如图 5-2 所示。面对诸多风险，产业和市场都亟须回归理性。

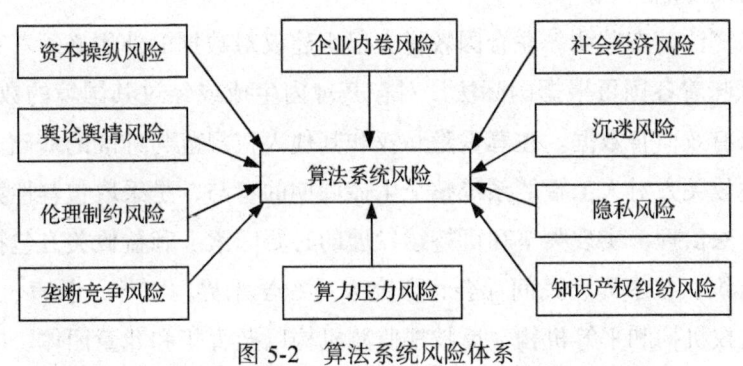

图 5-2　算法系统风险体系

数字经济背景下的算法协同治理对策和建议如下：

（1）鼓励算法公开。算法是用于解决问题的一种思路、方法和理念，是一组有穷的计算运行规则，规定了解决某一特定类型问题的一系列运算，是对解题方案的准确完整描述。在计算机科学中，算法要用计算机算法语言描述，算法+数据结构就组成了我们日常使用的各类计算机应用程序。解决相同问题，不同人设计的算法可能不同，不同人设计的算法代表了其解决问题的不同的理念和思路。制定一个算法通常需要经过设计、确认、分析、编码、测试、调试、计时等步骤。完成相同任务，解决相同问题，不同的算法用的时间、空间或效率可能完全不同。算法具有五个重要特性。一是输入，一个算法有零个或多个输入，以刻画运算对象的初始情况。二是输出，一个算法有一个或多个输出，以反映对输入数据加工后的结果。三是确定性，算法中的每一条指令必须有确切的含义，不能产生多义性。四是算法中的每一条指令必须是切实可执行的。五是有穷性，算法必须能在有限步后终止。

各类软件应用和网络平台核心算法都是企业服务模式与商业模式代码化的结果，已经超越了技术本身。在网络和软件构建起来的网络空间里，算法代表着运行规则。

因此，应该积极鼓励和推进算法公开，促进开放数据。在这方面，应考虑审查相关政策和监管框架，包括关于信息获取和政务公开的政策与监管框架，并考虑促进相关机制的建立。例如，建立开放的存储库来支持公有数据、源代码以及数据信托，以支持安全、公平、合法与合乎伦理的数据分享等。另外，在推进精准营销、社交娱乐、个人信息开发和数据挖掘等领域，网络平台的服务算法原理和流程应该公开，以提高网络平台算法的透明度和社会公信力。因此，应当鼓励网络平台服务企业算法代码公开或算法开源，从社会伦理、法律法规、商业合规、技术安全等角度广泛接受社会监督，不断推进算法合理演进和可持续发展。建议加强对网络平台企业算法的公开交流和研讨，政府机构、研究机构、企业等应该积极合作，共同探讨加强个人信息保护、提高商业诚信、维护社会公德等方面的需求，制定网络世界算法创新准则、算法创新禁区和算法治理模式等方面的准则及规范。

（2）加强算法动态监测。联合国教科文组织建议对数据的使用必须尊重国际法和国家主权。这意味着各国可根据国际法，对在其境内生成或经过其国境的数据进行监管，并采取措施以有效监管数据。在尊重隐私权和其他人权规范与标准的基础上进行数据保护。不同利益攸关方对人工智能系统整个生命周期的参与，是采取包容性办法开展人工智能治理和算法治理，实现共享和可持续发展的必要因素。利益攸关方包括但不限于政府、政府间组织、技术界、民间社会、研究人员和学术界、媒体、教育、政策制定者、私营公司、人权机构和平等机构、反歧视监测机构以及青年和儿童团体。应遵循开放标准和互操作性原则，以促进协作。同时，应采取措施以兼顾技术的变化和新利益攸关方群体的出现，并便于边缘化群体、社区和个人切实参与。

在加强算法动态监测方面，可以尝试建立算法网络监测平台，变革传统监测治理手段，运用互联网、大数据、人工智能等技术手段，加强对网络平台算法数据采集、运行过程、经济社会影响等方面的动态监测，强化事前、事中和事后控制，提高风险预测、防范和处置能力。可以考虑建立算法监督检查机制，根据企业算法备案内容，加强对企业网络平台的持续监测和不定期抽查，提高算法备案制度的影响力，确保算法备案制度落到实处。此外，还可以支持和鼓励高等院校、科研院所、行业组织等机构，开展网络算法第三方监测、评估等方面的研究，加快算法社会服务准则等相关规则制定研究，推动网络平台算法朝着正确方向发展。

目前，各种与大数据开发和利用有关的联盟很多，但是聚焦软件和网络平台运行算法合规性方面的联盟尚未建立完善。联盟缺位使得企业对行业算法目标宗旨、应用标准、运行规则等方面缺乏公开交流探讨，还没有形成共识。在设计算法时，企业往往只考虑自身利益最大化，缺乏行业规则的约束，这导致了行业乱象发生。行业评估是规范行业乱象、引导行业发展的重要手段。然而，在软件和网络平台算法方面的行业评估缺失，导致一些企业的算法过于追求纯利益，缺乏同行业的专业性监督。

作为中立的数据技术，算法推荐是一把双刃剑。使用得当，则平台与用户两受其益；用之不当，则社会与公众两受其害。算法推荐的乱象是发展中的阶段性问题，对算法推荐的综合治理，并不是限制其使用，而是为了使其发挥更大作用，是为了充分引导其良性可持续发展。

（3）开展算法应用安全评估。联合国建议会员方鼓励进行以负责任和合乎伦理的方式应用人工智能技术于教学、教师培训和电子学习等领域的研究活动，以增加机会、减少挑战和风险。当涉及监测、评估能力或预测学习者的行为时，用于学习的人工智能系统应符合严格的要求。人工智能应依照相关的个人数据保护标准支持学习过程，既不降低认知能力，也不提取敏感信息。在学习者与人工智能系统的互动过程中收集到的为获取知识而提交的数据，不得被滥用、挪用或用于犯罪，包括用于商业目的。联合国要求制定以严谨的科学研究为基础，以国际人权法为依据的教科文组织人工智能技术伦理影响评估方法，制定教科文组织关于在事先和事后对照既定目标评估人工智能伦理政策和激励政策效力与效率的方法，加强关于人工智能伦理政策的基于研究和证据的分析。

因此，我们说对算法推荐应当引入第三方评估机制。应当深入到算法运行的技术机理和平台企业权力的形成机制之中，探索建立科学合理的平台算法责任体系。虽然算法技术看似中立，但一旦嵌入到平台场景中，往往蕴含着平台运营者与设计者的主观意图和特定价值倾向，因此有必要开展算法应用风险评估。相对于平台，用户是渺小的个体，受限于技术和知识能力，用户很难与平台对等博弈。以技术制约技术、以平台限制平台，应成为保护用户权益的方法。既然存在算法推荐，就应该有第三方的算法评估，国家应当鼓励第三方机构利用数据技术测评各大平台的算法推荐技术，以弥补用户的技术缺陷。此外，还应以具体的算法伦理危机事件为出发点，探讨其对涉及的客户和员工的影响。以"困在系统里的外卖骑手"为例，当算法导致企业品牌危机时，客户对于涉及危机的企业及员工有什么口碑和评价上的变化。通过自然语言处理（Natural Language Processing）方法，分析客户的文字评价，提取并量化文字中包含的正负情感，并比较危机事件前后客户评价的变化。同样，在用户遭受侵权时，可以通过维权平台或组织利用数据优势，代表用户集体主张权利，从而解决"用户维权成本过高、平台各个击破"的维权困境。

越来越多的学者聚焦于算法伦理研究，尤其是算法协同治理指数研究。在采集产业大数据、社会大数据和网络舆情大数据的基础上，对算法协同治理指数体系进行量化分析，构建算法优化模型。通过这种方式，可以得到算法协同治理指数，以实时动态监控数字经济环境下的算法协同治理效果。此外，还有算法系统风险研究。通过采集和计算涉及算法系统风险体系相关的各种指标，并对指标体系进行分级处理，运用层次分析法等方法建立数学模型，对算法系统风险进行评估，为算法协同治理提供决策支持。

● **本章小结**

本章主要介绍了数字经济的技术基础，重点介绍了人工智能、区块链、云计算和大数据，另外，还阐述了大数据的商业价值。

● **复习思考题**

1. 谈谈你所认识的数字经济的技术基础。
2. 什么是人工智能、区块链、云计算、大数据？
3. 试述大数据的商业价值有哪些。

● **参考文献**

[1] 阿加沃尔. 人工智能：原理与实践 [M]. 杜博，刘友发，译. 北京：机械工业出版社，2023.

[2] 罗埃布莱特. 通用人工智能：初心与未来 [M]. 郭斌，译. 北京：机械工业出版社，2023.

[3] 范凌杰. 区块链原理、技术及应用 [M]. 北京：机械工业出版社，2022.

[4] 李华晶. 人工智能伦理的起承转合：从性本善到上善若水 [J]. 清华管理评论，2020（1）：34-41.

[5] 李睿晶，房超，陈凯. 新时代我国人工智能发展回顾与展望 [J]. 科技智囊，2023（1）：14-21.

[6] 李升. 论人工智能伦理准则的细化与完善：基于 50 部人工智能伦理准则的梳理与解读 [D]. 杭州：浙江大学，2020.

[7] 陆健，郭闻. 大数据助力中国乒乓球队驰骋赛场 [N]. 光明日报，2021-08-16（9）.

[8] ERL T，MAHMOOD Z，PUTTINI R. 云计算：概念、技术与架构 [M]. 龚奕利，贺莲，胡创，译. 北京：机械工业出版社，2014.

[9] 宋冬林，孙尚斌，范欣. 数据成为现代生产要素的政治经济学分析 [J]. 经济学家，2021（7）：35-44.

[10] 涂子沛. 数文明：大数据如何重塑人类文明、商业形态和个人世界 [M]. 北京：中信出版社，2018.

[11] 王良明. 云计算通俗讲义 [M]. 3版. 北京：电子工业出版社，2019.

[12] 王毅. 数字创新与全球价值链变革 [J]. 清华管理评论，2020（3）：52-58.

[13] 第十三届全国人民代表大会常务委员会. 中华人民共和国个人信息保护法 [EB/OL]. [2022-12-15]. http://www.npc.gov.cn/npc/c30834/202108/a8c4e3672c74491a80b53a172bb753fe.shtml.

[14] 第十三届全国人民代表大会常务委员会. 中华人民共和国电子商务法 [EB/OL]. [2022-12-15]. http://www.npc.gov.cn/zgrdw/npc/lfzt/rlyw/2018-08/31/content_2060827.htm.

[15] 中国科学院科技战略咨询研究院课题组. 数字科技：第四次工业革命的创新引擎 [M]. 北京：机械工业出版社，2021.

第 6 章 数字农业

学习要求

- 了解农业发展的各个阶段
- 理解数字农业的内涵
- 了解数字农业的主要作用
- 了解数字农业的主要模式

引例

数字化助推"甜蜜事业"蒸蒸日上

多汁红润的西瓜,是夏日常见的消暑佳品。"吃瓜群众"不知道的是,中国每 10 个精品大棚西瓜中,就有 7 个出自浙江省台州市的瓜农之手。他们的生产足迹遍布全国,以及缅甸、越南、尼日利亚、南非等国家和地区,年销售额超 50 亿元。

得益于政府牵头开发的"瓜农天下"App,农资购买"一站配送"、技术支持"一键到户"、品牌建设"一体推广"……数字化助推当地 10 余万瓜农的"甜蜜事业"蒸蒸日上。

从"追太阳"到"靠数据",数字技术正向农业农村快速延伸和渗透,为促进乡村产业数字化和数字产业化提供契机。浙江台州的"智慧瓜田"正是数字经济为乡村振兴注入强劲新动能的一隅。

6.1 农业发展概述

1. 原始农业阶段

原始农业是指利用自然条件自发进行物质生产,主要为实现自给自足的初级农业形态。其主要方式包括刀耕火种、轮歇栽培或撂荒制等。在原始农业阶段，人类对农业生态系统的干预较少，土壤的养分平衡完全依靠自然恢复，土地利用率和生产水平都很低。

2. 传统农业阶段

传统农业主要是指依赖本地投入，主要使用人力和畜力，农耕地块不再频繁转移的固定农业形态。传统农业面临的最重要的挑战是如何保持农田土壤的肥力。不同国家根据自身国情采取了不同策略来应对这一挑战。在传统农业阶段，由于社会的发展还处于农业社会或者工业化初期，农业投入基本依赖当地的人力、畜力和周边的生物资源及水土资源。通过长期摸索和经验积累，采用了一系列方法来维护土壤肥力，相对于工业化农业，传统农业的产品商品化率低，劳动生产率也较低。

3. 工业化农业阶段

工业化农业具有以下主要特征：高的劳动生产率、土地生产率和产品商品化率。农业工业化的过程导致大量劳动力离开农业，转向工业和服务业，进一步推动了社会经济的发展。土地生产率的提高，其好处在于能够避免过度开垦边际土地。尽管工业化农业以工业品的投入为标志，但整个农业方式发生了革命性的变革，越来越多的自然过程被人工过程替代，越来越多的自然投入被人工投入取代，自然界中大量微妙复杂的关系被人类工业化思维规格化、简单化和线性化。

4. 数字化农业阶段

数字农业的兴起是与时代发展需求相呼应的。移动互联网技术、云计算技术、大数据技术、物联网传感技术以及经济、市场、资源和生产领域的数据资源与技术为数字农业的兴起提供了良好的基础和现实条件，尤其是"互联网+农业"进一步推动了数字农业的发展。

6.2 数字农业的内涵

数字农业（Digital Agriculture）是指将物联网技术运用到传统农业，运用传感器和软件通过移动平台或者电脑平台对农业生产进行控制，以实现传统农业的智能化，使农业更加具有"智慧"的生产模式。从广泛意义上讲，数字农业还包括农业电子商务、食品溯源防伪、农业休闲旅游、农业信息服务等方面的内容。

数字农业是农业生产的高级阶段，它融合了新兴的互联网、移动互联网、云计算和物联网技术，依托布置在农业生产现场的各种传感器节点（环境温湿度、土壤水分、二氧化碳、图像等）和无线通信网络实现农业生产环境的智能感知、智能执行、智能决策、智能分析、专家在线指导。它为农业生产提供了经济化种植、可视化管理、智能化决策的能力。

数字农业综合应用了云计算、传感网络、大数据等多种信息技术，为农业提供了更完备的信息化基础支持，有助于更深入地感知农业信息，集中管理数据资源，实现更广泛的互联互通，进行更精细的智能控制，提供更贴心的公众服务。

数字农业的技术特点主要体现在以下方面：

（1）监控功能。利用无线网络获取植物生长环境信息，包括土壤水分、土壤温度、空气温度、空气湿度、光照强度、植物养分含量等参数。有时还包括土壤中的pH酸碱度、电导率等。通过获取、管理、动态显示和分析处理所有测试点的信息，以直观的图表和曲线方式展示。根据这些信息的反馈，实现农业园区的自动灌溉、自动降温、自动卷膜、自动液体肥料施肥、自动喷药等自动控制功能。

（2）实时图像与视频监控功能。农业物联网的基本概念是实现农作物与环境、土壤及肥力间物物相联的关系网络，通过多维信息与多层次处理实现农作物的最佳生长环境调理及施肥管理。然而，对于管理农业生产的人员而言，仅仅数字化的物物相联并不能完全满足创造作物最佳生长条件的需求。图像和视频监控提供了更直观的方式来表达物与物之间的关系。引入视频监控可以实时反映农作物生产的状态，图像处理则可以直观地展示作物的生长情况，同时间接反映作物整体状态和营养水平，这些信息可以为农户提供更加科学的种植决策。

6.3 数字农业的作用

目前，生态、安全、高效的农业生产方式已成为理想模式。信息智能技术及设备在农业生产中的应用，无疑为实现这一目标提供了有力武器。数字农业的发展在推进农业现代化进程、推动智能化相关产业的发展以及促进产业结构转型升级方面发挥着重要的作用。具体而言，数字农业的发展可以产生以下几个方面的作用：

1. 农业生产精准化

农业生产精准化是指针对不同的农业生产对象实施精确化操作。例如，在种植作业过程中，智能化设备可以对土壤肥力、病虫害、需水量等状况进行实时动态监测，从而做到精确施肥、用药、用水。如果生产主体遇到疑难问题，可以通过网络向专家咨询寻求解答。这样既可以满足作物生长需要，同时又能避免资源浪费和环境污染。

2. 农业生产标准化

农业生产标准化包括生产环境的标准化、生产过程的标准化、生产产品的标准化。生产环境的标准化是指生态环境符合一定的标准，通过智能化设备可以做到对土壤、大气环境和水环境状况实时动态监控，以使其符合特定标准。例如，监测土壤养分、重金属含量和水分等指标，以及监测大气和水体的污染物。生产过程的标准化是指在生产的各个环节中，根据效率和效益最大化的原则，按照一定的技术经济标准和规范要求进行生产，例如，统一深耕播种、施肥、施药和除草等作业可以通过智能化设备的应用来提高效率。生产产品的标准化是指确保最终产品符合相应的质量标准，包括有益成分和有害成分的含量。有益成分是指各种营养元素，有害成分是指化肥、农药和生长激素残留。此外，对农产品的加工食品还需要考虑各种食品添加剂的含量。智能化设备可以做到实时精准地检测这些有益和有害成分的含量。

3. 农业生产生态化

农业生产生态化是指按照绿色环保生态理念进行生产，精准控制化学品的使用，合理施用有机肥料、生物肥料和生物农药，以减少对农业生态环境的不利影响。通过计算机模拟和智能监测控制的手段，实施循环生产，精确控制各个环节的资源配置，设计最佳生产模式，提高资源利用效率，实现农业生产的生态化。

4. 农业生产组织化

通过计算机智能设备，合理安排用工用时用地，以减少劳动和土地使用成本，提高劳动生产效率。可以根据不同的农业生产对象（如种植业和养殖业）和不同的农业品种发展不同的智能农业机械，利用农业物联网来进行远程操控，并积极开发相关的软件和传感器。

此外，数字农业还可以促进相关产业的发展。这些产业包括农用智能设备制造、软件设计制造，以及与之相关的服务业，如设备维修和软件维护操作指导等。

总之，数字经济对农业的发展有着重要的推动作用。通过实现农业生产的精准化、标准化、生态化和组织化，可以提高农业生产效率，优化资源利用，同时减少对环境的不良影响，能够为农业提供更加科学、高效和可持续的生产方式。

6.4 数字农业的模式

在过去，农业生产管理仅仰赖个人经验，农民需要寸步不离田间，"靠天吃饭""有什么种什么"的生产模式严重阻碍了农业的生产。然而，在大数据时代，互联网的发展催生了数字农业，并引发了一系列的生产模式，使整个农业生产过程焕然一新，变得现代化十足。

1. 智慧灌溉

智慧灌溉是一种更高级的灌溉系统，它能够根据作物所需的水量进行精准灌溉，并能提前根据作物在各个生长阶段的需要做出优化分析和灌溉决策。最终，通过水肥一体化系统，能够适时适量地施用水溶肥。这种精准的灌溉方式不仅提高了作物的产量和品质，同时也提高了灌溉水的利用效率。

2. 智慧种植

智慧种植主要利用作物生长模型及其基本原理，通过作物的主要遗传参数，包括物种参数、生态型参数和品种参数，模拟作物在充足灌溉或土壤水分胁迫条件下的生长发育过程，以及在土壤氮素胁迫条件下的生长发育过程。通过数值模型建立作物生长模型，解决农业生产中的估产、未来预测和管理决策等问题。该模型可以模拟作物的生长发育和产量形成过程、土壤和作物水分的平衡，以及养分和碳素的动态变化等。所有测试点的信息获取、管理、动态显示和分析处理都可以以直观的图表与曲线的形式展示，并根据这些信息的反馈对种植作物进行农事操作，例如自动灌溉、自动降温、自动卷膜、自动施用液体肥料、自动喷药等，从而控制和调整生产的影响因素。通过智慧种植，可以提高农产品的产量和质量，帮助农民增加收入。

3. 智慧温室

智慧温室系统是在物联网环境下开发的一套用于监测、分析和控制温室环境的管理系统，实现对温室灌溉设备的监视、控制以及环境数据的持续采集、整理、统计和制图。

系统通过屏幕显示温室的状态，包括空气温度、空气湿度、光照强度、二氧化碳浓度、土壤温度、土壤湿度、电导率等参数，同时显示各设备的连接状态和开关状态。必要时，可以手动强制控制温室内各设备的开关状态。

例如，山东寿光智能蔬菜大棚采用的是非常先进的管理方法，大棚内没有工作人员，通过互联网技术的应用，实现智能化管理。这使得种菜更加精确，大棚内的温度、湿度、风速等信息都被转化为数据，可以通过传输进行自动分析和自动处理，只需轻轻动一下手机就可以自动操作；手机还可以通过软件向农民发送科技信息，让农民随时了解市场行情，科学种植，并与专家直接交流；系统可以与大棚内已有的遮阳网、风机、加湿帘、天窗等设备连接，利用手机实现远程控制，实现大棚自动遮阳降温、自动通风、自动加湿等功能。

4. 数字农场

数字农场是指农场的管理实现数字化和信息化，通过农业 ERP 系统推动种植业、畜牧业、水产、农垦等各领域的生产调度，推进农业管理现代化，提高农业主管部门在生产决策、资源优化配置、指挥调度、上下渠道协同和信息反馈等方面的管理水平和行政效率，最终解决农业管理不高效和不透明的问题。

数字农场系统通过物联网技术的全面感知来解决"如何种地"的问题，提高了土地产出率、资源利用率和劳动生产率。管理者利用互联网获取先进的技术信息，通过大数据掌握最新的农产品地理分布和价格走势，从而结合自己的资源情况自主决策农业生产，解决农村信息服务"最后一公里"问题，并提供农场管理者需要的各种生产信息服务。数字农场系统实现了农业生产过程的全程控制，解决了种植业和养殖业在各时期、各方面、各班组和生产人员管理方面的问题。

6.5 延伸阅读：云南元阳——为乡村振兴注入数字化动力

元阳，位于云南省南部，地处哀牢山脉南段的红河南岸，是一个低纬度高海拔地区，境内层峦叠嶂，沟壑纵横，山地连绵，无一平川。鸟瞰全境"两山两谷三面坡，一江一河万级田"，构成了元阳特殊的地形地貌。境内气候属亚热带山地季风气候类型，具有"一山分四季，十里不同天"的立体气候特点。世居哈尼、彝、汉、傣、苗、瑶、壮 7 个民族，少数民族人口占总人口的 89.7%。

元阳的红河哈尼梯田属于世界遗产，先后荣获国家湿地公园、国家 4A 级旅游景区、全国重点文物保护单位、全球重要农业文化遗产保护试点和首批中国重要农业文化遗产、全国"绿水青山就是金山银山"实践创新基地等多项殊荣。

随着经济的快速发展，为推动脱贫攻坚与乡村振兴有效衔接，元阳一直致力于为乡村振兴注入数字化动力。

1. 资源保护数字化，打造数字梯田

为保护和传承好"山、水、林、田、人、村"等自然肌理，在哈尼梯田遗产区管理

中心，通过数字梯田系统可以实时观测到遗产区内的各种数据，做到了梯田数据"一屏显"。梯田数据实行 AI 大屏幕系统展示，管理人员足不出户，即可对景区情况"一目了然"。在卫星遥感影像数据分析的基础上，遗产区内生态环境监测，村庄区域管理，气象、生物多样性保护研究，巡护人员管理等情况在数字梯田系统大屏幕实时展示的同时，能够通过对采集的各个指标具体数据对比分析，展示景区的空气质量、景点面貌、管护状态等。

数字梯田系统还能更好地实现空间区域"一图现"。哈尼梯田遗产区内的预报预警管理要求非常严格。以 GIS（地理信息系统）结合卫星地图为支撑，同时叠加各类森林资源、公共设施资源，构建动植物监测识别"一张图"，提供可视化、分级化、协同化的基础资源、梯田资源、梯田设施设备等空间地理分布数据。所有资源一张图管理、所有设施一张图控制、所有事件一张图显示，集监测、控制、维护、安保、应急、巡检和管理功能于一体，实现实时控制管理"万无一失"，预报预警"闻讯而动"。

长期以来，围绕哈尼梯田"森林、梯田、村寨、水系"四素同构，以保护为前提、以利用促保护，确保哈尼梯田的原真性、完整性、纯朴性。元阳县为做好世界遗产哈尼梯田的保护，坚持造林绿化，遗产区植被覆盖率达67%；保护传统村落，箐口、阿者科、垭口、大鱼塘被列入中国传统村落目录；推进持续发展，守住梯田红线，大力推广"稻鱼鸭"综合种养模式，实现"一水多用、一田多收、一户多业"的综合效益，有力保障了哈尼梯田的永续利用。通过数字梯田系统，对梯田生态系统进行调查、采集、统计及分析，为制定保护政策和相关管理措施等决策提供了数字化支撑，实现了哈尼梯田传承保护管理的"网络化""在线化""一体化"和"智能化"。

2. 全网全渠道融合，打造数字化新零售

通过开发利用哈尼梯田独特的自然和人文景观，哈尼梯田经济价值和社会价值逐步得到体现。哈尼梯田生态种养经济价值逐步提高，"稻鱼鸭"综合种养生态产业链及其产品、"梯田红米"品牌等越来越受人青睐，哈尼梯田旅游持续发展，梯田旅游知名度极大提高，群众护田、种粮、爱山的生态意识不断提高，耕作梯田的生产效率和产出效益逐步提升，有效实现了经济、生态、社会综合效益的最大化。

为大力支持和发展电子商务，促进社会经济结构的调整和经济增长方式的转变，有效提升元阳潜在的物流需求，提高企业物流服务供给能力和水平，元阳县建设完成了元阳县物流产业园，并引进中通快递为运营主体，结合电子商务产业园和全县电商企业，实行紧密结合，共同发展策略。利用布点到各乡镇、农村的服务站，整合现有的乡镇超市、中通快递、物流配送中心等流通网络资源，建立健全适应农村电子商务发展需要的物流配送支撑服务体系，从而基本实现快递到乡镇，配送到村组，提高配送能力，降低物流成本，大幅度地提高流通效率，解决农村物流配送的"最后一公里"问题。

县政府推动建立的"元阳商城"，依托千年哈尼梯田世界文化遗产这张闪亮的"名片"，全力打造优质"梯田红米"品牌，拓宽产品体系，实现全网全渠道融合，打造数智化新零售模式。依托市场以"一颗红米"打造一条产业链（元阳红米黄酒，元阳红米火锅，元阳红米洗护用品系列，元阳红米饼、糕、酒，以及元阳普洱茶4款，元阳红茶2款，元阳黄牛干巴，元阳水果等产品）来建立完善的商品体系，占据市场主要地位，实现政府、企业、农户共同受益。

元阳以电子商务进农村综合示范县建设为抓手，依托"万村千乡工程"，突出促进农村消费品、农业生产资料、农产品流通交易，电商企业进农村体系建设等重点，建设完善农村电子商务配送及综合服务网络，建立促进农村电子商务发展体制机制，组织和鼓励有条件的流通企业及农家店参与全企入网、全民触网、电子商务进农村工程建设，促进农村流通现代化水平全面提升。鼓励县域内电商企业做大业务量，扩大注册用户范围，增加电商户数。发挥元阳商城、淘宝、天猫、京东、工商行"融e购"、邮政系统的"邮乐购"、元阳本土注册的红河农业网等电商平台的优势，提高网络销量，完善县内社会消费品统计和市场监测工作，提升电子商务产值在全县经济总量中的比重。

3. 建设哈尼智慧小镇，探索数字化乡村旅游

旅游产品结构性失调、"有效供给不足"一直是中国旅游产业发展的主要问题。一方面旅游景区难以满足国内游客需求，一到节假日，集体出游就带来景区拥堵；另一方面，消费者休闲度假的需求在上升，而相应的配套设施和服务却跟不上。

智慧旅游主要体现在"旅游服务的智慧""旅游管理的智慧"和"旅游营销的智慧"这三大方面。

在服务智慧方面，智慧旅游从游客出发，通过信息技术提升旅游体验和旅游品质。游客在旅游信息获取、旅游计划决策、旅游产品预订支付、享受旅游和回顾评价旅游的整个过程中都能感受到智慧旅游带来的全新服务体验。

在管理智慧方面，智慧旅游将实现从传统旅游管理方式向现代管理方式转变。通过信息技术，可以及时准确地掌握游客的旅游活动信息和旅游企业的经营信息，实现旅游行业监管从传统的被动处理、事后管理向过程管理和实时管理转变。通过与公安、交通、工商、卫生、质检等部门形成信息共享和协作联动机制，结合旅游信息数据形成旅游预测预警机制，提高应急管理能力，保障旅游安全，并通过对旅游投诉以及旅游质量问题的有效处理，维护旅游市场秩序。

在营销智慧方面，智慧旅游通过旅游舆情监控和数据分析，挖掘旅游热点和游客兴趣点，引导旅游企业策划对应的旅游产品，制定对应的营销主题，从而推动旅游行业

的产品创新和营销创新。通过量化分析和判断，筛选效果明显、可以长期合作的营销渠道。充分利用新媒体传播特性，吸引游客主动参与旅游的传播和营销，并通过积累游客数据和旅游产品消费数据，逐步形成自媒体营销平台。

在经济发展由高速增长向高质量发展转变的过程中，全域旅游就像一个减震器和加速器，减小产业更新的阵痛，快速构建起产业链的系统驱动力。与全域营销通过整合各类可触达用户渠道资源，建立全链路、精准、高效、可衡量的跨屏渠道营销体系相比，智慧旅游通过人工智能、机器学习等技术的结合，以及数据的共享和打通，不仅可以对旅游舆论进行监控和数据分析，还可以推动旅游行业的产品创新和营销创新。

智慧旅游作为哈尼智慧小镇发展过程中所提出的一个全新理念，是实现旅游服务整体升级，推动旅游行业创新发展的关键一环。要进一步发展智慧旅游建设，需要构建以企业为主体、市场为导向、产学研合作相结合的旅游业创新体系，大力推进旅游公共信息服务平台建设，构建功能全、反应快的旅游市场监测系统和应对处理系统，以提升旅游信息化水平，创新旅游宣传营销方式。

哈尼智慧小镇的建设注重优化小镇旅游空间开发格局，完善旅游项目库建设，精心策划、重点招商，建设一批资源品位高、配套条件好、市场潜力大、组合能力强、带动作用显著的重大旅游项目，引领小镇旅游产业转型升级。具体措施包括：①搭建旅游电子信息服务平台，为旅游企业和游客提供全方位、多功能、无缝隙的旅游电子信息管理服务；②完善旅游电子信息管理办法，加强涉旅企业信用档案管理，严厉惩罚违规经营行为，规范行业管理，倒逼企业转型升级；③优化旅游电子信息服务手段。

哈尼智慧小镇建设方案的主要核心是游客为本、网络支撑、感知互动和高效服务，旨在通过信息技术和旅游服务、旅游管理、旅游营销的融合，使旅游资源与社会资源得到系统化整合和深度开发应用，形成服务于政府、企业、游客等的旅游发展形态，并结合社会公共服务和现代企业管理理念，注重游客体验、提升企业经营能力和政府公共服务能力，促使生态、文化、社会和经济的综合价值最大化，实现旅游产业的可持续发展。围绕哈尼梯田世界遗产，元阳始终坚持"生态建设产业化，产业发展生态化"的发展思路，充分利用数智化的工具和手段，挖潜区域文化价值、生态价值、社会价值和经济价值，促进农民增收，实现元阳县域经济的大发展。

（资料来源：《E路奔小康》，红旗出版社，2020）

● 本章小结

本章主要对数字农业进行了阐述和解释。介绍了农业发展的各个阶段，分析了数字农业的内涵，阐述了数字农业的主要作用和主要模式。

- 复习思考题

1. 谈谈你所认识的农业发展阶段。
2. 结合实例谈谈什么是数字农业。
3. 试述数字农业的主要作用。
4. 结合日常生活中接触的事例，谈谈数字农业的主要模式。

- 参考文献

[1] SIYUNDA A C, CHIKALIPA E, MFUNE T, et al. Digitalizing agriculture for sustainable crop production[J]. International journal of science and business, 2022, 11（1）: 55-61.

[2] BASSO B, ANTLE J. Digital agriculture to design sustainable agricultural systems[J]. Nature sustainability, 2020, 3（4）: 254-256.

[3] INGRAM J, MAYE D, BAILYE C, et al. What are the priority research questions for digital agriculture? [C]. Land use policy, elsevier, 2022, 114: 105962.

[4] 李慧. 助力乡村振兴战略 智慧农业迎来爆发期 [EB/OL]. [2022-12-02]. https://baijiahao.baidu.com/s?id=1587476060447335427.

[5] 郭朝先, 苗雨菲. 数字经济促进乡村产业振兴的机理与路径 [J]. 北京工业大学学报：社会科学版, 2023, 23（1）: 98-108.

[6] 井然哲. E 路奔小康 [M]. 北京：红旗出版社, 2020.

[7] 金. 四千年农夫：中国、朝鲜和日本的永续农业 [M]. 程存旺, 石嫣, 译. 北京：东方出版社, 2011.

[8] 马磊. 区块链+数字农业：2030 未来农业图景 [M]. 北京：中国科学技术出版社, 2020.

[9] 马晓河, 胡拥军. "互联网+" 推动农村经济高质量发展的总体框架与政策设计 [J]. 宏观经济研究, 2020（7）: 5-16.

[10] 汝刚, 刘慧, 沈桂龙. 用人工智能改造中国农业：理论阐释与制度创新 [J]. 经济学家, 2020（4）: 110-118.

[11] 王小兵, 康春鹏, 董春岩. 对 "互联网+" 现代农业的再认识 [J]. 农业经济问题, 2018（10）: 33-37.

[12] 汪懋华, 赵春江, 江民赞, 等. 数字农业 [M]. 北京：电子工业出版社, 2012.

[13] 温涛, 陈一明. 数字经济与农业农村经济融合发展：实践模式、现实障碍与突破路径 [J]. 农业经济问题, 2020（7）: 118-129.

[14] 夏显力, 陈哲, 张慧利, 等. 农业高质量发展：数字赋能与实现路径 [J]. 中国农村经济, 2019（12）: 2-15.

[15] 赵春江，李瑾，冯献，等."互联网+"现代农业国内外应用现状与发展趋势[J]. 中国工程科学，2018，20（2）：50-56.

[16] 张叶. 智慧农业："互联网+"下的新农业模式[J]. 浙江经济，2015（10）：56-57.

[17] 张在一，毛学峰."互联网+"重塑中国农业：表征、机制与本质[J]. 改革，2020（7）：134-144.

[18] 马欣然，王俊禄，梁姊，等. 数字经济赋能中国乡村振兴[EB/OL].[2022-12-04]. http://news.china.com.cn/2022-05/28/content_78241793.htm.

第 7 章　数字工业

学习要求

- 了解工业发展历程
- 理解数字工业的内涵
- 了解物联网与先进制造技术结合的主要领域
- 理解数字工业的主要作用
- 了解数字工业的主要模式

引例

让定制不再奢侈

青岛红领 REDCOLLAR 是 C2M 服装智能定制企业，品牌初心是让每个人都能"穿上像样的衣服"。2004 雅典奥运会，中国体育代表团着红领金装入场，尽显东方魅力，"最美奥运金装"成为时代的华丽印记。在 C2M 产业互联网平台赋能下，红领品牌已发展为全球 C2M 时尚定制品牌，客户需求直达智能工厂，以需求驱动生产，把互联网、物联网等信息技术融入柔性化制造中，实现了以工业化的手段、效率和成本制造个性化的产品。红领以 C2M 为核心，实现了"一人一版，一衣一款，大牌面料、全球直采，AI 量体，7 个工作日成衣"，更好地满足消费者主权时代的个性化需求，让定制不再奢侈。

7.1　工业发展概述

工业是社会分工发展的产物，经历了手工业、机器大工业和现代工业几个发展阶段，是第二产业的重要组成部分，分为轻工业和重工业两大类。

1. 世界工业发展历程

第一次工业革命（18世纪60年代至19世纪中期）：英国工业革命起始于棉纺织业的技术革新，以瓦特蒸汽机的改良和广泛使用为枢纽，大机器工业代替手工业，机器工厂代替手工工场。这场历经近100年的革命从英国开始，扩展到西欧和北美，推动了法、美、德等国的技术革新，并进一步扩展到东欧和亚洲，俄国和日本也出现了工业革命的浪潮，这标志着世界整体化迎来了新的高潮。

第二次工业革命（19世纪70年代至20世纪初）：19世纪，随着资本主义经济的发展，自然科学研究取得重大进展，从1870年开始，各种新技术和新发明不断涌现，并应用于各个工业领域，进一步推动了经济的发展，第二次工业革命蓬勃兴起。

1866年，德国人西门子提出了发电机的工作原理；到19世纪70年代，实用型的发电机问世。电开始用于机器，成为补充和取代蒸汽机的新能源。随后，电灯、电车、电影放映机相继问世，人类进入了"电气时代"。

第三次工业革命（20世纪50年代至今）：第三次工业革命以原子能、电子计算机、空间技术和生物工程的发明与应用为主要标志，是涉及信息技术、新能源技术、新材料技术、生物技术、空间技术和海洋技术等诸多领域的一场信息控制技术革命。以互联网为主的信息技术的发展和应用几乎将地球上的每个人都联系了起来，工业生产中出现了各种各样的机器人，工业迈入了自动化的时代。

第四次工业革命（工业4.0，2010年后）：2010年7月，德国政府通过了《高技术战略2020》（*2020 Hight-Tech Strategy for Germany: Idea, Innovation, Prosperity*）。德国政府希望最大限度地实现生产的自动化，物联网技术和大数据在第四次工业革命中扮演了核心技术的角色，包括人机交互、3D技术、网络通信技术、移动互联网、数字化制造、大数据革命、机器自组织、云计算、高度数字化等先进技术都融入数字工业之中，越来越多的机器人会代替人工，甚至是完全替代，实现"无人工厂"。目前，工业4.0仍处于实验阶段，并没有真正意义上的扩展至全球范围，所以世界现在仍处于第三次工业革命和工业4.0之间的过渡期。

2. 我国工业发展历程

改革开放前，中国在计划经济体制下发展工业，工业企业仅存在国有和集体两种所有制形式，工业发展模式是半封闭型的，仅有少量的对外贸易。尽管建立了门类齐全的工业体系，但由于推行重工业优先发展战略，导致出现了产业结构扭曲和过度依赖重工业的情况。虽然工业经济取得了很大成就，但工业生产效率低下，轻工业产品长期匮乏，经济短缺现象非常严重，迫切需要进行改革。

改革开放以来的中国工业发展大致可以分为三个阶段，即 1978—1992 年、1993—2000 年以及 21 世纪以来的阶段。这三个阶段改革开放的取向和侧重不同，工业发展在总量规模、结构、所有制、外向程度等方面也有其相应的特点。

第一阶段的工业改革从微观激励机制方面入手。改革主要内容是"放权让利"，即企业对新增收益的部分拥有支配权，以此激励企业职工和管理者的生产经营积极性。改革围绕增强企业活力展开，目的在于转换企业经营机制。在工业经济体制方面，对国有企业实施"拨改贷"的改革，通过调整财务结构对企业施加约束。对大中型国有工业企业普遍实行承包制，小型国有工业企业实行租赁制。在工业企业组织方面，从 1987 年开始广泛尝试组建企业集团、经济联合体、专业公司以及开展股份制试点等多种形式。

第二阶段的工业改革旨在建立社会主义市场经济体制。工业经济体制改革的主线是国有企业改革。国有企业改革的目标是建立现代企业制度。在建立社会主义市场经济体制的改革进程中，中国工业全面发展，工业的快速发展使中国经济由长期以来的短缺转变为有效需求不足，工业品短缺的时代一去不复返，这是一个具有里程碑意义的转变。

第三阶段的工业改革的主题是完善社会主义市场经济体制。国家提出要走科技含量高、经济效益好、资源消耗低、环境污染少、人力资源得到充分利用的新型工业化道路。按照完善社会主义市场经济体制的改革规划，工业经济体制改革继续深化，国有工业企业在探索公有制的多种实现形式、实现有进有退的战略性调整、推行现代企业制度和法人治理结构等方面进行深入改革。同时，鼓励非公有制工业经济发展的改革措施陆续推出，努力消除影响非公有制工业经济发展的体制性障碍，允许非公有制工业经济进入垄断行业、国防工业等部门。

7.2 数字工业的内涵

数字工业是指将具备环境感知能力的各类终端、基于泛在技术的计算模式以及移动通信等不断融入工业生产的各个环节，大幅提高制造效率，改善产品质量，降低产品成本和资源消耗，将传统工业推向智能化的新阶段。

实现数字工业的关键是基于物联网技术的渗透和应用，结合未来的先进制造技术，形成全新的智能化制造体系。因此，物联网技术是数字工业的核心技术。物联网技术是在互联网技术基础上的延伸和扩展，使得用户能够在任何物品和物品之间进行信息交换与通信。

基于物联网的智能化制造体系仍在不断发展和完善之中。总体来讲，物联网与先进制造技术的结合主要体现在以下八个领域：

（1）泛在感知网络技术。服务于智能制造的泛在网络技术体系，为制造中的设计、设备、过程、管理和商务提供无处不在的网络服务。

（2）泛在制造信息处理技术。以泛在信息处理为基础的新型制造模式，能够提升制造行业的整体实力和水平。泛在信息制造及泛在信息处理尚处于概念和实验阶段，各国政府均将此列入国家发展计划并积极推动实施。

（3）虚拟现实技术。采用三维显示与人机自然交互的方式进行工业生产，进一步提高制造业的效率。虚拟环境已经在许多重大工程领域得到了广泛的研究和应用。未来，虚拟现实技术的发展方向是三维数字产品设计、数字产品生产过程仿真、三维显示和装配维修等。

（4）人机交互技术。传感技术、传感器网络、工业无线网络以及新材料的发展，提高了人机交互的效率和水平。制造业还处在一个信息有限的时代，人要服从和服务于机器。随着人机交互技术的不断发展，我们将逐步进入基于泛在感知的信息化制造人机交互时代。

（5）空间协同技术。空间协同技术的发展目标是以泛在网络、人机交互、泛在信息处理和制造系统集成为基础，突破现有制造系统在信息获取、监控、控制、人机交互和管理方面集成度差、协同能力弱的局限，提高制造系统的敏捷性、适应性、高效性。

（6）平行管理技术。未来的制造系统将由一个实际制造系统和对应的一个或多个虚拟的人工制造系统组成。平行管理技术旨在实现制造系统与虚拟系统的有机融合，不断提升企业认识和预防非正常状态的能力，提高企业的智能决策和应急管理水平。

（7）电子商务技术。制造与商务过程一体化特征越来越明显，呈现出纵向整合和横向联合的趋势。未来的目标是建立健全先进制造业中的电子商务技术框架，发展电子商务以提高制造企业在动态市场中的决策与适应能力，构建和谐、可持续发展的先进制造业。

（8）系统集成制造技术。系统集成制造是由智能机器人和专家共同组成的人机共存、协同合作的工业制造模式。它集自动化、集成化、网络化和智能化于一身，使得制造具备自我修正和参数重构的能力，具有自组织和协调能力，可以满足瞬息万变的市场需求，应对激烈的市场竞争。

尽管数字工业是近些年才出现的一个新概念，但早在概念开始之前，德国企业就已进行了尝试。就其本质而言，数字工业是传统制造技术与信息通信技术的融合，从而使得生产变得更具弹性、更加智慧、互联的程度更高、效率更高。从这个意义上说，数字工业只是智能化生产的延伸，这也是为什么越来越多的业内人士将数字工业视为进化方向的根本原因。

7.3 数字工业的作用

在当今社会，工业革命和互联网革命带来的社会变革无可否认地影响着我们每个人。工业革命创造了无数的机器、设备组、设施和系统网络，而互联网革命带来了计算、信息与通信系统的进步。数字工业则汇集了两大革命的成果，将世界上各种机器、设备组、设施和系统网络，与先进的传感器、控制和软件应用程序连接在一起，为企业、产业和宏观经济提供了新的增长机遇。两者相结合，能够互相吸收更多的资源，更有效地进行资产优化和系统优化，从而大幅提高生产力。

数字工业与软件技术密切相关。在生产设备层面，通过嵌入各种传感器进行实时感知，通过宽带网络和数据对整个过程进行精确控制。在生产管理层面，通过互联网技术、云计算、大数据、宽带网络、工业软件、管理软件等一系列技术构成服务互联网，实现物理设备的信息感知、网络通信、精确控制和远程协作。

数字工业将各种工业软件融入制造流程之中，从供应链管理、产品设计、生产管理、企业管理等四个维度，提升"物理世界"中工厂或车间的生产效率，并优化生产过程。工业4.0中涵盖了PDM（产品数据管理）、SCM（供应链管理）、PLM（产品生命周期管理）、CAD（计算机辅助设计）等软件系统以及数据处理系统，能够将分散的各种信息进行汇总和分析，从而解决产品生命周期缩短、物流交货周期过长以及客户定制要求多样化等问题。

数字工业在制造过程中体现出六个方面的作用：

（1）生产效率成倍提升。数字工业通过对生产信息的智能化分析和跟踪，不断挖掘设备和作业潜能，以提高生产效率，持续改善管理目标。

（2）产品品质的持续改善。数字工业实时采集详细的测试数据，全面管理产品品质，关注生产过程的控制，并通过事后分析持续改善产品品质。

（3）实现双向质量追溯。数字工业通过采取生产前预防、生产中监控和生产后分析等质量管控方法，提高产品质量水平。

（4）实现精益生产。数字工业通过触发式自动数据采集，减少录入环节，为各级生产管理人员提供所需的实时生产数据，从而实现精益生产。

（5）实现生产透明化。数字工业通过实时采集生产信息，全面了解生产进度，消除生产管理"黑箱"，实现生产的全透明化管理。

（6）提高生产执行能力。数字工业采用先进的制造物联技术规范管理，使车间生产过程透明化，从而提高制造企业的核心竞争力。

总而言之，数字工业最显著的特点是能最大限度地提高生产效率，节省成本，推动设备技术的升级，从而提高效益。

7.4 数字工业的模式

1. 数字工厂

数字工厂是现代工厂信息化发展的新阶段。它建立在数字化工厂的基础上，利用物联网技术和设备监控技术来加强信息管理与服务。数字工厂能够清晰掌握产销流程、提高生产过程的可控性、减少生产线上的人工干预、实时准确地采集生产线数据，并合理安排生产计划和进度。数字工厂还采用绿色智能的手段和智能系统等新兴技术，构建一个高效节能、绿色环保、环境舒适的人性化工厂，是IBM"智慧地球"理念在制造业中的实际应用。

目前不同行业的生产流程和智能化水平存在差异，工业4.0数字工厂的建设可以从以下三种发展模式中选择：从生产过程数字化到数字工厂，从智能制造生产单元到数字工厂，以及从个性化定制到数字工厂。

从生产过程数字化到数字工厂适用于石化、钢铁、冶金、建材、纺织、造纸、医药、食品等流程制造领域。企业发展智能制造的内在动力在于产品品质的可控性，重点是从生产数字化开始，致力于打造大数据化数字工厂，推进端到端集成，并基于品控需求实现从产品末端控制向全流程控制转变。

从智能制造生产单元到数字工厂适用于机械、汽车、航空、船舶、轻工、家用电器和电子信息等离散制造领域。企业发展智能制造的核心目标是拓展产品的价值空间，重点是从单台设备的自动化和产品的智能化入手，推进生产与服务的集成，基于数字工厂实现服务化转型，提高产业效率和核心竞争力。

从个性化定制到数字工厂适用于家电、服装、家居等消费品制造领域，这些领域离用户最近。企业发展智能制造的重点在于充分满足消费者多样化的需求，并实现规模经济生产。重点是通过互联网平台开展大规模个性定制模式的创新，强调推进个性化定制生产，引入柔性化生产线，促进企业与用户之间的深度互动，并基于需求数据模型进行精益生产。

2. 工业大数据

工业大数据是在工业领域信息化应用中所产生的数据。随着信息化与工业化的深度融合，工业企业所拥有的大数据日益丰富。如何实时感知、采集、监控生产过程中产生的大量数据，并运用大数据技术对企业产生及拥有的海量数据进行挖掘，以获得有用的分析结果，进而实现智能制造，是制造企业最为关心的一个话题。下面介绍工业大数据驱动智能制造的四种作用模式。

（1）实现个性化定制。通过互联网平台，企业能够收集用户的个性化产品需求，并获取产品的交互和交易数据。通过挖掘和分析这些客户动态数据,可以帮助客户参与到产品的需求分析和产品设计等创新活动中,从而实现定制化设计。借助柔性化的生产流程,企业能够为用户生产出量身定做的产品,进而实现定制化设计。

(2)实现智能化生产。首先,工业大数据能够提升车间管理水平。现代化工业制造生产线通过安装大量小型传感器,用于监测温度、压力、热能、振动和噪声等数据。利用这些数据,可以进行多种形式的分析,包括设备诊断、用电量分析、能耗分析、质量事故分析(如违反生产规定和零部件故障)等。通过在生产过程中使用这些大数据,可以分析整个生产流程,一旦发现某个流程偏离了标准工艺,就会通过报警信号快速地发现错误或者瓶颈所在。

其次,工业大数据能够优化生产流程。将生产制造各个环节的数据整合集聚,并对工业产品的生产过程建立虚拟模型,以便对生产流程进行仿真和优化。

最后,工业大数据能够推动现代化生产体系的建立。通过对制造生产全过程的自动化控制和智能化控制,促进信息共享、系统整合和业务协同,实现制造过程的科学决策。这样能够最大限度地实现生产流程的自动化、个性化、柔性化和自我优化,提高精准制造、高端制造、敏捷制造的能力,这将加速智能车间、智能工厂等现代化生产体系建立,实现智能化生产。

(3)实现精益化管理。首先,工业大数据能够优化工业供应链。RFID(射频识别)等电子标识技术、物联网技术和移动互联网技术能够帮助工业企业获取完整的产品供应链大数据。通过对这些数据进行分析,可以显著提升仓储、配送和销售效率,并大幅降低成本。通过跟踪产品库存和销售价格,并准确预测全球不同区域的需求,可以帮助企业利用数据分析来做出更好的决策,从而优化供应链。

其次,工业大数据能够推动经营管理全流程的衔接和优化。整合企业生产数据、财务数据、管理数据、采购数据、销售数据和消费者行为数据等资源,通过数据挖掘和分析,能够帮助企业找到最佳的生产要素投入比例,实现研发、生产、供应与销售、经营管理等全流程的无缝衔接和业务协同。这将促进业务流程、决策流程与运营流程的整合、重组和优化,推动企业管理从金字塔式的静态管理组织向扁平化的动态管理组织的转变。同时,通过利用云端数据集成驱动提升企业管理决策的科学性和运营一体化能力。

(4)实现服务型制造。大数据将帮助工业企业不断创新产品和服务,发展新的商业模式。通过嵌在产品中的传感器,企业能够实时监测产品的运行状态。通过商务平台,企业能够获取产品销售数据和客户数据。通过对这些数据的分析和预测,企业能够开展故障预警、远程监控、远程运维、质量诊断等在线增值服务,实现个性化、在线化、便捷化的增值服务。这样一来,以产品为核心的经营模式就能向"制造+服务"的模式转变,从而扩展产品的价值空间。

工业大数据的应用空间巨大,为了抓住这个高端制造业战略赶超的机遇,政府首先需要建立相关的工业大数据发展法规、技术标准体系和数据标准体系,抓住制定竞争新规则的机会;其次要聚焦重点行业领域工业大数据发展,培育自主的核心工业信息技术体系,打破西方主导格局;最后需要培育大数据企业,针对国内用户需求和本土环境特点,打造具有中国特色的工业大数据服务,实现规模化市场应用。

3. 数字云制造

数字云制造是一种基于泛在网络,以用户为中心,人机融合、互联化、服务化、个性化、柔性化的数字制造新模式和新手段。

具体而言,数字云制造利用泛在网络,并借助新兴制造技术、新兴信息技术、智能科学技术以及制造应用领域技术的深度融合,实现数字化、网络化和智能化。通过构建数字服务云,将数字制造资源和能力整合在一起。用户可以通过数字终端和数字云制造服务平台随时随地按需获取数字制造资源与能力,并对制造全系统和全生命周期活动(产业链)中的人、机、物、环境与信息进行自主智能的感知、互联、协同、学习、分析、预测、决策、控制和执行。这样,制造全系统和全生命周期活动中的人/组织、经营管理、技术/设备(三要素),以及信息流、物流、资金流、知识流、服务流(五流)可以集成优化,从而高效、优质、低耗、柔性地制造产品和服务用户,提高企业(或集团)的市场竞争能力。

"数字云制造"的"数字"体现在制造资源、制造能力、制造云平台及制造云的构成、运行、评估等方面具有的数字特征。也就是说,"数字云制造"在制造模式、手段和支撑技术方面都体现了数字化特征,同时也体现了以人(用户)为中心的人机物深度融合和数字化、网络化、智能化的深度融合。

数字云制造系统是一种实施"工业云"的制造模式和手段。一方面,它提供了一种新的制造业经济发展模式,是以用户为中心,以"产品+服务"为主导,通过数字化制造模式实现制造全生命周期、全系统随时随地按需构建和运行,具有互联化、服务化、个性化和柔性化的特点;另一方面,它提供了一整套新的制造业技术手段,如前所述,制造资源和能力数字化技术手段是包括"数字化、物联化、虚拟化、服务化、协同化、定制化、柔性化、智能化"等八个特征的技术手段,数字化制造资源和能力的数字化技术手段能够满足不同需求。

数字云制造系统在以下几个方面具有较明显的优势:首先,它构建了以用户为中心的人机物融合智造系统,利用泛在网络整合人机物产生的大数据,具有巨大的价值和潜力;其次,它实现了按需、动态、敏捷、柔性地开放或共享数字创新能力与数字制造资源,为资源共享、能力协同和利益共赢提供了"众智、众包、众扶、众筹"空间;再次,数字云制造能够促进中国制造业的转型;最后,数字云制造支持个性化制造、柔性化制造和绿色制造,提高了企业(或集团)的市场竞争能力,实现了高效、优质、低耗、柔性的产品制造和用户服务。

7.5 延伸阅读:特斯拉的超级工厂

1. 特斯拉超级工厂的数字神经网络

谈到数字神经网络,不得不提特斯拉自主研发的生产制造控制系统(MOS),它具备人机交互、智能识别及追溯功能,广泛支持世界顶级的制造工艺。MOS 系统深度应用于特斯拉整车制造车间、电池车间、电机车间等,在提升工艺、工程设计、质量控制等方面发挥着重要作用,可以说是实现数字化生产的关键工具。

此外,数字神经网络还延伸到了冲压车间和压铸车间,应用最新的伺服驱动技术和数控液压拉伸技术,冲压线自动化率可达到 100%,确保了冲压产品的高质量和高效稳定产出。

2. 超级工厂中的人机混合模式

在数字化工厂中,机器与人两者之间并不是谁替代谁的关系,而是两者通力合作,取得比单打独斗更丰厚的成果。员工利用互联网分析技术,与机器人进行协作,同时受到安全技术和跟踪技术的保护,形成了人机混合模式。这种模式使得员工能够充分发挥自身的专业知识和技能,与机器人共同完成任务,提高生产效率和质量。

超级工厂中的人机结合实例:

(1)数字扭力扳手。在超级工厂中,许多工序仍由人工来完成。为了确保工人拧的螺丝达到标准并且可以存档记录和追溯,特斯拉上海超级工厂甚至专门为工人配备了带有 Wi-Fi 的数字扭力扳手,工人拧过的每颗螺丝,其扭力数据会自动上传到服务器。这种大规模配备 Wi-Fi 数字扭力扳手的做法,是其他工厂所没有的,毕竟一个扳手的价格不菲。

(2)全数字压铸车间。压铸车间利用自主开发的大数据分析系统,对压铸工艺参数实现了 100% 数据统计,并实现了参数波动报警功能,确保从源头控制零部件的品质100% 稳定可控。

(3)数控机床。随着新能源汽车需求的增加,数控机床在超级工厂中扮演着重要角色,被称为工作母机或工具机。数控机床是一种装有程序控制系统的自动化机床,相较于传统机床,具有精度高、刚性强、生产效率高、加工质量稳定等优点。数控机床通过切削、铸造、锻造、焊接、冲压、挤压等方式,对要求精度高和表面粗糙度值小的零部件进行加工。

工厂车间使用联网机器有着诸多好处:作业速度更快、定制更加灵活、经营业绩上升、客户需求的响应更加迅速、成本削减。以数字扳手为例,通过 Wi-Fi 联网使其能够远程监管并控制工人的每次扭力,使每次操作更加简单且精准,这带来的生产力提升显而易见:能够在更短的时间内更精确地安装更多的螺丝,提高工作质量,减少返工次数。数字工业中人机结合所带来的效益非常显著。

3. 特斯拉数字化质量生命周期的管控

为了确保电池、电机等关键零部件的质量,特斯拉采用了近 50 套自动检测设备进行检测。这些设备能够检测气密性、高压绝缘性、电性能、电机焊接质量等,以确保它们符合标准。同时,所有的测试数据都会被 100% 上传到数据库中,以供长期追溯。

此外,特斯拉还采取了人工检验方式,即 Audit 评审,来助力质量和生命周期的管理。经过专业训练的评审员独立地站在用户使用产品的角度,以专业、全面的眼光,对已确认合格的整车进行随机抽样质量评价,以确保每台车都达到质量要求。

数字化生命周期管理流程有四大特征:快速、可延伸性、智能、互联。

第一,快速:企业不同部门之间的响应时间被压缩到最短。产品设计时,可在早期与客户和合作者进行沟通与测试,以便尽早发现问题,减少报废、重做或再加工的情况发生。

第二,可延伸性:包括供应能力的扩大与收缩,既能迅速发现需求并加以满足,又能在需求降低时,以最低损失做出相应缩减。此外,可延伸性还包括以低成本提高产品开发效率的能力。

第三,智能:联网产品配有智能软件,可以接入生产制造控制系统。

第四,互联:整个产品生命周期管理方案都实现了互联互通,形成了一个闭环。

(资料来源:特斯拉中国网站 https://www.tesla.cn)

● 本章小结

在对工业发展历程进行简要梳理的基础上,分析了我国工业发展的几个主要阶段,阐述了数字工业的内涵,最后分析了数字工业的主要作用和主要模式。

● 复习思考题

1. 谈谈你所认识的工业发展历程。

2. 结合实例谈谈什么是数字工业。

3. 试述数字工业的主要作用。

4. 结合日常生活接触的事例，谈谈数字工业的主要模式。

5. 谈谈你所理解的数字工厂。

● 参考文献

[1] HARNO J. Scenarios for the Industry 4.0 ecosystem development[C]. 31st European Regional ITS Conference, Gothenburg 2022: Reining in Digital Platforms? Challenging monopolies, promoting competition and developing regulatory regimes 265634, International Telecommunications Society (ITS). 2022.

[2] SCHMID B F. What is new about the digital economy?[J]. Electronic markets, 2001, 11(1): 44-51.

[3] SACHSENMEIER P. 德国创新能力的基础与源泉 [M]. 北京：社会科学文献出版社，2016.

[4] 陈心怡，张华，贾君君，等. 数字经济下工业生产标准数字化转型探索研究 [J]. 中国标准化，2023（1）：48-52.

[5] 工业和信息化部赛迪智库. 智能制造和工业软件发展白皮书（2015）[R]. 北京：工业和信息化部赛迪研究院，2015.

[6] 黄毅敏，齐二石. 工业工程视角下中国制造业发展困境与路径 [J]. 科学学与科学技术管理，2015，36（4）：85-94.

[7] 倪光南. 构筑安全可控信息技术体系 牢固"中国式"数字基建底座 [J]. 软件和集成电路，2020（9）：15.

[8] 施炳展，李建桐. 互联网是否促进了分工：来自中国制造业企业的证据 [J]. 管理世界，2020，36（4）：130-149.

[9] 王毅. 数字创新与全球价值链变革 [J]. 清华管理评论，2020（3）：3-15.

[10] 杨慧梅，江璐. 数字经济、空间效应与全要素生产率 [J]. 统计研究，2021，38（4）：3-15.

[11] 赵岩. 工业和信息化蓝皮书：数字经济发展报告：2021—2022[M]. 北京：社会科学文献出版社，2022.

[12] 中国科学院科技战略咨询研究院课题组. 数字科技：第四次工业革命的创新引擎 [M]. 北京：机械工业出版社，2021.

[13] 中华人民共和国国务院. 中国制造 2025 [EB/OL]. [2022-12-12]. http://www.miit.gov.cn/zhengce/content/2015-05/19/content_9784.htm.

第 8 章 数字商业

学习要求

- 了解中国商业的发展历程
- 理解数字商业的内涵
- 了解数字商业的特征
- 了解数字商业的作用

引例

Kappa 的数字化全渠道运营

面对 Z 世代消费大潮的来临，市场竞争已经从增量用户竞争阶段逐步转化成为存量用户竞争的阶段。在存量竞争时代，企业的数字化运营能力将成为关键竞争力。在这个背景下 Kappa 开启了基于用户的数字化全渠道运营，它的特征是实现营销 4P+用户数字化。

在商品层面，营销流程的第一步是将商品变成数字，作为开展商业活动的基础。在价格层面进行精细化测试。在营销层面形成链路化（从触点到购买）。在渠道层面实现智慧化零售（公众号 + 小程序 + 卡券，盘活自己的用户），用户常态化运营（持续引导消费者进入自己的私域流量池，将其转化成用户，并长期运营，实现用户对品牌的终身价值）。

Kappa 全面梳理了其全渠道业务规划，即"天网、地网、商网"，其中，"天网"层面是用户直接触达的新媒体平台、移动社交化电商平台、Kappa 基于微信与 SaaS 软件打造的导购端千店千策系统、平台电商等。

在营销服务层面，通过私域 SCRM（Social Customer Relationship Management，社会化客户关系管理）运营工具，形成以企业微信为 App 端的 1 对 1 的客户精细化运营，感受有温度的服务，同时围绕门店为核心的社群运营。通过企业微信 +SCRM 打造小程序则更有利于实现千店千策，形成以消费者运营、导购运营、零售/区域/门店、总部四方协同的数字零售私域运营蓝图。

8.1 商业发展概述

中国的商业起源可以追溯到远古时期的商品交换，在商朝时期商业初步发展起来。西周时期出现了骨贝和铜贝，春秋战国时期则出现了巨商和商业中心。唐代陆路商运发达，同时辅助性经营场所也开始出现。宋元时期，工商业发展迅速，"市"突破了原先时间和空间上的限制，商业活动不再受到官吏直接监管。商业得到空前发展，并且在四川出现了"交子"，成为最早的纸币。明清时期，商帮开始兴起，也出现了许多名市名镇，还出现了资本主义萌芽。

然而，从商鞅变法开始，重农抑商就成为中国历代王朝基本的经济政策。具体表现为沿袭重农抑商思想，歧视商人，限制商人的社会地位，推行打击商贾、发展官营商业的政策。明清时期，统治者实施海禁和"闭关锁国"政策，导致中国对外贸易渐趋萎缩，使资本主义萌芽得不到发展。而与此同时，西方正在进行工业革命，造成中国在近代远远落后于西方。

从 1840 年鸦片战争到 1949 年新中国成立，小农自然经济始终占主体地位，资本主义经济在夹缝中艰难发展。

1978 年，党的十一届三中全会做出了实行改革开放的重大决策。1979 年，党中央、国务院批准广东、福建在对外经济活动中实行"特殊政策、灵活措施"，并决定在深圳、珠海、厦门、汕头试办经济特区。1979 年 9 月的十一届四中全会通过了《中共中央关于加快农业发展若干问题的决定》，允许农民在国家统一计划指导下拥有经营自主权，因时因地制宜，发挥他们的生产积极性。

1984 年 10 月，党的十二届三中全会系统地提出与阐明了经济体制改革中的一系列重大理论和实践问题，确认我国社会主义经济是公有制基础上的有计划的商品经济。经过多年的实践，形成了全方位、多层次的开放格局，改革和开放得到了全国人民的拥护，"改革开放是强国之路"成为人们的共识。

1993 年起，政府领导组织开展一系列信息化的"金字工程"。

1995 年起，以 Web 技术为代表的信息发布系统爆炸式成长起来，从"粗放型"到"精准型"营销时代的电子商务发展起来。

1997 年年底，在加拿大温哥华举行的亚太经合组织（APEC）第五次领导人非正式会议上，美国提出敦促各国共同促进电子商务发展的议案。众多国际著名的信息技术厂商宣布 1998 年为电子商务年。随着 SaaS（Software as a Service）软件服务模式的出现，各软件纷纷登录互联网，延长了电子商务链条，形成了当下最新的"全程电子商务"概念模式。

2011 年，互联网信息碎片化现象愈加突出，云计算技术越发成熟，主动互联网营销模式出现，个体化商务（individual Commerce，i-Commerce）应运而生。电子商务摆脱了传统销售模式机械地生搬到互联网的现状，以主动、互动、用户关怀等多角度与用户进行深层次沟通。电子商务的出现和发展使商业趋于个性化与智慧化。

8.2 数字商业的内涵

1. 数字商业的概念

随着互联网、物联网、云计算、大数据和移动终端技术的快速深度融合发展，商业日益变得智慧、高效和便捷。数字商业这个概念最早出现在 1951 年的美国，经济学家将其定义为利用现代信息技术收集、管理和分析结构化与非结构化的商务数据和信息，创造和积累商务知识及见解，提供高质量的商务决策，采取有效的商务行动，完善各种商务流程，提升商务绩效，增强综合竞争力。

数字商业并不是一项新技术，它是将数据仓库（DW）、联机分析处理（OLAP）、数据挖掘（DM）等技术与资源管理系统（RMS）结合起来应用于商业活动实际过程中，以实现技术为决策服务的目标。商业智能一直存在于企业的日常工作中，例如数据整理、报表分析以及基于这些分析制定未来工作规划等，这些都是商业智能的体现。随着企业信息化的发展，在应用 RMS 的过程中，大量的数据积累和信息涌现，造成了企业对 RMS 数据信息的困惑，从而引发了企业对于专业商业智能软件产品的需求。商业智能不再仅仅是一种概念和技术，它更多地成为一种业务层面的需求，为企业应用提供服务。商业智能产品应用的核心就是通过数据提取、整理和分析，最终依据分析结果制定相关策略和规划，实现资源的合理配置，降低成本并提高效益。

2. 数字商业的特征

数字商业的本质是以信息技术为支撑，创新商业模式和管理手段，以提高社会整体效能。新型的数字商业模式不断推动着电子商务基础设施和支撑服务环境的改善，在整合社会成本和集约生产规模方面发挥着重要作用。其主要特征可总结为以下五个方面：

（1）技术进步带来的数字商业发展空间无限。互联网、无线射频识别（RFID）、电子数据交换（EDI）、全球定位系统（GPS）、地理信息系统（GIS）、移动定位服务

（MPS）、大数据、云计算等技术的结合，推动了传统企业的创新发展，同时也不断催生新的商业形态。商业行为日益变得信息化、智能化、透明化、可视化和高效化。手机支付、购物应用程序（App）、近距离通信技术（NFC）等已为人们所熟知并广泛应用。

（2）大数据是数字商业的"神经"。数据已经渗透到当今每一个行业和业务职能领域，成为重要的生产要素。大数据是下一轮创新、竞争和生产力的前沿，海量电子数据的挖掘与运用将成为未来经济竞争和增长的基础。在移动互联网时代，大数据与移动终端、云计算的结合，使商家能够随时随地了解消费需求和习惯，从而孕育更多的商机。

（3）数字物流是数字商业的"血脉"。许多物流系统采用最先进的互联网、物联网技术和设施，实现了光、机、电、信息等技术的集成应用，形成了数字物流。数字物流改变了传统物流的运行模式和管理方式，成为数字商业的关键一环。如亚马逊公司的无人机送货和机器人管理仓储。数字物流可通过对用户数据的分析来预测购买行为，在顾客尚未下单之前提前配置包裹，最大限度地缩短物流时间。

（4）移动支付是数字商业的主要支付方式。移动支付指的是用户使用移动终端（通常是手机）对购买的商品或服务进行账务支付的一种服务方式。移动支付将互联网、终端设备、应用提供商和金融机构相结合，为用户提供金融服务。随着数字商业的发展，移动支付的占比越来越高。

（5）O2O成为数字商业的主要形态。O2O（Online to Offline，线上到线下）成为信息化条件下商业发展繁荣的新模式和大趋势。O2O诞生之初即成为各行业关注的焦点，具体包括百货O2O、家电O2O、汽车O2O、酒类O2O、房地产O2O、社区商业O2O、家装O2O、餐饮O2O、家政O2O、媒体O2O等。定制化商业模式（C2B）也是O2O的一种形式。O2O已经引起了各行业的高度重视并广泛应用于实践。

未来的商业一定是数字商业，数字商业的发展离不开科技。随着电子商务、二维码、智慧商圈、数字支付、末端商业网点和城市共同配送平台信息链、线下体验和线上下单等技术手段日新月异，线上线下的边界正在逐渐消失，实体店场内场外的消费者活动正在融为一体。

8.3 数字商业的作用

近年来，大数据、云计算和新一代信息技术已经成为先进商业企业运营的"标配"。数字商业成为新的发展趋势，许多商业企业纷纷布局其商业智能版图。国内各类商业企业正在加快发展数字商业，人工智能的应用位列其中并迅速扩大，推动着未来商业现代化的发展。

1. 数字商业在零售业的应用催生新业态

自 2017 年以来，一些商业企业纷纷布局全自动化的无人商店。2017 年 6 月，无人便利店品牌"缤果盒子"正式投入商业运营。这是缤果盒子与欧尚集团合作在上海开设的首家无人便利店。顾客进入店内需先扫描门上的微信 QR 码，然后通过自助方式完成购物和付款的整个流程。同年 9 月，缤果盒子还实施了人工智能革新方案，其推出的收银台能够使用图像识别、超声波、传感器等多重交叉验证，准确率可超过 99.9%。此外，新的"动态货架"可以通过摄像头捕捉更多用户信息，同时动态货架上还设有专用的显示设备，可根据需要随时修改商品价格。

2. 数字商业优化顾客体验

实体店纷纷采用先进科技提升顾客体验。2017 年 7 月，优衣库在北京、上海、广东、天津、福建等地的 100 家店铺推出了"智能买手"服务。智能买手是一种内置感应系统的智能屏幕，能够展示新品、优惠信息和推荐搭配，并与顾客进行互动。优衣库希望通过这个智能系统帮助顾客更有效地找到他们需要的产品。2017 年 9 月，肯德基中国与蚂蚁金服宣布在其杭州分店"KPro"餐厅推出一项新服务，即基于人工智能技术的面部识别功能。顾客通过虚拟菜单下单后，可以选择"面部扫描"进行付款，整个过程不到十秒钟即可完成。在线上购物体验方面，企业通过储存消费者浏览的网页、产品搜索等信息的数据库，了解消费者的需求和偏好，并实时提供相关的产品建议。

3. 数字商业优化库存管理

商业企业使用人工智能强大的数据收集和分析能力，能准确预测不同因素对库存量的影响，包括顾客需求变化、天气改变、折扣活动等。通过这种方式，它们能够更有效地改善库存管理，更好地控制成本。

2017 年 10 月，京东在上海建成了全球首个全流程无人仓。从入库、存储，到包装和分拣，实现了全流程、全系统的智能化和无人化。

尽管人工智能技术还面临一些问题，但国内外有关人工智能的数字商业活动仍不断涌现，在未来零售业将出现更多由人工智能技术催生的新业态。同时，越来越多的企业将继续探索和使用这类新科技，结合数字化技术的发展，为产业升级和消费升级寻找新方向，为商业活动注入更多的新动力，从而进一步推动流通业的现代化。

8.4 延伸阅读：亚马逊与数字商业

亚马逊（Amazon）公司是美国最大的一家网络电子商务公司，总部位于华盛顿州的西雅图。作为最早从事电子商务的公司之一，亚马逊成立于1994年，一开始只经营网络的书籍销售业务，如今已扩展到众多其他产品领域，成为全球商品种类最多的网上零售商和全球第二大的互联网企业。亚马逊还是全球最早涉猎机器学习和人工智能技术的互联网企业之一，如今它运用机器学习，已经有了许多成功的典型案例，比如商品个性化推荐、智能库存调配、自动化仓储机器人、无人驾驶供应链和PrimeAir无人机等。

1. 商品个性化推荐功能——"My Mix"

2017年，亚马逊推出了一项名为"My Mix"的新功能，为消费者提供个性化推荐服务。这项功能出现在亚马逊的"有趣的发现"（Interesting Finds）页面中。

Interesting Finds页面类似于一个商店，用户可以在这里发现亚马逊全网站中有趣的产品。它的前身是"Amazon Stream"，亚马逊希望将其打造成人们发现新奇产品的地方，以刺激消费。如果用户在这个页面上发现了自己喜欢的产品，可以在产品左上角点击"喜欢"（红心），这样用户喜欢的产品就会出现在"My hearts"栏目中。

"My Mix"位于Interesting Finds页面可滚动条类别栏的开头，当有新的推荐商品时，该商店旁边会显示一个小红点的通知。

"My Mix"中是一些你喜欢的产品和亚马逊认为你可能喜欢的产品，它相当于为用户定制的一个专属商店。举例来说，如果用户在Interesting Finds中的某件产品左上角点了"喜欢"，亚马逊也会在"My Mix"中推荐类似用户感兴趣的产品。

亚马逊的首页也有推荐功能，但主要是基于用户之前的购买行为和浏览记录，提醒用户已经买过的东西或者需要买的东西。与首页推荐相比，My Mix的推荐方式更轻松、更好玩、更有趣。

2. 仓储机器人Kiva

亚马逊在2012年斥资7.75亿美元收购了机器人制造商KivaSystems，从而显著改善了亚马逊的物流系统。自2014年开始，亚马逊配送中心开始使用橙色机器人Kiva来协助运送产品。这些机器人在仓库负责分拣货物，并将它们送到工作人员身边，以方便工作人员对物品进行快速打包，从而节省了工作人员在仓库内搬运货物的时间。

相比传统物流作业，Kiva系统的作业效率提高了2~4倍，机器人每小时可行驶30英里（1英里=1 609.344米），准确率达到99.99%。亚马逊非常重视自动化技术，推出了多种机器人，例如摇臂机器人、仓储机器人、智能运算推荐包装和智能包裹分拣机器人等,仅仓储机器人就已经在全球部署了10万台,主要用于存储和拣货。

在仓储机器人背后,有一个不可忽视的智能运营系统,它通过数据分析和算法优化去调配机器人有条不紊地"并肩作战"。因此,在仓库内机器人并不会出现碰撞等状况,它们的运动轨迹会反映用户浏览和商品销售的动态变化。例如,存储热销商品信息的机器人会优先移动到距离拣货更近的地方。

3. 无人机派送

2013年12月,亚马逊已经率先实现了无人化的派送过程。PrimeAir无人机成为亚马逊无人快递业务的主角。顾客在网上确认订单后,若商品重量在5磅(1磅=0.454千克)以下,则可以选择无人机进行配送。无人机能够在确认订单后30分钟内将快递送达顾客要求的目的地。PrimeAir无人机的配送范围大约为24千米,最长续航距离为50千米,其速度最快可达到88千米/时左右。

然而,PrimeAir无人机派送在2013年刚提出时被外界认为只是一个"宣传噱头"。但在2017年3月20日亚马逊于加利福尼亚州棕榈泉举办的新兴科技会议MARS上,当场进行了送货无人机派送的首次公开试飞。亚马逊从2015年开始测试无人机,最终在2016年12月7日,成功地通过无人机将货物送到客户手中。在客户确认订单的13分钟后,无人机在他的院子里顺利投放了一个包裹。亚马逊的顾客只需要在自家草坪上放置一个小型QR码作为标志,无人机即可准确识别安全着陆地点。

除了节省商品在派送路途上的时间,无人机派送的一项最大好处是它可以节省大量的运输成本。利用无人机或机器人送货为亚马逊提供了最大的节约成本的机会,"最后一英里"运输将货物从最后的配送中心送到客户家门口的运输成本降低80%,降低运费直接使客户受益,同时为顾客带来更加便捷的购物体验。

(资料来源:亚马逊中国网站 https://www.amazon.cn)

● 本章小结

本章对数字商业进行了详细的阐述与解释,首先介绍了中国商业的发展历程,然后阐述了数字商业的内涵,接着分析了数字商业的特征,最后介绍了数字商业的主要作用。

● 复习思考题

1. 试述我国商业的发展历程。
2. 结合身边的事例,谈谈你所认识的数字商业。
3. 试述数字商业的主要特征。
4. 试述数字商业的主要作用。

● **参考文献**

[1] BHARADWAJ A, EISAWY O A, PAVLOU P A, et al. Digital business strategy: toward a next generation of insights[J]. MIS Quarterly, 2013(37): 471-482.

[2] DESAMPARADOS C Z, MYRIAM M S, MARCOS P S, et al. The relevance of crowdfunding in the entrepreneurial framework from a specialized media perspective[J]. Journal of Business Research, 2023, 158: 113665.

[3] CECI F, PRENCIPE A, SPAGNOLETTI P. Exploring innovation in a digital world: an introduction[M]. Berlin: Springer, 2021.

[4] BAHL M. The work ahead: the future of businesses and jobs in Asia Pacific's Digital Economy[C]. Chennai: Cognizant, 2016.

[5] NGUYEN T T, TRAN B Q, HO D A, et al. The effect of supply chain linkages on the business performance: evidence from vietnam[J]. Uncertain Supply Chain Management，2021, 9(3):529-538.

[6] 陈维涛，朱柿颖. 数字贸易理论与规则研究进展[J]. 经济学动态，2019（9）：114-126.

[7] 洪银兴. "互联网＋"市场的经济学分析[J]. 教学与研究，2020（3）：5-12.

[8] 邓宏. 数字化商业模式：一张画布轻松描绘数字化转型[M]. 北京：清华大学出版社，2022.

[9] 荆文君，孙宝文. 数字经济促进经济高质量发展：一个理论分析框架[J]. 经济学家，2019（2）：66-73.

[10] 宋星. 数据赋能：数字化营销与运营新实战[M]. 北京：电子工业出版社，2021.

[11] 数据猿网. Kappa：运动品牌的数字化用户运营实践[EB/OL]. (2022-12-06)[2023-01-03]. http://www.datayuan.cn/article/19105.htm.

[12] 涂子沛. 数文明：大数据如何重塑人类文明、商业形态和个人世界[M]. 北京：中信出版社，2018.

[13] 文卡查曼. 数字商业底层逻辑[M]. 谭浩，译. 北京：中国科学技术版社，2023.

[14] 王毅. 数字创新与全球价值链变革[J]. 清华管理评论，2020（3）：52-58.

[15] 杨文溥. 数字经济与区域经济增长：后发优势还是后发劣势？[J]. 上海财经大学学报，2021, 23（3）：19-32;94.

[16] 用友网络科技股份有限公司. 数智化商业创新：企业数字化的核心逻辑与实践指南[M]. 北京：人民邮电出版社，2021.

[17] 曾鸣. 智能商业[M]. 北京：中信出版集团，2018.

第 9 章　数字金融

学习要求

- 了解金融发展历程
- 理解数字金融的概念和特点
- 理解数字金融的主要作用
- 了解数字金融的主要模式
- 了解数字金融的发展趋势

引例

数字工行 D-ICBC

中国工商银行为适应数字化潮流，以大平台思维全面布局数字化业务，成为金融机构发展数字金融的典范。

"数字工行（D-ICBC）"中的 D（Digital）代表"数字生态、数字资产、数字技术、数字基建、数字基因"五维数字化整体布局。

D-ICBC 主要涵盖数字营销、数字产品、数字运营和数字风控等四个维度。

数字营销方面，强化数字化营销触达，创新智慧大脑部署策略和远程获客新模式。

数字产品方面，构建"产业＋金融"的数字共同体，建设司库管理系统，升级工银聚融、聚链、聚富通数字金融服务平台。推出全新 e 生活，创新数字普惠产品，推出商户贷、种植 e 贷。

数字运营方面，打造"云工行"数字空间，推出"远程办"等服务，向客户提供数字化陪伴式服务，推出"工晓伴""工小讯""工小智"等数字员工。

数字风控方面，持续升级融安 e 信、融安 e 防、融安 e 控、融安 e 盾等系列风险防控产品。创新智能信贷审批新模式，构建"云审批"体系，推进法人大户"云会诊"。

"数字工行"建设成效显著，得益于"云计算＋分布式"两大核心平台技术的支撑能力。人工智能技术平台通过"人工智能开发平台应用成熟度"全能力域测评，区块链融合多方安全计算技术，助力数据资产安全可信流通，通过"驻场客服＋居家客服""智能＋自助＋人工""语音＋文字＋音视频"等多种远程服务形式，保障远程服务连续稳定。

9.1 金融发展过程

金融业具有悠久的历史，最早可追溯到古巴比伦时期。在罗马时代，神庙被用于从事借贷活动，14 世纪意大利金匠及兑换业的"长凳"至今还作为银行名称。古代科技推动了冶金、造纸和印刷业的发展，并在金融领域得到了应用，从两河文明时代的贷款合同只能用楔形文字写在泥版上，到中国周代用青铜器记载地契交易，再发展到 15 世纪威尼斯出现的复式簿记。中国汉代发明的算盘极大提高了计算效率和准确度，直至 20 世纪 80 年代还作为中国银行业的主要计算工具。中国金融市场在改革开放以来经历了高速发展的阶段，金融市场资产与金融机构的规模、种类和质量都取得了长足的进步。

9.2 数字金融的内涵

1. 数字金融的概念

数字金融是依托于互联网技术，运用大数据、人工智能和云计算等科技手段，全面提升金融行业的业务流程、业务开拓和客户服务水平，实现金融产品、风险控制、客户获取和服务的智慧化的业务模式。数字金融是金融业未来的发展方向，具有更高的效率和更低的服务成本。它以大规模的真实数据分析为基础，使得金融决策更贴近用户需求。

2. 数字金融的特点

数字金融的特点有：透明性、即时性、便捷性、高效性和安全性。

（1）透明性。在传统金融体系下，金融主体、用户和第三方中介机构很难互通信息，会导致信息不对称和信息失衡。信息失衡会导致交易关系不公平、风险加大和市场资源配置效率下降。从本质上讲，信息就像资本和土地一样，是一种生产要素。在数字金融体系下，信息在各个合作主体之间完全开放、共享、透明，信息资源得到了充分开发和利用。

（2）即时性。互联网、物联网、智能终端等科技进步推动了社会的发展，使得即时化成为可能。随着互联网的发展，社会即将迈入即时化时代。即时网络是建立在大规模同时在线的网民实时互动基础上的互联网应用。"快"是即时网络的最大特色，也是当今企业竞争的利器，还是提高个人用户满意度的主要指标。数字金融能够恰好满足这种追求速度的需求，金融机构即时获得用户的各种信息，经过统计分析和决策，即时做出反应，并为用户提供有针对性的服务，满足用户的需求。未来，即时性将成为衡量金融企业核心竞争力的重要指标，即时金融服务必然成为未来的发展趋势。

（3）便捷性。在数字金融体系下，用户可以更加便捷地应用金融服务。开放平台融合了各种金融机构和中介机构，能够为用户提供多样化和个性化的金融服务。这些金融服务既可以是一站式打包的服务，也可以由用户根据需要进行个性化选择和组合。用户只需在线登录金融平台，就可以方便地管理资产并实现各种金融功能。个人用户可以订阅金融资讯，查询各类账户的资金余额和详细收支情况，利用支付和转账工具缴纳货款与支付生活费用，还可以利用开放平台提供的各种智能金融分析和评估工具，根据自身需求选择最佳的投资组合，也可以在线购买股票、保险和基金。

对于企业客户而言，金融服务平台也能够实现一站式金融服务。企业客户可以在线管理账户，通过网络进行支付和转账，也可以在线量身定做个性化服务方案参与理财活动。此外，还可以在线提交申请资料，在线接受信用评价机构的审核，并获得银行贷款。企业客户不仅可以在线订阅感兴趣的金融资讯，还能够收到有价值的行业信息，甚至是各种定制的个性化风险提示信息。企业财务人员可以直接通过平台支付货款，为职工发放工资。这样做不仅节约时间，还避免了安全隐患。

总而言之，数字金融体系使得金融服务更加便捷，用户可以轻松应用各种功能满足个性化需求，同时也提供了一站式的服务平台，方便用户进行各种金融活动。

（4）高效性。数字金融不仅仅是金融服务的网络化，还是整个金融服务体系的一次彻底变革。数字金融驱动传统金融机构的业务模式和盈利模式发生了根本性改变。传统金融模式下，以金融机构为主导，而数字金融体系下，以客户为中心，盈利模式更偏重于增值服务。经营理念的转变必然驱动金融机构的组织再造和流程重组，数字金融面向客户的服务体系将进一步实现扁平化和网络化。

（5）安全性。数字金融体系下，风险更容易控制。资产质量低下一直是金融机构面临的主要的金融风险，直接威胁着金融机构的生存和发展。在数字金融体系下，金融系统更加安全，主要体现在三个方面：一是基于云计算的风险管理体系更加灵活，稳定性更高，管理成本更低；二是产业链主体之间连接更加紧密，主体之间是开放、分工协作和共赢的关系，这使得风险管理计划更加周密，互动和快速反应能力更强；三是基于物联网、社会网络及开放平台的数据来源更加丰富、新鲜和可靠，风险识别和风险分析变得更加准确。因此，无论风险来自业务领域事前、事中和事后的任何一个环节，都能够被及时感知、测度和预警，从而将风险控制在萌芽中。

网络时代，数字金融已经到来，它将彻底改变金融体系，并为用户提供更加满意的服务。企业应尽早探索数字金融的规律性，提前布局，从而获得竞争先机。

9.3 数字金融的作用

数字金融在资金流通方面具有重要作用，能够使资金更迅速、更灵活、更准确地进行流动。通过智能化分析和海量客户数据处理，数字金融能够提供精准的决策支持。同时，数字金融与合作伙伴的协作能够共同为用户提供高质量、便捷、即时的金融服务。数字金融的发展有助于推动资金更加顺畅地流通、更加合理地配置和更加安全地使用，对于宏观经济的建设、金融行业的创新以及更好地为个人和企业用户提供服务都具有重要意义。

1. 拓展企业融资渠道

金融机构物种多样化的发展趋势，拓展了中小企业的融资渠道。除了传统的银行贷款外，创业投资、股权融资、债务融资、小额贷款、私募基金、租赁等融资渠道也广开大门。企业可以选择多层次、多元化的融资渠道。另外，互联网的即时化和透明化使得金融机构与第三方服务机构更能即时掌握各家企业的真实信息，包括企业基本情况、信用状况、运营情况和发展前景等。金融机构和第三方服务机构可以通过对这些信息的信用评估与预警监测，来进行决策和应急处理。

2. 提高竞争能力，推进金融业务取得更大发展

数字金融革命性地改变了金融业，对其产生了广泛而深远的影响，有效提升了金融业的竞争力，推动了金融业的发展进程。

借助现代科学技术，数字金融系统能够在市场的基础上有效地配置资金资源。数字金融系统能准确判断用户需求、资金增值能力和风险，并迅速做出决策，将闲置资金迅速转移到最需要资金的客户手中，加快了资金流通速度，提高了资金利用效率。信息流、任务流、信用流和资金流相互交织、相互配合，加快了资源配置的效率。

在信息获取方面，数字金融机构主体能够实时获取市场信息的变化，从而能够迅速敏捷地做出反应，调整服务策略，以适应市场需求。在组织结构方面，数字金融采用以用户需求为导向的组织结构，依靠信息管理系统进行连接，更加扁平化，更贴近用户，

具有更强的应变能力,从而提高了企业效益。

数字金融使金融机构通过网络化的虚拟方式开展业务,大幅减少了实体分支机构和营业网点的数量,从而降低了大量的房屋租金、固定资产、管理成本和雇佣成本。此外,利用云计算技术,通过网络按需获取所需服务,无须单独开发系统、购买大型设备和软件,从而降低了系统开发、运营和维护成本。

随着资本市场的发展和传统银行之间竞争的日益激烈,大企业作为优质客户成为商业银行争夺的目标。然而,大企业资源有限,商业银行不得不以低利率吸引大企业,金融机构利润空间日益收窄。传统银行不得不把目光瞄向中小企业。然而,对于传统银行来说,针对中小企业的金融服务成本相对较高,风险也较大。数字金融体系下,信息的即时化和社会化使得中小企业的信息更加透明,加上更多第三方金融机构的参与,多个金融机构主体分工,共同为中小企业用户提供服务。社会化分工使得针对中小企业的贷款风险日益减小,数字金融使得银行将中小企业定位为重要目标客户成为可能。

3. 改善服务品质,提升用户体验

数字金融的兴起为用户带来了前所未有的高品质服务。通过开放式金融平台,不断根据用户需求进行创新,开发出针对性的产品,扩大了用户的选择范围。数字金融的云计算系统可以根据用户的资金状况和需求进行复杂计算,提供多种可行的金融解决方案。用户可以根据自己的偏好选择理财方案或投资组合。

在互联网条件下,用户的需求可以得到即时满足。保险、资产管理、付费转账、证券等业务都可以在线办理。同时,开放式金融平台为更多服务商提供了公平竞争机会。由于竞争压力,服务商不断提升服务质量,以争取市场份额,并将利益回馈给广大用户。这样,用户能够真正享受到物美价廉的服务。

4. 推动经济结构调整和宏观调控

金融在推动产业结构升级方面发挥着重要的作用,而数字金融则能更好地发挥投资导向功能,改善投资结构,优化资金配置,从而推动产业结构升级。数字金融引导投资者逐步减少对耗能和污染严重行业的投资,优化产业结构,实现经济高水平、高质量发展。数字金融在利率和信贷政策方面向战略性新兴产业提供了更多优惠政策,推动资金流向这些产业,最终实现金融筛选功能。此外,数字金融加速了信息和资金的流动速度,推动创新信息在更广范围内传播,也提高了创新成果的转化和市场开拓。

数字金融为政府科学决策提供了最可靠的依据和保障。首先,数字金融拥有最真实、最全面的数据库,包含宏观经济数据和微观主体运行数据,涵盖静态的资金总量和结构数据,以及动态的资金流向和转化效率数据。这有利于了解经济现状,为宏观调控

提供依据。其次，借助云计算应用体系，政府部门能够清晰了解特定区域内的金融状况、存在的问题和发展趋势，从而增加国家政策调控的灵活性，提高金融政策传导效率和政策的有效性。再次，数字金融拥有智能风险评估系统、科学决策系统和健全的监管预警体系，有助于政府采取科学的调控措施并加以实施。最后，数字金融服务平台使得金融产品的多样化和个性化成为可能，也促进了金融调控手段的多样性和灵活性。

9.4 数字金融的模式

数字金融是建立在互联网技术和信息通信技术基础上，具有互联网精神（开放、平等、协作和分享）的金融形式，通过实现金融功能（资源配置、支付清算、风险管理、提供价格信息等）来发挥作用。在数字金融中，互联网精神是核心，金融功能是表现，是传统金融功能衍生出的新的实现方式。数字金融并非重新创造金融功能，而是在互联网精神的影响下，以一种全新、更高效的方式实现金融功能。在传统金融的基础上，数字金融产生了多种新的模式。

1. 众筹融资

众筹融资是指融资需求方将融资项目交与众筹平台，平台为项目建立专门的网页向投资者招揽项目资金，感兴趣且有能力的投资者可以对项目进行投资。根据投资标的不同，众筹融资通常分为以物为投资对象和以股权为投资对象两种形式。简而言之，众筹融资成功后，投资者可以获得回报，可能是实物或者股权。

众筹融资的主要特点就是将融资项目所需的巨额资金进行拆分，以实现大众集合小额投资的目的。

2. 互联网投资理财

投资理财是指投资者通过合理安排资金，运用储蓄、债券、基金、股票、保险等投资理财工具来管理和分配个人、家庭与企业资产，以实现资产保值增值的行为。

在传统金融市场中，投资理财一直是重要的组成部分。而互联网投资理财，主要是通过互联网的方式来重新优化投资模式。

互联网投资理财模式一方面降低了投资理财的门槛，实现了"一元即可理财"的运作模式，使得传统的专属投资工具更加普惠。另一方面，它使得投资理财更加便捷，将原本需要在银行柜台办理的投资理财服务转移到互联网平台上，打破了时间和空间的限制。

3. 互联网金融门户

互联网金融门户是指采用金融产品垂直比价的方式，将各金融机构的产品或服务都放在一个平台上，让用户自行通过对比挑选出合适的金融产品，其核心是"搜索 + 比价"。

互联网金融门户充分利用了互联网信息传播的高效、及时和全面的特点，将各金融机构产品和服务信息呈递给用户，并提供搜索、垂直比价和个性化的投资组合匹配服务。这种方式改变了过去用户在选择金融产品时相对于金融机构处于信息劣势的情况，从根本上降低了金融机构和用户之间的信息不对称程度。

互联网金融行业正在快速发展，并不断涌现新的模式。此外，从金融功能的角度来看，目前已有的互联网金融模式还未能完全覆盖掉传统金融机构所具备的金融功能，同时金融功能也尚未能实现功能最优，因此，互联网金融的未来可以说是充满了无限的可能性。

9.5 数字金融的发展趋势

数字金融未来将朝着智能决策终端、海量交易平台、数字信用评价体系的趋势发展。

智能决策终端的目标是构建一种能够自主进行智慧分析和智能决策的客户交易终端系统，以帮助中小客户弥补金融服务中理性分析和客观选择方面的不足。智慧分析是指在客户交易终端系统嵌入客户特征的基础上，全面分析现有金融交易形势，做出相对完善的分析，分析结果可能是一个最佳的操作路径，也可能是一组可行的方案或者选择机会。智能决策是指客户交易终端系统能够随时随地辅助客户交易，真正满足客户对金融服务的需求，达到一种"随心所欲"的境界。

构建海量交易平台即建立一个能够跨越不同周期、拥有海量产品、双向选择的客户产品交易平台，以帮助广大客户弥补在金融服务中对潜在对象和产品优劣对比方面的不足。跨越周期指客户产品交易平台中的相关数据，尤其是产品参数和服务指数等，需要长期积累超过 10 年，从而能够全面考量产品和服务的综合表现。海量产品指客户产品交易平台中的产品和服务非常丰富，不仅涵盖传统商业银行的供给，还包括大多数正规 P2P 公司、小贷公司、互联网金融企业和理财公司的供给，打造一个类似于跨地域、跨行业、跨时区的"金融淘宝平台"。双向选择指客户产品交易平台中，不仅产品和服务供作为买家的客户选择，卖家也可以选择客户。

构建数字信用评价体系有利于建立一个能够动态调整、实时追踪和同步交易的全面信用评价体系，以帮助广大客户弥补在金融服务中对信用评价和长期趋势把握方面的不足。

9.6 延伸阅读：数字人民币

数字货币是货币体系不断演进的必然结果，属于货币 4.0 阶段。货币作为人类除了文字之外的另一重要发明，在经历了物物交换、金银本位制之后，信用货币成为货币史上的重要突破。

如果说纸币实现了信用货币从具体物品到抽象符号的第一次飞跃，那么建立在区块链、人工智能、云计算和大数据等基础上的数字货币实现了信用货币由纸质形态向无纸化方向发展的第二次飞跃。数字货币并没有改变货币背后的信用背书，而是改变了货币的存在形式。至此，货币经历了商品货币→贵金属充当一般等价物→信用货币→数字货币的各个阶段的演进。因此，货币存在形式的演进意味着货币体系运行成本更低、更安全、更高效。数字货币是货币体系从商品货币向信用货币不断演进的必然结果。

数字货币是数字经济的货币发展形态。数字经济进入了快速发展时期，亟须实现数据、技术、产业、商业和制度等协同发展，构建数字经济的新型生产关系，通过要素市场改革进一步激发数字生产力。数字货币建立在复杂网络理论基础之上，以区块链技术为核心，充分体现了不可篡改和加密安全等特点，覆盖了央行支付体系、商业银行、非银机构等垂直化总分账户体系。同时，数字货币实现了各国央行的支付清算系统的互联互通和顶层数字身份验证体系等，借助大数据和云计算，实现了传统货币体系向数字货币体系的转变。

随着计算机和互联网技术的迅速进步，人民币逐渐朝着电子化的方向发展。通过电子系统，现金和存款在银行等金融机构之间的流通已经实现数字化。第三方移动支付，如支付宝和微信支付的普及，逐渐降低了纸币在流通中的比重。如今，国人几乎不需要使用纸币来进行日常消费，移动支付已经改变了人们生活的方方面面，带来了快捷便利的支付体验。人们开始畅想未来的"无现金社会"，中国也已成为最接近无现金社会的国家之一。

然而，中国的移动支付更多的是商业驱动，它是一种货币的电子化支付手段，而非真正意义上的数字人民币。从贵金属到纸币替代贵金属充当货币，再到未来的数字化货币，是经济和科技发展到一定阶段的必然结果。随着网络通信技术日益发达、社会交易活动日益频繁与活跃，再加上民众购物消费习惯的变化及对货币流通安全性的考虑，人们越来越趋向于使用电子银行和电子支付，而不愿携带纸币。因此，由央行提供比纸币更快捷、成本更低的数字化货币媒介工具，已经成为与时俱进的必要之举。

数字人民币是中国人民银行发行的数字形式的法定货币，由指定运营机构参与运营，以广义账户体系为基础，与实物人民币等价，具有价值特征和法偿性。其主要含义如下：

第一，数字人民币是央行发行的法定货币。它具备货币的基本功能，包括价值尺度、交易媒介和价值储存等，与实物人民币一样作为法定货币存在。数字人民币是法定货币的数字形式。随着科技进步和经济发展，货币的形态不断演变，实物货币、金属币和纸币都是历史上不同时期的产物。数字人民币与实物人民币在发行和流通管理机制上基本一致，但以数字形式实现价值转移。数字人民币是央行对公众的债务，以国家信用为支持，具有法律偿付能力。

第二，数字人民币采取中心化管理。数字人民币发行权属于国家，中国人民银行在数字人民币运营体系中处于中心地位，负责向作为指定运营机构的商业银行发行数字人民币并进行全生命周期管理。指定运营机构和相关商业机构负责向社会公众提供数字人民币兑换与流通服务。

第三，数字人民币主要定位于现金类支付凭证，将与实物人民币长期并存。数字人民币与实物人民币都是央行对公众的负债，具有同等法律地位和经济价值。数字人民币与实物人民币并行发行，中国人民银行对二者共同统计、协同分析、统筹管理。国际经验表明，支付手段多样化是成熟经济体的基本特征和内在需要。中国作为地域广阔、人口众多、多民族融合、区域发展差异较大的国家，社会环境以及居民的支付习惯、年龄结构、安全性需求等因素决定了实物人民币具有其他支付手段不可替代的优势。只要存在对实物人民币的需求，中国人民银行就不会停止实物人民币供应或以行政命令对其进行替换。

第四，数字人民币是一种零售型的央行数字货币，主要用于满足国内零售支付需求。央行数字货币根据用户和用途不同可分为两种：一种是批发型央行数字货币，主要面向商业银行等机构类主体发行，多用于大额结算；另一种是零售型央行数字货币，主要面向公众发行并用于日常交易。不同国家或经济体在央行数字货币研发方面的重点有所不同，有些侧重于批发交易，而有些则注重提高零售系统的效能。数字人民币是一种面向社会公众发行的零售型央行数字货币，其推出将以国内支付系统的现代化为基础，充分满足公众的日常支付需求，进一步提高零售支付系统的效能，降低整个社会的零售支付成本。

第五，在未来的数字化零售支付体系中，数字人民币和指定运营机构的电子账户资金具有通用性，共同构成现金类支付工具。商业银行和持牌非银行支付机构在全面持续遵守合规要求以及风险监管要求,并获得央行认可支持的情况下,可以参与数字人民币支付服务体系,充分发挥现有支付等基础设施作用,为客户提供数字化零售支付服务。

(资料来源:中国人民银行 http://www.pbc.gov.cn)

● 本章小结

本章主要介绍了金融发展历程,分析了数字金融的概念和特点,阐述了数字金融的主要作用,介绍了数字金融的主要模式,分析了数字金融的发展趋势。

● 复习思考题

1. 试述金融发展的历程。
2. 试述数字金融的概念和特点。
3. 试述数字金融的主要作用。
4. 结合身边的事例,谈谈数字金融有哪些主要模式。
5. 谈谈你对数字金融的发展趋势的看法。

● 参考文献

[1] DEL GAUDIO B L, PORZIO C, SAMPAGNARO G, et al. How do mobile, internet and ICT diffusion affect the banking industry? An empirical analysis[J]. European management journal, 2021, 39(3):327-332.

[2] BONGOMIN G O C, YOUROUGOU P, MUNENE J C. Digital financial innovations in the twenty-first century: do transaction tax exemptions promote mobile money services for financial inclusion in developing countries? [J]. Journal of economic and administrative sciences,2019,36(3):185-203.

[3] HUSSAIN M, PAPASTATHOPOULOS A. Organizational readiness for digital financial innovation and financial resilience[J]. International journal of production economics, 2022, 243: 108326.

[4] IHEANACHOR N, DAVID-WEST Y, UMUKORO I O. Business model innovation at the bottom of the pyramid: a case of mobile money agents[J]. Journal of business research,2021, 127(1): 96-107.

[5] IHEANACHOR N, UMUKORO I O. Partnerships in digital financial services: an exploratory study of providers in an emerging market[J]. Journal of business research,2022, 152(3): 425-435.

[6] DAVID-WEST O, IHEANACHOR N, UMUKORO I O. Sustainable business models for the creation of mobile financial services in Nigeria[J]. Journal of innovation & knowledge, 2020, 5(2): 105-116.

[7] 柏亮, 于百程, 赵慧利. 数字金融：科技赋能与创新监管 [M]. 北京：中译出版社，2021.

[8] 金天, 杨芳, 张夏明. 数字金融：金融行业的智能化转型 [M]. 北京：电子工业出版社，2021.

[9] 刘勇, 孙鲁. 中国金融科技创新：数字金融应用场景实战 [M]. 北京：中信出版社，2021.

[10] 清华大学经济管理学院数字金融资产研究中心. 数字金融：未来已来 [M]. 北京：人民日报出版社，2020.

[11] 孙扬. 数字人民币对支付生态的影响 [J]. 科技与金融，2022（12）：17-22.

[12] 中国电子银行网. 工商银行：战略升级为"D-ICBC"，个人手机银行用户 5.16 亿 [EB/OL].（2023-04-03）[2023-04-09]. https://www.cebnet.com.cn/20230403/102869291.html.

第10章　数字物流

学习要求

- 了解物流发展历程
- 理解数字物流的内涵
- 理解数字物流的主要作用
- 了解数字物流的主要模式

引例

"箱箱共用"数字化平台

在全球范围内，各行各业普遍在生产和流通过程中使用了大量的一次性纸箱、铁桶、木箱等物流包装物，这种落后的包装方式不仅成为社会环境的负担，也造成了巨大的资源和成本的浪费。

数字化平台——"箱箱共用"，实现了物流包装透明化管理，并提供共享共用服务，开启了物流包装的智能化时代，为全球供应链带来了巨大变革。

"箱箱共用"的技术基础是借用物联网技术获得数据，然后对数据进行深度分析。生命周期追溯、动态监控、云交割、异常报警、轨迹回放、路径分析、淡旺季分析、订单及计费结算系统等，以及匹配用户行业特性、用箱时间、数量、路径等规律，提示上下游用户形成最佳的路径拼接，合理利用物流运力资源网络，实现包装跨供应链过程的传递等，都离不开数字化技术的支持。

"箱箱共用"凭借全行业解决方案、物流包装智能化、全链路数字化、智能网格化运营四大核心技术与能力，成为各行业的零碳循环伙伴，引领产业零碳变革，构建零碳循环伙伴新生态。

10.1 物流发展概述

物流（Logistics）源于希腊语中的 Logistikos，意为"计数科学"或"精于算计"，是军事领域后勤概念的民间用语。物流是一套通过计算、策划来控制原材料、制成品、产成品或信息在供、需、仓储不同部门之间转运的管理系统。它也可以被称为"策略性物流运输"或"策运"。物质资料从供给者到需求者的物理运动，是创造时间价值、场所价值和一定的加工价值的活动。因此，物流是指物质体从供应者向需求者的物理移动，它由一系列创造时间价值和空间价值的经济活动组成，包括运输、保管、配送、包装、装卸、流通加工及处理等多项基本活动，是这些活动的统一。

物流的相关概念最早出现于军事行政组织，在中国古代一直被称为辎重，后来在近代被逐渐改为后勤。后勤是指将战时物资生产、采购、运输、配给等活动作为一个整体进行统一布置，以求战略物资补给的费用更低、速度更快、服务更好。后来，将"后勤"体系移植到现代经济生活中，才逐步演变为今天的物流。

我国物流发展历程主要有以下三个阶段。

（1）筹备阶段（新中国成立到20世纪70年代）。新中国成立后到改革开放以前，中国处于传统的计划经济体制条件下，国家对生产资料和主要消费品实行计划生产、计划分配和计划供应。商业、粮食等流通部门自成体系，分别建立了本部门的供销公司、批发零售网点和仓储与运输队伍，按计划储存和运输。铁路、航空等专业运输部门也各自拥有储运企业。在这一时期，只存在传统的储运活动，即传统的物资运输、保管、包装、装卸、流通加工等活动，并不能称为现代物流活动。

（2）起步阶段（20世纪90年代）。1993年，党的十四届三中全会后，我国又掀起了经济建设的浪潮。经济的持续健康发展迫切需要提高物流水平，但当时我国物流业处于相对落后状态，为了改变国内经济快速发展和物流业发展极不协调的状态，我国从20世纪90年代初开始积极借鉴发达国家物流发展的成功经验，推动物流业快速发展。1992年，原商业部提出了《关于商品物流配送中心发展建设的意见》，在上海和广东确定了试点企业。为了进一步推动物流业的发展，1996年，原国内贸易部起草了《物流配送中心发展建设规划》，提出了发展建设物流配送中心的指导思想和原则，确定商业储运企业向现代物流配送中心转变，以发展现代物流网络为主要发展方向，建设社会化的物流配送中心。在起步阶段，我国物流业取得了重大的成就：物流理论研究工作更加深入，物流基础设施日趋完善，社会产品供应日益丰富，综合运输体系初步形成，国内市场出现了类型繁多的物流服务企业。我国物流业初具雏形。

（3）发展阶段（2000年至今）。进入21世纪后，我国现代物流迈入了快速发展的阶段。我国开始全面推动现代物流的发展，并取得了以下几个重要进展。首先，物流政策环境得到了改善。我国政府采取了一系列政策来促进物流业的发展。不断出台的国家物流业发展政策体现了国家对物流业发展的高度重视，为物流业发展创造了良好的政策环境。其次，物流规划工作井然有序。物流产业得到了国家和各级政府的高度重视，国家加强了对物流业发展的规划。最后，物流平台建设取得重大进展。得益于国家的信息化建设，我国的信息基础网络和实用技术已经能够支持现代物流的信息运作要求。铁路、公路网络在我国的东部和经济发达地区已经完成了基本的布局，而且在国家的大力支持下，平台建设开始向中西部推进。

10.2　数字物流的内涵

数字物流是信息化和物联网在传统物流业应用的产物，它利用全球定位系统（GPS）、射频识别（RFID）和传感技术等，实现了在物流过程中实时车辆定位、运输物品监控、在线调度和配送等功能。数字物流为制造商、物流中心、销售商、消费者等各类群体打造一个自动化、可视化、可控化、智能化、系统化、网络化的综合服务平台。与智能物流强调构建一个虚拟的物流动态信息化的互联网管理体系不同，数字物流更重视将物联网、传感网与现有的互联网整合起来，通过精细、动态和科学的管理，提高资源利用率和生产力水平，创造更丰富的社会价值。

总体而言，数字物流通过智能硬件、物联网、大数据等智慧化技术和手段，提高物流系统分析决策和智能执行能力，进而提升整个物流系统的智能化和自动化水平。

数字物流集多种服务功能于一体，体现了现代经济运作的特点，即强调信息流与物质流快速、高效、通畅地运转，从而实现降低社会成本、提高生产效率和整合社会资源的目标。

根据中国物流与采购联合会的数据，当前物流企业对数字物流的需求主要涵盖物流数据、物流云、物流设备三大领域。

数字物流体系主要由以下三个方面构成。

（1）数字物流数据服务市场（形成层）：处于起步阶段，其中电商物流大数据占据了较大比例。随着数据量的积累以及物流企业对数据的日益重视，未来物流行业对大数据的需求前景非常广阔。

（2）数字物流云服务市场（运转层）：基于云计算应用模式的物流平台服务通过云平台提供。所有的物流公司、行业协会等都汇聚在资源池中，实现资源的整合、相互展示和互动，根据需求进行交流并达成意向。通过这种方式，物流企业能够降低成本并提高效率。

（3）数字物流设备市场（执行层）：是数字物流市场的重要细分领域，包括自动化分拣线、物流无人机、冷链车、二维码标签等各类数字物流产品。这些设备的应用能够提高物流的效率和准确性，推动物流行业的数字化转型。

10.3 数字物流的作用

数字物流对企业的作用主要体现在供应链运营管理和业务管理方面。

（1）供应链运营管理。数字物流在管理整个供应链运营情况时发挥着重要作用，主要是通过协同采购、生产、销售、客户关系管理等过程，实现各个环节的一体化，确保资金流、信息流和物流之间的协调。

（2）业务管理。数字物流涵盖了多个基本业务活动，包括智能运输、智能仓储、智能配送、智能包装、智能装卸以及智能信息的获取和处理等。其中，智能运输通过运用信息技术、数据通信技术、传感技术和自动控制技术等，实现运输各环节的自动化管理和监控。智能仓储通过运用信息技术和自动分拣技术等，实现入库和出库环节的信息采集、库内货位信息采集、动态盘点及各环节的监控。智能配送通过整合交通条件、价格因素、用户数量等内容，实现动态因素的信息采集与分析，并制定相应的动态配送方案。

数字物流对社会的作用主要体现在以下三个方面：

（1）提高物流效率，降低物流成本。物流是产品从厂商转移到消费者的过程。传统的物流过程比较慢，而"互联网＋物流"则改变了原有物流模式，大幅提高了物流效率，降低了物流成本。商家通常进行库存前置，以成本最低的方式提前运输到消费地，待消费者下单后，再从最近的电商仓储完成"最后一公里"配送，做到"未下订单，物流先行"，既显著提高了物流效率，又大大降低了物流成本。

（2）缩小城乡差距，形成商业流通体系。随着电子商务的不断壮大，电商的物品也来到三四线城市，扩大了物流覆盖的范围。电子商务缩小了城乡差距，使农村用户在网上也能买到与大城市居民同样的商品，并享受到快递送货上门的便利。数字物流的出现必将带来生产、消费和物流的变革，并构建出新的商业流通体系。

（3）出现大量网商，提高就业率。随着数字物流的推广，就业机会也将大幅增加。大量电商和服务商的涌现，自然而然地推动了当地制造业的发展，提高了周边大量劳动力的就业率，形成了新的产业集聚和新型城镇化。这也标志着以工业经济为基础的大零售和大生产的产业布局正在发生变化。

10.4 数字物流的模式

数字物流在日常生活中发挥了很大的作用。在企业的不同层面上，数字物流的运作和管理有着不同的模式。

数字物流管理模式的基本框架如图10-1所示。该框架以射频识别（RFID）技术、传感器技术、智能技术和云计算为核心，依托于物联网的全面感知、及时可靠的信息传递和智能处理等功能，以强化物流管理能力和提升物流服务水平为出发点，对传统物流各个环节运作产生积极影响，为现代物流发展提供了新的管理模式。

在感知端，通过生产、运输、储存等各环节的信息感知设备自动化采集各种相关物流信息，自动进行信息归类和汇总，及时掌控物流进销存的状况和物流流通信息。

在传输端，通过各种通信网络及时、安全地传输感知端所收集的信息，以便及时掌握物流信息，提高效率、降低成本，并实现更加人性化的服务。

在云端，物流信息、物流公司信息、供应商信息和需求方信息等集中存储在云端，通过计算，向管理者提供信息和应用，使物流趋于集成化、协同化、集约化和细分化，并向顾客提供个性化服务。

在应用端，用户可以通过终端发布指令和接收信息，以完成各项工作。通过获取有价值的信息为用户的决策提供依据，并提供良好的服务，提高管理质量和效率。

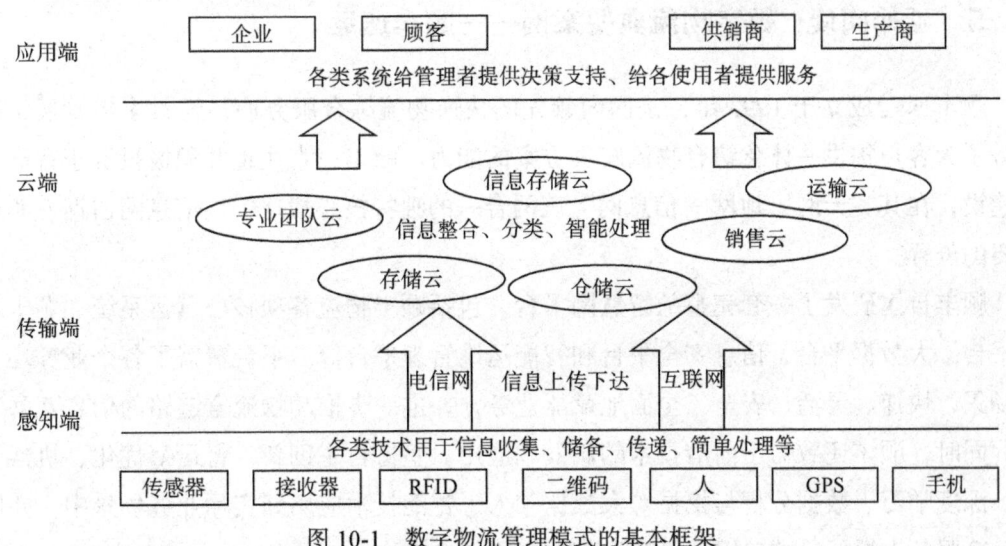

图10-1 数字物流管理模式的基本框架

数字物流体系按照服务对象和服务范围划分，可以分为企业数字物流、行业数字物流、区域或国家数字物流三个层次。

（1）企业数字物流。企业数字物流旨在推广信息技术在物流企业中的应用，主要体现在应用新的传感技术，逐步实现智慧仓储、智慧运输、智慧装卸、智慧搬运、智慧包装、智慧配送和智慧供应链等各个环节，从而培育一批信息化水平高、示范带动作用强的数字物流示范企业。

（2）行业数字物流。行业数字物流的主要典型代表是智慧区域物流中心。建立智慧区域物流中心的关键是搭建区域物流信息平台，它是区域物流活动的核心，连接着物流系统的各个层次。将原本分离的商流、物流、信息流和采购、运输、仓储、代理、配送等环节紧密联系起来，形成完整的供应链。许多数字物流园区拥有先进的信息平台、完整的供应链和安全的电子商务系统。其基本特征是商流、信息流和资金流的快速安全运转，满足企业信息系统对相关信息的需求，通过共享信息支撑政府部门监督行业管理与市场规范化管理，确保物流信息的准确、及时、高效和畅通。

（3）区域或国家数字物流。为了推动整体经济的快速增长，建设交通同制、规划同网、铁路同轨、乘车同卡的现代物流支持平台，通过制度协调、资源互补和需求满足，推动物流一体化，同时实现各个功能的互补和错位发展。国家数字物流的目标是着力构建运输服务网络，基本建成以国际物流网、区域物流网和城市配送网为主体的快速公路货运网络、"水陆配套、多式联运"的港口集疏运网络、"客货并举、以货为主"的航空运输网、"干支直达、通江达海"的内河货运网络。

10.5　延伸阅读：数字物流典型案例——顺丰速运

顺丰速运成立于 1993 年，是国内领先的快递物流综合服务商，经过多年发展，已具备了为客户提供一体化综合物流解决方案的能力。顺丰一直注重并积极投资于智能物流建设，在其"天网＋地网＋信息网"三网合一的独特核心战略中，信息网占据着非常重要的位置。

顺丰自主研发了一套完整的智慧网平台，包括顺丰物流各项核心营运系统、顺丰地图平台、大数据平台、信息安全平台和智能运维管理平台等。平台覆盖了各个业务环节和场景，快速、灵活、安全、全面地赋能业务，并进一步推动物流全链路的信息互联互通。同时，顺丰还致力于前沿技术的研发和应用，坚持自主创新，将运筹优化、机器学习、深度学习、数据分析与挖掘等大数据和人工智能技术应用到实际业务场景中，并以云计算服务支撑新科技应用，提升经营效率和用户体验。

顺丰已全面掌握了物流无人机核心技术，先后研制了 H4、Ark、Manta Ray 等多款无人机，涵盖了多旋翼和垂直起降固定翼无人机，可满足 10 千克以下 100 千米以内的运输需求。

顺丰智慧地图以高精度地址平台为基础，应用于客户下单、智能调度、中转分拣、规划运输、末端配送等物流全环节。

顺丰的人工智能识别技术综合利用计算机视觉、深度学习等技术，能够对货物、人员、车辆和场地相关的视频与图片进行分析。

在人工智能方面，顺丰通过业务积累和技术创新，将机器学习、计算机视觉、运筹优化等 AI 技术融合到实际业务场景中，力图实现物流系统状态感知、实时分析、科学决策和精准执行，构建顺丰物流体系的"智慧大脑"。由顺丰科技自主开发且投入使用的人工智能产品主要是基于计算机视觉、机器学习的"慧眼神瞳"系统，以及基于智能语音、自然语言理解的"小丰"智能耳机。其中，"慧眼神瞳"系统用于园区、中转场、营业网点等场地的现场管理，通过摄像头采集视频及图片信息，实时监测运营场地各类违规事件，为全网提供货物追溯、车辆装载率、车辆调度、运力监测和场地人员能效等基础数据，实现全网标准化业务管理，消除管理漏洞。"小丰"智能耳机以语音识别技术为核心，结合 TTS 语音播报、语音语义理解能力，将收派员日常终端手动操作语音指令化，语音唤醒"小丰"后发送语音指令，以此解放收派员的双手，将日常拨打电话、转单、查单等高频操作由 8～10 步手动操作减为 1 步语音指令，大幅提升工作效率，完善收派端作业的数据采集，推动业务的数字化转型。

（资料来源：顺丰速运 https://www.sf-express.com）

● 本章小结

本章主要介绍了物流发展历程，分析了数字物流的内涵，阐述了数字物流的主要作用，介绍了数字物流的主要模式。

● 复习思考题

1. 试述物流发展的历程。
2. 试述数字物流的概念。
3. 试述数字物流的主要作用。
4. 结合身边的事例，谈谈数字物流有哪些主要模式。
5. 谈谈你对数字物流发展趋势的看法。

● 参考文献

[1] AL-ADWAN A S, AL-DEBEI M M, DWIVEDI Y K. E-commerce in high uncertainty avoidance cultures: the driving forces of repurchase and word-of-mouth intentions[J]. Technology in society, 2022, 71(1): 102083.

[2] BURROUGHS B, BURROUGHS W J. Digital logistics: enchantment in distribution channels[J]. Technology in society, 2020, 62: 101277.

[3] BARYKIN S E, PROVOTOROV V, KAPUSTINA I, et al. Modeling of transport flows of energy resources in digital logistics based on the methodology of multidimensional network structures[J]. Transportation research procedia, 2022, 63: 628-638.

[4] 付平德. 基于大数据的智慧物流模式构建[J]. 物流技术, 2018, 37（1）：135-139.

[5] 何黎明. 我国物流业2022年发展回顾与2023年展望[J]. 中国流通经济, 2023, 37（2）：3-7.

[6] 拉德. 物流管理实战指南：运输、仓储、贸易和配送[M]. 欧阳恋群, 黄帝, 译. 北京：人民邮电出版社, 2022.

[7] 井然哲. 跨境电商运营与案例[M]. 北京：电子工业出版社, 2016.

[8] 雷敏. 智慧物流数字化解决方案[J]. 中国物流与采购, 2023（2）：55.

[9] 李迁, 李金雷, 吴萃芸. 物流园区互联互通智慧化管理平台建设研究[J]. 物流技术, 2019（5）：13-16；38.

[10] 刘丽萍. "互联网+"背景下的现代物流管理优化策略探析[J]. 中国物流与采购, 2023（6）：111-112.

[11] 刘艳. 我国数字经济发展进入数据驱动新阶段[J]. 服务外包, 2023（2）：80.

[12] 潘葱聪. 物流帝国[M]. 北京：九州出版社, 2015.

[13] 宋华, 于亢亢, 钱程. 物流与供应链管理[M]. 4版. 北京：中国人民大学出版社, 2023.

[14] 箱箱网. 箱箱共用：做物流包装领域的"特斯拉"[EB/OL].（2021-10-27）[2023-02-03]. https://www.xiangxiang.com/pc/community/show/8.

[15] 谢菲. 大物流时代：物流集群如何推动经济增长[M]. 岑雪晶, 王微, 译. 北京：机械工业出版社, 2019.

[16] 张雯霏. 国际物流对国际贸易的推动作用研究[J]. 中文科技期刊数据库（全文版）经济管理, 2022, 12：10-13.

[17] 喜崇彬. 智慧物流园区建设与管理[J]. 物流技术与应用, 2022, 27（3）：104-105.

第11章 数字旅游

学习要求

- 了解数字旅游的发展由来
- 了解数字旅游产生的条件
- 理解数字旅游的概念
- 了解数字旅游的应用技术
- 了解数字旅游的发展状况
- 理解数字旅游的主要模式
- 了解数字旅游的主要作用

引例

沉浸式体验游神都洛阳

全球首个VR全感·跨次元互动旅游娱乐项目"风起洛阳",让游客仿佛"穿越"到繁华的神都洛阳。VR体验里的画面,虚拟空间里的"洛阳世界",让游客如身临其境。牡丹楼舞姬表演仿佛真实再现剧中宇文佩佩洛河起舞名场面,画面细腻到甚至能看到舞姬的睫毛和一颦一笑,画面精美、虚实结合,调动"五感"的多层次娱乐体验,沉浸感十足。游客会经历乘船、驾驶马车、坐飞鸢等环节,乘坐时的体验感十分真实。游客还能体验到类似环球影城里变形金刚火种源争夺战的那种身临其境的刺激感——爆炸、喷雾、热感、风、水、嗅觉、地板震动等,每次触发的时候都会让人尖叫连连。

情节连贯而又紧凑,能够让游客完全沉浸其中。这种实景+VR+IP的体验结合,非常受年轻人的喜欢,中间用到了许多数字技术,包括物联网、VR、AR、MR、3D、元宇宙、大数据、人工智能、大空间定位技术等。

这种沉浸式体验游以"文化+科技+旅游"的方式实现了数字时代的"诗和远方",在数字技术助力下,商旅文融合发展,线上体验带动线下消费,促进了文旅行业新发展。

11.1 数字旅游的内涵

1. 数字旅游的来源

从原始社会为了生存的迁徙，到易货经商的旅行，再到休闲娱乐的旅游，交通基础设施的完善和技术的日新月异，带来了当今旅游活动的蓬勃发展。在其他条件不变的情况下，旅游需求与人们的可自由支配收入和闲暇时间成正比。随着生活水平不断改善，人们的经济收入普遍增加。国家推出带薪休假和双休日制度，闲暇时间富余，旅游需求剧增。正是旅游需求的旺盛，带来了旅游供给端对于旅游服务提供的改变，最大的改变体现在数字旅游上。

从数字旅游概念的形成脉络来看，它经历了从智慧地球到智慧城市，再到数字旅游的发展过程。2008年国际商业机器公司（IBM）首先推出"智慧地球"商业计划，其核心是以一种更智慧的方法通过利用新一代信息技术来改变政府、公司和人们相互交互的方式，以便提高交互的明确性、效率、灵活性和响应速度。智慧城市则是智慧地球在城市建设和管理中的具体实践。智慧城市就是一个网络城市，物联网是智慧城市的重要标志。

从城市角度看，数字旅游可视作智慧城市信息网络和产业发展的一个重要子系统，是智慧城市建设的重要组成部分，是智慧城市的形象大使，是智慧城市的重要展现主体。实现数字旅游的某些功能可借助或共享智慧城市的已有成果。因为数字旅游是一项侧重公共管理与服务的惠民工程，将数字旅游在城市视角下纳入智慧城市有助于明确建设主体并集约资源。

2. 数字旅游的产生条件

（1）旅游产业的快速发展需要借助信息化手段，尤其是旅游业被定位为"国民经济的战略性支柱产业和人民群众更加满意的现代化服务业"以来，旅游业和信息产业的融合发展成为引导旅游消费、提升旅游产业素质的关键环节。

（2）物联网、移动互联网、云计算以及人工智能技术的成熟与发展为数字旅游的建设提供了技术支持。

（3）智能手机、平板电脑等智能移动终端的普及为数字旅游提供了应用载体。

（4）随着旅游者数量的增加及其对旅游体验的深入需求，旅游者对信息服务的需求在逐渐增加，尤其是因为旅游活动具有开放性和跨空间流动的特点，旅游过程中的不确定性和不可预见性较大，因此实时地、随时地获取信息成为提高旅游体验质量的重要途径。

3. 数字旅游的概念

数字旅游是在智慧城市的基础上发展而来的，是将服务对象由城市居民向外来游客转变的内涵式衍生，也是智慧旅游发展的高级阶段。

尽管我国许多地方已在尝试进行数字旅游的建设，但对数字旅游的概念没有统一、标准、科学的定义，并且缺乏理论支撑。目前，学者们对数字旅游的概念阐述相对于智慧城市概念来说还不够深入和完整，这也反映了数字旅游研究处于初级阶段。

一般而言，数字旅游是基于新一代信息技术，通过系统化和集约化的管理变革，为了满足游客的个性化需求，提供高品质和高满意度的服务，实现对旅游资源和社会资源的共享与有效利用。从内涵来看，数字旅游的本质是在旅游业中应用包括信息通信技术在内的智能技术，旨在提升旅游服务、改善旅游体验、创新旅游管理、优化旅游资源利用，以提高旅游企业竞争力、提升旅游行业管理水平并扩大行业规模的现代化工程。

4. 数字旅游的应用技术

在数字旅游的萌芽期，人们不断探索着开发应用程序以及将旅游信息化。在数字旅游的功能期，云计算、大数据、物联网、移动互联网等许多新技术在旅游行业中应用，如景区的可视化管理、景区大数据平台、景区内的各种物联网，包括车辆保安、SOS 报警、停车等各种系统。在数字旅游的体验期，人们不断探索如何将科技应用到游客的旅游体验上，这成了当下的数字旅游核心。应用较为广泛的科技有以下几种。

（1）GPS 定位技术：可以对移动的人、物、车辆和设备进行远程实时定位监控。利用 GPS 技术，可以为户外探险者、徒步旅行者提供精准定位服务，当旅游者遇到危险时，可以通过终端迅速找到最近的避难所和急救站，方便救援力量快速确定位置并展开救援行动。

（2）语音识别技术：游客只需告诉手机所在景点的名称，它就能听懂指令，向游客详细介绍景点的文化典故。未来，很多景区将不再需要导游，这得益于语音识别技术的发展。

（3）信息安全技术：利用指纹电子门票可以有效地避免逃票和倒票的不良行为。

（4）虚拟背景拍照技术：对于出于疲劳、年龄或时间紧迫等原因无法亲自游览每个景点的游客，可以在无须实际到达景点的情况下与心仪的风景合影。

（5）区块链技术：区块链技术的去中心化、免信任、非对称加密和不可篡改等天然特性，为解决恶意竞争、临时涨价、超售现象、点评造假、平台信任、用户信息泄露和中介交易费用高昂等问题提供了创新的解决思路。

在旅游行业中，互联网+、大数据、云计算、物联网、虚拟现实（VR）、增强现实

（AR）、混合现实（MR）、人工智能等一系列不断涌现的科学技术正在迅速渗透，颠覆传统旅游方式，引领着一个全新的旅游时代。科技正加速改变着决策者的思考模式和消费者的个人体验，不断涌现的技术创新正在重新定义数字旅游。

11.2 数字旅游发展概述

人为什么要旅游？这个问题古人早已做出了回答："达人所之未达，探人所之未知。"旅游是人类满足好奇心、探索未知的重要途径。基于此而产生了诸如新大陆、地球是圆的等新发现。

改革开放40多年来，正是国人对于脚下土地的探索，见证了我国从旅游小国到旅游大国的转变，旅游业发展成为国民经济战略性的支柱产业。旅游业的发展依赖于整个国民经济发展水平，同时也直接和间接地促进国民经济的发展，如推动商业、饮食服务业、旅馆业、民航、铁路、公路、邮电、日用轻工业、工艺美术业、园林等领域的发展，并促使这些部门不断改进和完善各种设施，增加服务项目，提高服务质量。随着社会的发展，旅游业日益凸显其在国民经济中的重要地位。

1. 国外数字旅游发展态势

严格来说，国外并无数字旅游这一专业术语，智慧城市实际上只是IBM公司推出的一个商业计划和项目。但国外将信息技术应用于旅游业的研究和实践开展得比较早，如欧盟在2001年创建的个性化移动旅游服务项目、英国伦敦的智能导游系统、韩国旅游局建设的移动旅游信息服务项目等。

（1）构建智慧服务生态系统的旅游模式。根据服务主导逻辑和服务科学的理念，旅游企业应该超越组织边界与利益相关者合作，在更广泛的服务生态系统内实现价值共创。智慧服务生态系统被看作一个自发感知和响应的时空结构，通过联合生产服务、交换服务和资源来共同创造价值。这种结构在很大程度上通过制度和技术的互动实现社会与经济产业价值的松耦合。数字旅游商业网络与利益相关者相互联系和融合，在"即插即用"的情境下抓住新机会、创造新价值。在智慧服务生态系统中，产业内的任何利益相关者的目标都是与其他产业交流和交换资源，共同创造价值。任何一个利益相关者都可以成为依赖资源和流通的生产者、消费者与中间商。

全球领先的旅游网站猫途鹰（TripAdvisor）通过识别利益相关者构建智慧服务生态系统，并强调旅游企业应采用开放的信息系统和商业模式，动态地管理数字旅游服务生态系统。开放的数字旅游商业生态系统使产业内各利益相关者共同创造价值，根据旅游消费情况以更加灵活的方法访问、混合、匹配、交换和整合资源。

（2）创建基于信息网络结构的旅游模式。在数字旅游中，商业活动建立在一个广泛的信息结构基础上，消费者提供支撑其发展的大数据。数字旅游的一个显著特点是消费者共享大数据。数字旅游商业模式充分利用了丰富的免费信息、开放的技术平台和访问渠道，将信息转化为价值。同时，数字旅游信息结构会缓解信息不对称，与传统认识中关于价值创造的观点相比，旅游企业在数字旅游环境下必须考虑"价值使用"，即通过使用数据信息、技术、基础设施而不是所有权进行价值创造。传播信息知识、扩展价值链和信息网络结构有助于创造数字旅游商业服务配置环境。

2. 国外数字旅游商业模式对我国的启示

借鉴国外数字旅游商业模式的研究，国内数字旅游商业模式的开发应重视以下方面：

（1）积极融入智慧城市，发展数字旅游经济。智慧城市的发展能够实现产业、人才、服务、产品的创新创造，从而提高城市竞争力和居民生活水平。数字旅游应积极融入智慧城市发展，创新旅游产品、旅游服务和旅游管理，完美衔接智慧城市发展过程中的旅游产品和旅游服务的需求与供给，创造数字旅游经济。

（2）打造基于旅游目的地的数字旅游商业模式。数字旅游的发展追求充分挖掘和利用旅游目的地的旅游要素，为游客提供全过程、全时空的旅游产品，满足游客全方位需求。这就要求旅游景区的发展与目的地的全方位融合，构建数字旅游发展网络，避免旅游景区与城市社区、乡村之间的割裂。旅游景区产品与目的地文化产品、乡村旅游产品、居民生活方式等通过信息技术互相融合联动，与目的地旅游利益相关者共谋发展对策、共享发展成果，构建旅游目的地的数字旅游商业模式，实现共同营销、共同服务、共同发展，从而满足游客对旅游产品的多层次、个性化需求，实现旅游供给侧改革。

11.3 数字旅游的模式

1. 数字景区

数字景区的目标是建设一个数据共享、网络覆盖、管理与服务融合的智能化管理体系。以故宫手机 App 为例，它为故宫游客提供出行前、出行中以及出行后的一条龙服务。在出行前，游客可以通过 App 查询目的地景区旅游资讯、了解舒适度指数、预订门票、验证导游或旅行社的资质，从而对行程进行科学规划；在出行中，游客可以随时听取想要了解的景点的介绍，查询景区内厕所、出入口、游客中心等公共服务设施的位置，还可以通过定位功能方便地选择要游览的线路，特别是故宫博物院紫禁城后半部分基本封闭，不对游客开放，于是采用360度全景技术将全景故宫搬到手机屏幕上，满足游客的好奇心，让游客在指尖就可以大饱眼福，领略古人智慧；在出行后，游客可以根据旅游感受对景点进行点评。故宫手机App真正集导游、导航、导览和导购于一体，做到一机在手，畅游故宫。

2. 数字酒店

数字酒店是指运用最新的科技手段，如大数据、人工智能和物联网等，以提供卓越的服务体验为目标，同时降低人力和能源成本，通过智能设施营造人性化的环境，满足个性化需求的服务型住宿场所。

数字酒店管理目标是在酒店内部网络基础上，通过Web服务器和浏览器技术实现整个网络上的信息交互与共享，实现统一的人机界面和跨平台的数据库访问。因此，数字酒店可以真正实现局域和远程信息的实时监控，数据资源的综合共享，以及全局事件的快速处理和一体化的科学管理，如自助入房退房、视频门铃系统、电梯刷卡楼层、多媒体互动电视、智能调光、电动窗帘控制和能源管理系统等都属于数字酒店建设的组成部分。

3. 数字旅行社

数字旅行社通过利用云端计算、物联网等新技术，借助便携的终端设备，实现旅游资源的组织、游客的招揽和安排、旅游产品开发销售和旅游服务等旅行社各项业务及流程的高度信息化、在线化和智能化，从而达到高效、快捷、便捷和低成本规模化运营，创造出游客满意和旅行社企业盈利的共赢格局。

数字旅行社是在在线的基础上进一步强调技术升级、更加注重人性化和个性化，并以旅游者为对象、以组织策划旅游行为为主营业务的单位，顺应与借助大数据和云计算的潮流，谋求互联网时代未来发展的旅行社主流趋势。

11.4 数字旅游的作用

1. 数字旅游对景区发展的作用

数字景区建设是旅游景区发展的必然趋势，发展数字旅游不仅可以最大限度地满足游客的个性化需求，实现景区旅游资源和社会资源的共享与系统化、集约化管理，而且是我国旅游景区适应市场变化，加快转型升级的重要途径。数字旅游对景区发展的影响和作用具体表现在三个方面：

（1）旅游服务的智慧化。数字旅游以游客为出发点，通过信息技术提升旅游体验和品质。游客在整个旅游过程中，包括旅游信息获取、旅游计划决策、旅游产品预订支付、旅游享受和回顾评价，都能感受到数字旅游带来的全新服务体验。数字旅游通过科学的信息组织和呈现形式，使游客能够方便快捷地获取旅游信息，并帮助他们更好地安排旅游计划和做出决策。新型的在线旅游服务、网络营销、网络预订和网上支付等方式将越来越能够满足游客的需求。此外，通过监控景区游客进出情况，还可以调节高峰期的游客量，提高游客的游览满意度。

（2）旅游管理的智慧化。数字旅游将传统的旅游管理方式转变为现代化的管理方式。通过信息技术，可以及时准确地掌握游客的旅游活动信息和旅游企业的经营信息，实现旅游行业监管从传统的被动处理和事后管理向过程管理和实时动态管理转变。例如，通过对游客进行定位，可以更及时地帮助游客解决遇到的问题。

此外，数字旅游还可以与公安、交通、工商、卫生、质检等部门形成信息共享和协作联动，结合旅游信息数据形成旅游预测预警机制，提高应急管理能力，保障旅游安全。数字旅游还能有效处理旅游投诉和旅游质量问题，维护旅游市场秩序。

（3）旅游营销的智慧化。数字旅游利用旅游舆情监控和数据分析的手段，挖掘出旅游热点和游客兴趣点，引导旅游企业策划相应的旅游产品，并制定相应的营销主题，从而推动旅游行业的产品创新和营销创新。同时，数字旅游充分利用新媒体的传播特性，吸引游客积极参与旅游信息的传播和营销活动，并通过积累游客数据和旅游产品消费数据，逐步构建起自媒体营销平台。借助数字旅游平台，旅游景区知名度也将得到提升，可以推动旅游企业向海外市场拓展。

2. 数字旅游对旅游经济的引导作用

（1）推动短期经济行为逐步朝着长期经济行为方向发展。作为服务业的重要组成部分，旅游行业提供了就业和创业的机会，并且相对成本较低。然而，旅游行业的收入通常呈现季节性和高效性，与我国的假期安排密切相关。作为一个为区域经济带来高额收入的综合性产业，旅游行业对经济的推动作用不可忽视。随着数字旅游的兴起，旅游消费正逐渐朝着长期经济行为的发展模式转变。

（2）便于品牌旅游项目的打造。品牌是一种无形资产，能够增加企业的价值并带来溢价，通过使用符号、标志、设计、名称、术语等组合形式，可以与其他竞争对手的产品或服务进行区分。各个品牌利用游客对其印象的不同评价，通过各种媒介手段加深印象，并进一步传播，以实现巨大的效益。良好的旅游品牌可以为商家带来巨大的收益。数字旅游为打造品牌旅游项目提供了信息化平台，通过媒体、网络、社交软件等载体加深游客对旅游品牌的印象，有利于提高品牌的宣传效果。

（3）提升优势企业的公信力。随着数字旅游的发展，专业化旅游企业的优势显而易见，然而，长期以来过度追求利润导致本应具备显著优势的企业在公信力上饱受困扰。尽管游客数量逐年增加，但旅行社所接待的游客数量却在不断减少。我国的高等旅游院校以及开设旅游专业的普通院校，录取的学生总数也在逐年减少，旅游专业的就业形势备受社会质疑。数字旅游的出现为解决这一问题带来了契机，并对我国旅游管理信息化人才的培养提出了更高要求。数字旅游推动了旅游行业的规范化发展，降低了企业的准入门槛，增强了竞争，有助于转变传统企业盲目追求利润的情况，促使越来越多的企业认识到提高自身的公信力是占据竞争优势的关键。因此，数字旅游有助于优势企业提高服务质量，规范旅游行业的秩序。

11.5 延伸阅读：数字旅游案例——哈尼梯田的数字旅游实践

我国旅游业发展受到多种因素的制约，这些制约主要表现在旅游业缺乏系统性和实用性，信息化建设滞后于旅游业整体发展需求，同时，还存在着重硬件轻软件、旅游信息资源零散且共享性差、旅游信息资源开发程度和服务质量较低、旅游信息技术人才短缺等问题。旅游经济还存在诸如交通、住宿、餐饮和景区等资源的分布利用不均衡、旅游城市的基础信息系统相互隔离、各种配套服务滞后等缺陷。游客在旅游过程中通常面临诸如交通困难、餐饮困难和入园难等问题，主管部门也面临各种管理难题。在当今高度信息化时代，依靠传统方式的发展已经遇到了瓶颈。

随着大众消费能力和旅游消费意愿的增强，尤其是移动互联网的快速渗透，旅游服务从线下转移到线上，并呈现出加速发展态势。

1. 背景介绍

哈尼梯田的成功申遗使其品牌价值凸显，为了在保护梯田的基础上提升其品牌价值，其智慧旅游的建设符合国家旅游战略发展规划，同时也满足当地旅游经济产业转型升级的迫切需求。哈尼梯田具有超过1300年的历史，规模宏大，分布于云南南部红河州元阳、红河、金平、绿春四县，总面积约100万亩，其中元阳县是哈尼梯田的核心区，当地的梯田修筑在山坡上，最高可达3700级，景观壮丽。

自20世纪80年代以来，哈尼梯田的知名度日渐提高，从封闭的哀牢山走向全国，走向世界。2013年6月22日在第37届世界遗产大会上哈尼梯田被成功列入世界遗产名录，成为我国第45处世界遗产。

作为哈尼梯田的故乡和红河哈尼梯田世界文化遗产地的元阳县，在申遗成功后拥有了世界级的旅游资源和品牌，在国内外的知名度得到极大提升，在全州乃至全省的核心竞争力进一步增强。

哈尼梯田还陆续入选中国十大魅力湿地、美丽中国十佳主题旅游线路、中国重要农业文化遗产、全国重点文物保护单位、全国"绿水青山就是金山银山"实践创新基地等，一份又一份荣誉接踵而至，让哈尼梯田锦上添花，让元阳哈尼梯田旅游影响力和美誉度不断提升，世界各地游客慕名而至。

随着元阳哈尼梯田的知名度大幅提升，到元阳旅游的人数不断攀升。核心景区——元阳梯田景区吸引了来自全国乃至世界各地的自助、自驾和团队游游客。景区宾馆、餐厅、停车场爆满，接待游客人数、门票收入等各项指标大幅增长。

2. 发展缘起

在元阳旅游业蓬勃发展的同时，景区旅游服务配套设施不完善、旅游要素不健全等问题也日益突出。针对哈尼梯田旅游产业所面临的挑战，元阳县以哈尼特色小镇建设、乡村旅游发展、旅游配套设施建设、文化旅游服务标准化建设、旅游商品开发等作为关键领域，致力于实现新的突破。本着"保护与开发并重"的原则，元阳县着力于全面推进哈尼梯田旅游产业的融合发展，努力将旅游业培育成为当地经济的战略性支柱产业，提供更加满意的现代服务业。

而数字旅游的理念，正是以现代化的科技手段，使旅游产业的配套与管理更加智能化。这一理念的核心是以提升游客与服务提供者的体验和满意度为目标，扩大旅游品牌的影响力，吸引游客和投资者的关注，在实现经济创收的同时，深化产业结构调整，改善民生问题。这与元阳旅游产业的发展和规划理念完全契合。

3. 建设内容

（1）数字旅游基础设施。在过去，哈尼梯田景区没有自己的门户平台，景区信息的发布、管理和获取主要依赖第三方的电子商务平台或搜索引擎平台。景区信息主要通过传统的线下口口相传方式传播，这不仅效率低下，而且旅游转化率也很低。

结合景区的实际情况，首先进行了数字旅游基础设施的建设和改造，以提升整个景区管理的质量与水平，充分体现数字旅游的平台效果。

数字旅游基础设施的建设，包括基础网络与管线的建设、云平台的基础环境搭建、机房环境的建设、自动检票设备的建设、视频监控系统的集成等。这些构成了整个数字旅游平台的物理基础，所有的业务与管理都是在这个基础上展开的。

根据各类业务的功能需求，划分不同的业务支撑子平台，提供最基础的数据交换和分析，包括提供地图数据服务的 GIS 平台、提供实时视频监控服务的监控平台、提供各类业务信息交互与管理的信息发布平台、提供送达类信息交互与管理的多渠道消息通知平台，以及提供基础信息交互的数据交换平台。

特别是实现了对平台中的海量大数据的管理和分析，对各类数据按业务进行分类管理，例如，旅游景点信息、商家认证信息、游客用户信息、票务信息、基于评价与口碑的诚信信息、导游信息、导购信息、导航信息、游客反馈信息等。

（2）数字旅游服务。从游客服务的角度出发，设计完成了随身导系统。随身导系统主要包括智慧导航、智慧导游、智慧导览和智慧导购（简称"四导"）四个基本功能。

首先是智慧导航。智慧导航是将位置服务（LBS）与旅游信息相结合，使旅游者能够随时了解自己所在的位置。确定位置的方法有很多种，例如 GPS 导航、基站定位、Wi-Fi 定位、RFID 定位和地标定位等。将导航和互联网整合在一个界面上，当位置确定后，最新的信息会通过互联网自动弹出，例如交通拥堵情况、交通管制、交通事故、限行信息、停车场和停车位状况等。同时，还可以查找其他相关信息，具备直接、主动、及时和便利的特点。

其次是智慧导游。智慧导游在确定位置的同时，会在网页和地图上主动显示周边的旅游信息，包括景点、酒店、餐馆、娱乐场所、车站、活动地点以及朋友或旅游团友的位置和信息。智慧导游还支持在非导航状态下查找任意位置周边的信息，只需在地图上拖动即可看到这些信息。周边范围的大小可以根据地图窗口的大小自动调节，也可以根据个人兴趣点规划旅游路线。

再次是智慧导览。通过点击感兴趣的对象，就可以获取其位置、文字描述、图片、视频和使用者的评价等详细信息，以深入了解兴趣点的情况，以便旅游者决定是否需要访问该兴趣点。智慧导览相当于一个导游员，拥有比导游员更多的信息来源。智慧导览还提供一个虚拟旅行模块，只需提供起点和终点位置，就可以获得最佳路线建议，推荐景点和酒店，并提供沿途主要的景点、酒店、餐馆、娱乐场所、车站和活动等相关信息。如果对某条路线满意，可以将相关资料打印出来或保存在系统中随时调用。

最后是智慧导购。经过全面而深入的在线了解和分析，游客已经知道自己需要什么了，这时可以直接在线预订客房或购买门票等。利用移动互联网，游客可以随时随地进行预订，再加上安全的网上支付平台，旅游者可以随时随地更改和制定下一步的旅游行程或进行消费等决策。

（3）智慧景区管理。数字旅游平台提供个性化的人机交互界面，并对具体的业务做出定义和管理。

对于政府机构，平台提供数字化业务管理功能，包括旅游执法、旅游诚信管理、视频监控、紧急事件响应与业务处理等。

对于景区管理方，平台提供景区基础业务管理与安全管理功能，包括门票管理、景区检票管理、营销信息发布与分析、智能游客疏导和智能指挥等。

对于游客，平台提供 O2O 的数字化旅程业务，包括景区门户网站、智能导航、多媒体信息服务、3D 全景虚拟景区服务和在线消费等。

对于旅游企业，平台提供旅游电子商务业务，包括电子商城、电子支付、营销信息发布与管理功能等。

4. 建设成效

哈尼梯田数字旅游的建设本质上是地区电子政务门户平台在智慧旅游管理与服务领域的延伸，因此，其面对的用户不仅包括来自国内外的游客，还有广大居民和投资者。其作用也不仅仅是单纯的当地旅游资源的宣传与推广，还提供优质的旅游配套服务，以及吸引外部资本的聚焦与注入，以旅游产业为中心带动本地经济的发展，提升居民的整体生活质量和水平，实现政府、行业、居民和游客的多方共赢。

在经济效应方面：优化了旅游资源，提升了旅游服务水平，吸引游客增加旅游消费，推动了传统旅游消费方式向现代旅游消费方式转变，引导游客养成新的旅游习惯，提高了地方税收，带动了地方经济的增长。

在社会效应方面：优化了旅游服务品质，提升了旅游形象，吸引了更多游客，创造了更多就业机会。

在政治效应方面：响应了国家号召，扩大了旅游品牌的影响力，吸引了游客与投资者的关注；在实现经济创收的同时，深化了产业结构调整，改善了民生问题。

自实施数字旅游战略以来，宣传力度增强，效果明显，服务质量也不断提高，哈尼梯田旅游的内容也更加丰富多样，形成了以"观哈尼梯田、逛哈尼小镇、赏哈尼歌舞、吃哈尼长街宴、品哈尼风味、住哈尼蘑菇房、购民族饰品"为特色的乡村民族文化沉浸体验式旅游。

（资料来源：《E 路奔小康》，红旗出版社，2020）

● 本章小结

本章主要介绍了数字旅游的发展由来，讨论了数字旅游产生的条件，阐述了数字旅游的概念，介绍了数字旅游的应用技术，讨论了数字旅游的发展状况，分析了数字旅游的主要模式，介绍了数字旅游的主要作用。

● 复习思考题

1. 试述数字旅游产生的条件。

2. 试述数字旅游的概念。

3. 试述数字旅游的应用技术有哪些。

4. 结合身边的事例，谈谈数字旅游有哪些主要模式。

5. 试述数字旅游的主要作用。

6. 谈谈你对数字旅游发展趋势的看法。

● 参考文献

[1] EGGER I, LEI S I, WASSLER P. Digital free tourism: an exploratory study of tourist motivations[J]. Tourism Management, 2020, 79: 104098.

[2] PERELYGINA M, KUCUKUSTA D, LAW R. Digital business model configurations in the travel industry[J]. Tourism Management, 2022, 88: 104408.

[3] CORREA P R, VALENCIA-ARIAS A, GIRALDO L F G, et al. Tendencias en el uso de inteligencia artificial en el sector del turismo[J]. Journal of tourism and development, 2023, 40: 92.

[4] CHRISTOU P, HADJIELIAS E, SIMILLIDOU A, et al. The use of intelligent automation as a form of digital transformation in tourism: towards a hybrid experiential offering[J]. Journal of business research, 2023, 155: 113415.

[5] 陈琳琳，徐金海，李勇坚．数字技术赋能旅游业高质量发展的理论机理与路径探索 [J]．改革，2022（2）：101-110.

[6] 金振江，宗凯，严臻，等．智慧旅游 [M]．2 版．北京：清华大学出版社，2015.

[7] 井然哲．E 路奔小康 [M]．北京：红旗出版社，2020.

[8] 司正方圆．浅析数字经济对我国旅游资源开发与利用的赋能作用 [J]．世界经济探索，2023（1）：27-35.

[9] 王婷．数字化背景下景区智慧旅游系统游客使用意愿影响机制研究 [J]．旅游纵览，2023（1）：35-39.

[10] 魏翔．数字旅游：中国旅游经济发展新模式 [J]．旅游学刊，2022，37（4）：10-11.

第 12 章　数字政务

学习要求

- 了解政务发展过程
- 理解数字政务的内涵
- 了解数字政务的主要作用
- 理解数字政务的主要模式

引例

长三角地区政务服务"一网通办"

一网通办,是在"一张网"平台上,实现区域之间的数据共享,做到"一网受理,只跑一次,一次办成"。

长三角三省一市在业务上谋求统一规范,在技术上进行串联打通,让数据多走路、申请人少跑腿,给"长三角人"异地办事增便利。一码就诊,看病"省力省心";一卡畅行,共绘"诗与远方",在交通出行、旅游观光、文化体验等方面为"长三角人"提供"同城待遇"……

"一地认证、全网通办"是建立在数字技术基础之上的。首先是数据互通共享,包括政务数据共享、接口对接、电子证照共享互认、政务应用集成等。其次是以"大数据+大平台"为核心,真正实现了数据赋能。另外,运用人工智能在自助终端实现了"自助通办"。最后,为保障系统安全还用到了区块链技术。可见,一网通办让政务"智"理释放了无限数字红利。

12.1　政务发展概述

在特定时期,政府管理能力往往与当时的生产力发展水平相匹配,并受到经济发展水平所提供的财政支持能力的制约。同时,政府管理能力也与政治文明的制度化发展程度密切相关。社会发展过程中，对政府服务需求的增长促使政府在内容和形式上逐步变革与发展。一方面，社会公共利益的存在为政府的产生提供了历史前提，政府发展客观上是对社会发展提出的一系列新要求的回应。尽管这种回应可能呈现消极或积极、主动或被动的形式，但政府与社会之间的天然联系决定了这种回应的必然性。另一方面，社会发展的历史进程在一定程度上依赖于政府发展。一个落后的政府无法满足日益发展的社会需求，更无法履行推动社会发展的历史责任，从这个意义上说，政府发展是社会进步的基石。

政府发展的基本形态作为一种组织形式，自其产生之时起便经历了变革与发展的过程。自人类进入国家时代以来，政府发展主要经历了"国家型政府""行政型政府"和"治理型政府"三种主要形态。政府形态的每次转变都是政府发展过程中"质"的飞跃。其中，"国家型政府"是与农业社会发展相适应的政府形态，"行政型政府"是与工业社会发展相适应的政府形态，而"治理型政府"则是与后工业社会以及信息化时代相适应的政府形态。政府发展同时包括"量"的增减，这种增减是一个不断淘汰与重新整合的过程。它是政府在一定形态范围内不断适应社会发展需要的结果，也是某种政府形态走向成熟的必然途径。具体表现为政府结构和体制的不断完善，政府职能的不断调整与合理配置，以及政府管理手段的科学化等方面。

12.2 数字政务的内涵

数字政务指的是利用现代网络、信息和通信技术，构建共享的信息资源云平台，整合各级各部门的政府政务网站，在互联网上跨部门跨层级进行智能协同，以响应社会对政务的需求。数字政务是电子政务发展的高级阶段，强调通过互联网提供政务服务，旨在为社会提供高效率、可追溯责任的一体化政务管理和服务，建立智慧型、服务型政府。

数字政务的智慧特征体现在信息智慧融合、身份信息智能验证、信息的智能加工和推送、信息的智能展示、政务的并联审批和协同处理、智能辅助决策、政务智能监控以及政务舆情智能管理等方面。

数字政务使政府与社会的融合更加紧密，促使社会治理由政府职能驱动转向社会公民驱动，由政府目标主导转向社会需求主导。数字政务是贯彻国家信息化发展战略、提升政府执政能力及构建和谐社会的重要举措。

12.3 数字政务的作用

数字政务实质是将信息高效处置机制引入公共部门政务流程中，进而实现政务透明化、科学化与智能化。从形式上看，数字政务并未改变政府提供的公共服务，而是在大数据和互联网的支持下，使服务方式变得更加高效、便利和全面。

数字政务的具体作用主要表现在以下几个方面。

1. 明确政府职能，促进政务服务多元化

基于技术运用和创新的视角，数字政务是以提供完善的政府服务为中心，以社会治理的精细化为导向，以大数据和互联网为技术支撑的一种高级社会治理模式。数字政务不仅提高了政府的透明度，也明确了政务部门的职责。数字政务使得职能部门的分工更加科学和合理，解决了政府职能模糊不清的问题。此外，数字政务还可以及时发现并纠正职能部门设置中的问题，精简职能机构和人员，加强政府的自我管理，提高政务运行效率。

过去那种"一刀切"的公共服务方式已经不再适应时代的需求。人们将不再满足于政府提供的一般大众化服务，而更加个性化和多样化的政府服务需求将成为主流。因此，政务服务也需要变得更加灵活和多元化。与此同时，更加动态和灵活的政务监督也会促进数字政务的健康发展，形成一种社会治理的良性循环。

2. 对政务全面、客观和多元的监督

全面有效的政务监督一直是政府治理的关键，及时客观的公共服务评价是政府治理进步的有效动力。在一个健全的民主社会中，政务监督是必不可少的。公民理应是监督的主体。随着移动互联网和大数据的发展，公共服务的反馈和监督途径也变得更加分散和多元化。公民参与政务建设的机会和热情不断增加，社会治理朝着更包容和无边界的"泛在化服务"转变，个人利益与社会利益紧密结合，从而实现治理的"以人为本"。公共服务全面且具有针对性，反馈监督渠道及时且多样化，使政府在社会治理中更加尊重公民个人权利的主体性，实现社会治理的协商民主。

3. 加速政府职能的转变

现代化进程实际上是从传统社会向现代社会的过渡，现代社会的国家治理普遍弱化统治，突出管理和服务职能，在管理和服务中实现治理。数字政务将公共服务供给与选择关系转变为需求与回应以及主体之间的互动关系。公民和各种小型社会组织利用智能政务平台，以自组织的方式实现自我管理和服务，实现自治和共同治理的紧密结合，进

而使服务提供方与需求方实现动态无缝对接,让碎片化的政务需求可以得到极大满足。

随着信息技术特别是移动互联网的发展,个体之间的交往不再局限于面对面的形式,而更多地通过便捷的各类通信工具来完成。在日常生活中,公民可以随时随地发布公共服务需求,而这些服务需求也将从各种渠道多样化地得到满足。这时,社会的自治能力将得到最大限度的发挥,政府在形式上变得最小化,但在服务上又无所不在。政府的管理也将淡化"人治"的局面,加速由管理者向服务者的角色转变。

12.4 数字政务的模式

从数字政务的服务对象角度划分,数字政务的模式可分为四种:政府间数字政务(G2G)、政府与企事业间数字政务(G2B)、政府与公众间数字政务(G2C)以及政府与政府公务员间数字政务(G2E)。

1. 政府间数字政务:G2G 模式

政府与政府之间(Government to Government,G2G)的数字政务可分为外部数字政务和内部数字政务两大类。外部数字政务主要指上下级政府、不同地方政府、不同政府部门之间的数字政务;而内部数字政务涉及电子信息、电子办公、电子公文、电子财务、电子劳保福利、电子后勤等方面。我们重点关注政府间外部数字政务,其内容一般包括政务信息共享、数字化办公、数字化财政管理、数字化监督和评价等。

2. 政府与企事业间数字政务:G2B 模式

政府与企事业之间(Government to Business,G2B)的数字政务的主要内容包括数字化审批、数字化税务、数字化金融保险、数字化司法、数字化公共资源交易和数字化管理监督等。

3. 政府与公众间数字政务:G2C 模式

政府与公众之间(Government to Citizen,G2C)的数字政务涵盖了公众生活的各个方面。无论是从一个人的出生到死亡,还是从吃喝住行到从事的职业,从物质需求到精神需求,都可以通过政府获得相应的数字化服务。

4. 政府与政府公务员间数字政务:G2E 模式

政府与政府公务员之间(Government to Employee,G2E)的数字政务指的是政府与政府雇员之间的数字政务，主要通过互联网和数字政务系统，建立高效的行政办公和员工管理体系，以提高政府工作效率和公务员管理水平。G2E 数字政务是政府机构通过网络技术实现内部电子化管理的重要方式，也是 G2G、G2B 和 G2C 等数字政务模式的基础。

12.5 延伸阅读：浙江省"最多跑一次"改革

2017 年年初，浙江省政府工作报告中将"最多跑一次"改革列为首要的重点改革项目，以解决群众办事难为切入点，倒逼政府改革，提升政府治理现代化水平。

浙江省"最多跑一次"改革的具体做法主要包括：

（1）推进"最多跑一次"事项标准化全覆盖。全面梳理公布"最多跑一次"事项，按照主项名称、子项名称、适用依据、申请材料、办事流程、业务经办流程、办理时限和表单内容等"八统一"要求，梳理规范办事事项，整合优化权力运行业务流程。组织省级部门对同一层级多部门联办的"一件事"进行研究，制定统一规范的办事指南。

（2）推进"一窗受理、集成服务"。以"一窗受理、集成服务"作为推进"最多跑一次"改革的主抓手，将原来按部门职能分设的窗口整合为投资项目审批、商事登记、不动产交易登记、医保社保、公安服务等综合窗口，全力打造"前台综合受理、后台分类审批、综合窗口出件"的政务服务新模式，推进政务办事从"跑部门"转向"跑政府"，由部门"单打独斗"转变为"协同作战"。受办分离、集成服务有效实现了部门间业务协同，打破了部门固有的利益藩篱。

（3）推进"网上办、掌上办、一证办"。制定了《浙江省公共数据和电子政务管理办法》，打破部门信息垄断，实现数据共享，建设全省统一的政务服务网。全面开展办事事项数据需求梳理与数源确认，实现系统对接和数据共享。打通部门信息孤岛，建立完善个人综合库、法人综合库、信用信息库、电子证照库等数据库。

（4）推进投资审批、市场准入、民生服务等重点领域改革。按照减事项、减次数、减材料、减时间的要求，逐项编制标准化办事指南，推行一系列改革举措，开展减证便民行动，不断减少需要办事群众提供的证明。

（5）推进"最多跑一次"改革向事中事后监管延伸。建设 12345 统一政务咨询投诉举报平台，推进跨部门联合"双随机"抽查监管，落实执法监管"一次到位"机制。开发应用全省统一执法监管系统，提升智慧监管水平。加强智能监管和大数据监管，实现监管全过程"留痕"，防止权力滥用，减少腐败机会。

"最多跑一次"改革有许多创新亮点，主要包括：

（1）体现以人民为中心的理念。这项改革无论在名称、内容设定还是成效评估上，都将"用户体验"作为最终的评判标准。与其他行政审批制度改革、清单式管理等改革命名方式不同，这项改革的名称通俗易懂，从群众办事的角度命名，也是对群众的一种庄严承诺。

（2）推行政务服务新模式。"前台综合受理、后台分类审批、综合窗口出件"，打造市县乡村"四级联动"的政务服务体系。政府部门职能分工过细、各自为战、办公场所分散，是造成一件事跑多次的重要原因。以"一窗受理、集成服务"为主抓手推进"最多跑一次"改革，使群众只需进行政服务中心"一个门"、到综合窗口"一个窗"就能把"一件事"办成。同时还推进"一窗受理、集成服务"改革向基层延伸，加强乡镇（街道）便民服务平台和村（社区）代办点建设，实现政务服务"就近能办、同城通办、异地可办"。

（3）深入推进数字政务。以数据共享推动业务协同，制定了《浙江省公共数据和电子政务管理办法》，确立电子签名、电子证照等法律效力，确保网上办事于法有据。依托省、市、县、乡、村五级联动的浙江政务服务网，推进权力事项集中进驻、网上服务集中提供、政务信息集中公开、数据资源集中共享，做到"一网通办"，实现让数据多跑路、让群众少跑腿甚至不跑腿的目标。

（4）注重地方标准建设。把标准化作为基础工作和长效机制，先后制定了《政务办事"最多跑一次"工作规范》《浙江政务服务网电子文件存档信息包数据规范（试行）》等省级地方标准。认真总结推广实践中的好做法，并上升为制度性成果巩固下来。"最多跑一次"改革通过将改革成果制度化、标准化和规范化，保证了这项改革成果的持续运行和成效的巩固。

浙江"最多跑一次"改革得到党中央、国务院的高度肯定，促进了其他省份积极跟进。不少省份纷纷推出类似改革。如福建推行的"一趟不用跑"和"最多跑一趟"改革，江苏实行的"不见面审批"，湖北实施的审批服务"马上办网上办一次办"改革，天津实行的"一枚印章管审批"做法，广东推出的"一门式一网式"政务服务新模式，安徽组织的"最多跑一次"专项行动，山东实行的"零跑腿"和"只跑一次"改革等。

浙江省"最多跑一次"改革为什么能在这么短的时间内在全国范围内得到大规模的推广呢？究其根本原因在于，这项改革既契合了中央的政治理念和工作重点，又满足了群众和企业的迫切要求，合乎党心合乎民心。民间投资疲软、营商环境不佳、企业和群众办事难是各个省份普遍面临的重大问题，若不解决这些问题，经济难以发展，党群、干群关系难以得到改善。浙江省的改革在解决这些带有普遍性问题方面成效显著，企业和群众的满意度明显提高。群众的支持，赋予了这项改革很强的政治正当性，因此出现了浙江省改革在先，众多省份迅速跟进并快速创新扩散的良好局面。

（资料来源：浙江省人民政府网站 https://www.zj.gov.cn）

本章小结

本章主要介绍了数字政务的发展过程，分析了数字政务的内涵，阐述了数字政务的主要作用，介绍了数字政务的主要模式。

复习思考题

1. 试述政务发展过程。
2. 试述数字政务的内涵。
3. 结合身边的事例，谈谈数字政务有哪些主要模式。
4. 试述数字政务的主要作用。
5. 谈谈你对数字政务发展趋势的看法。

参考文献

[1] PURON-CID G, VILLASEÑOR-GARCÍA E A. Applying neural networks analysis to assess digital government evolution[J]. Government information quarterly, 2023,40(6): 101811.

[2] GASCO-HERNANDEZ M, NASI G, CUCCINIELLO M, et al. The role of organizational capacity to foster digital transformation in local governments: the case of three European smart cities[J]. Urban governance, 2022,2(2): 236-246.

[3] CHEN T, LIANG Z H, YI H T, et al. Responsive e-government in China: a way of gaining public support[J]. Government information quarterly, 2023,40(3): 101809.

[4] YANG X M, MEI H, ZHENG Y P. Understanding the antecedents of privacy fatigue in facial recognition-based m-Gov services: an empirical study from China[J]. Government information quarterly, 2023,40(4): 101827.

[5] 曹小勇，李思儒. 数字经济赋能公共服务 打造高质量民生保障 [J]. 中国经济评论，2022（5）：22-26.

[6] 卢珂，梁照鸿. 智慧政务服务的过程性整合分析 [J]. 中国行政管理，2022（3）：58-64.

[7] 江青. 数字中国：大数据与政府管理决策 [M]. 北京：中国人民大学出版社，2018.

[8] 马颜昕，李哲，袁强，等. 数字政府：变革与法治 [M]. 北京：中国人民大学出版社，2021.

[9] 申志伟，房秉毅. 电子政务云创新应用实践 [M]. 北京：人民邮电出版社，2019.

[10] 王晓燕. 地方政府电子政务内卷困境与数字治理[J]. 领导科学，2021（16）：121-124.

[11] 尹双红. 发展高效协同的数字政务 [N]. 人民日报，2023-04-06（5）.

[12] 张嘉斐，仝如琼. 我国数字政府建设的经验、短板与改革启示[J]. 领导科学，2023（1）：137-140.

[13] 张建锋，肖利华，许诗军. 数智化：数字政府、数字经济与数字社会大融合[M]. 北京：电子工业出版社，2022.

[14] 张建光. 智慧政务：数字政府发展的新生态[M]. 北京：电子工业出版社，2019.

[15] 周玄. 论"智慧政务"与"数字政府"的互动关系[J]. 中国管理信息化，2021，24（19）：162-164.

第 13 章 数字城市

学习要求

- 理解数字城市的内涵
- 了解数字城市的组成部分
- 了解数字城市的发展阶段
- 理解数字城市的特征
- 了解数字城市的主要作用
- 了解数字城市的主要模式

引例

上海打造数字孪生城市

城市数字化的全方位赋能，令上海城市治理发生结构性转变，重塑了城市运行机制，推动更大范围的线上线下协同，推动宏观资源和微观需求更精准匹配，推动精准治理和多方主体交互，以及更智慧的预警预判。在这个过程中，受益的是企业和群众，数字生活不断得到提升和改善。而数字产业因为企业被激发了更多活力，被赋予了更多的应用场景和探索空间，企业潜能与活力也在数字治理过程当中不断彰显和释放。

在物理城市当中所有的人、物、事件、建筑、道路、设施等都在数字世界当中形成了虚拟影像，信息可见、轨迹可寻、状态可查、虚实同步、情景交融；过去可追溯，未来可预期，虚拟服务现实，仿真支撑决策。

充分应用 AI、互联网等数字化、智能化技术，将上海打造成为完整的数字孪生城市，实现"感知一栋楼，连接一条街，智能一个区，温暖一座城"的美好愿景。

13.1 数字城市的内涵

1. 数字城市的定义

数字城市是运用信息技术手段感知、分析和整合城市运行核心系统的关键信息,智能地响应包括民生、环保、公共安全、城市服务和工商业活动等各种需求。其实质是利用先进的信息技术实现城市的智能化管理和运行,从而为城市居民创造更美好的生活,促进城市的和谐与可持续发展。

2. 数字城市的组成部分

数字城市构架应以网络信息技术为支撑,主要有智慧产业、智慧民生和智慧管理三大应用领域。

智慧产业包括智慧农业、智慧制造、智慧建筑、智慧物流、智慧商务、智慧旅游、智慧传媒、智慧金融等,主要涉及数字城市的经济领域。

智慧民生包括智能家居、智慧健康、智慧教育、智慧购物、智慧交通、智慧环保等,大都涉及基础设施与公共服务,属于数字城市的生活领域。

智慧管理包括智慧规划、智慧政务、智慧监测、智慧决策、智慧社区,这些主要与城市治理有关,是数字城市的"中枢神经",体现了数字城市的发展程度。

通过对数字城市各个组成要素的具体进展进行评估,可以了解数字城市的发展状况,并找出薄弱环节,有针对性地加强建设。

3. 数字城市的发展阶段

数字城市的核心特征是以人类智慧为驱动的城市发展。一般认为,数字城市的发展经历了四个阶段:信息化、网络化、智能化和智慧化。

在建设数字城市的过程中,第一阶段是推进信息化,即将我们生活的世界通过信息表述出来。第二阶段是通过互联网将信息化的城市组成部分相互连接,实现网络化,如电子商务、电子政务等。第三阶段是在网络传输的基础上实现局部智能反应与调控,如智能收费、智能交通、智能工厂等。第四阶段是万物互联,城市各部分功能在人类智慧的驱使下优化运行,实现城市的智慧化。这四个阶段不是截然分开的,后一阶段的实现以前一阶段为基础。

13.2 数字城市的特征

1. 全面透彻的感知

通过传感技术，实现对城市管理各方面的监测和全面感知。数字城市利用各类感知设备和智能化系统，智能地识别、多维度地感知城市环境、状态、位置等信息的全方位变化，对感知数据进行融合、分析和处理，并能与业务流程智能化集成，进而主动做出响应，促进城市各个关键系统的和谐高效运行。

2. 宽带泛在的互联

各类宽带有线、无线网络技术的发展为城市中物与物、人与物、人与人的全面互联、互通、互动提供了基础条件，从而满足城市各类随时、随地的应用需求。宽带泛在网络作为数字城市的"神经网络"，极大地增强了数字城市作为自适应系统的信息获取、实时反馈和随时随地提供智能服务的能力。

3. 智能融合的应用

现代城市及其管理是一类开放的复杂巨系统，而新一代全面感知技术的应用更增加了城市的海量数据。通过智能融合技术的应用，数字城市基于云计算，能够实现对海量数据的存储、计算和分析，并引入综合集成法，通过人的智慧参与，大大提升决策支持的能力。基于云计算平台的智能融合工程将成为数字城市的"大脑"。技术的融合与发展还将进一步推动"云"与"端"的结合，推动个人通信、个人计算向个人制造发展，促进智能融合随时、随地、随需、随意的应用，进一步彰显个人参与和用户的力量。

4. 以人为本的可持续创新

面向知识社会的创新重塑了现代科技以人为本的内涵，也重新定义了创新理念下用户的角色、应用的价值、协同的内涵和大众的力量。数字城市的建设尤其注重以人为本、市民参与、社会协同的开放创新空间的塑造以及公共价值与独特价值的创造。注重从市民需求出发，汇聚公众智慧，不断推动用户创新、开放创新、大众创新、协同创新，以人为本，实现经济、社会和环境的可持续发展。

13.3 数字城市的作用

数字城市以互联网、云计算、物联网、3S（RS 遥感、GPS 全球定位系统、GIS 地理信息系统）等新一代信息技术为支撑，致力于城市发展的智慧化，使城市具有智慧感知、反应、调控的能力，实现城市的可持续发展。

数字城市行动正成为"智慧地球"从理念到实际、落地中国的现实举措。在中国经济和城市化加速发展的进程中，数字城市有助于打造符合中国特色的城市信息化样本，探索未来中国城市发展的方向。

1. 提升城市管理的整体效率

数字城市主要以智能化、互联网、协同发展为主要特征，通过发展成熟的物联网技术，对城市各个方面的资源信息进行搜集、整理与分析，以更好地服务保障城市的发展，促进人民生活水平的提升。在信息化时代，通过充分运用数字化等技术，将零散的管理条块整合成一个复杂、智能化的全面协作体系，从而提升城市管理的整体效率，使城市发展更加智慧和谐，实现多方共赢的局面。

2. 促进新的产业体系发展

数字城市的建设会在很大程度上促进互联网、大数据、物联网等高科技的发展，物联网是其中最典型的例子。物联网的兴起具有鲜明的时代特征，其发展直接推动了诸如RFID及传感器、海量数据处理等多个产业的蓬勃发展，进而推动了全球通信和信息产业的壮大，通过一系列的连锁反应，促进了全球经济的发展，并催生了更多的新兴产业。

3. 带来更加便捷的生活享受

数字城市的发展间接地改变了人们的生活方式。数字城市体系通过物联网平台为人们提供了更加方便的衣食住行等生活条件。此外，在城市治安的维护方面，数字城市也发挥了积极的作用，提供了坚实的技术保障。随着城市车辆的增加，人们也在研究如何通过智能化的城市管理系统来调控交通拥堵。可以预见，在未来城市的发展中，数字城市将引入越来越多的信息化科技元素，为我们的生活带来更多的便捷。

13.4 数字城市的模式

1. 政府独自投资建网

政府进行投资并负责网络的建设和维护。政府可以将设计、建设和运营等任务外包给专业公司。在这种模式下，政府对工程的控制和运营的监管更加深入，但需要承担建设费用和相应的风险。

2. 政府投资，委托运营商建网

政府主导并承担主要的投资，而运营商提供相关支持，例如可以利用运营商已有的骨干网络，并由运营商负责网络的运营和维护，政府给予一定的补贴。

3. 政府指导，运营商投资建网运营

在市场培育阶段，政府提供相关的扶持和鼓励政策，运营商利用已有的网络、技术和产品等优势条件进行建设。在这种模式下，运营商通过灵活配置投资和收益模式来实现政府监管与企业运营的平衡。运营商获得产品规划和发展的控制权，更有效地利用设备资源来增加客户黏性。不过，运营商在选择合作伙伴时需要更加周密地考量和协商，因为考虑不周会增加商务风险和投资回收期。

4. 政府牵头，运营商建网的 BOT 模式

在这种模式下，政府主导网络建设，并支付少量规划咨询费用，而运营商负责资金投入和实际建设工作，并获得一定期限的专营权。专营权到期后，移交给政府。政府在这个模式中承担的投资风险较小，主要由运营商承担。然而，这种模式难以充分调动运营商进行投资建设和发展的积极性。

5. 运营商独立投资建网经营

在这种模式中，完全由运营商提供资金并进行网络建设，政府对网络建设的话语权较小，仅提供有限的基础设施或政策支持。政府不承担投资和风险，而运营商可以利用其现有的网络、客户资源、运营经验、人才和资金优势进行建设与运营。这种模式的最大问题在于政府对网络的监管难以深入进行。

13.5 延伸阅读：数字雄安

1. 数字化——数字城市的基础

数字城市的提法比智慧城市早很多年出现，本意是指对城市时空信息的数字化描述，包括 GIS、BIM（建筑信息模型）等技术。而随着物联网和大数据技术的发展，在进行城市基础设施和实体空间建设的同时，城市将先实现数字化，随之而来的是城市全面的智慧化。数字城市不再仅仅是传统的二、三维图样和模型，它还融合了来自互联网和物联网的多维度实时数据，全面描述了城市的运行状态。

雄安的规划纲要中多次提到"数字城市",清晰认识到了数字城市的正确发展阶段,并明确指出了数字城市建设工作重点。

2. 产业驱动数字城市

围绕建设数字城市,雄安提出重点发展下一代通信网络、物联网、大数据、云计算、人工智能、工业互联网、网络安全等信息技术产业。接轨国际,发展金融服务、科创服务、商务服务、智慧物流、现代供应链、数字规划、数字创意、智慧教育、智慧医疗等现代服务业,促进制造业和服务业深度融合。

可以看到,整个重点发展的高新产业体系都是围绕着数字城市和数字城市建设展开的。数字经济占城市地区生产总值比重要求超过80%(目前占全国GDP的30%左右),这是一个极难达到的目标,但从中我们可以看到雄安以高新产业作为其主打特色的决心。数字城市建设本身包括了完整的信息技术软硬件产业链,而基于大数据的城市运营机制,又产生了大量的新兴服务业形态。可以确定的是,在线上流量逐渐饱和的今天,线下还有无数的产品和场景等待着被数据化改造,这一改造的过程也就提供了大量的产业机会。

3. 实时感知的城市大数据

雄安提出了建设与城市基础设施同步的感知设施系统,形成集约化、多功能的监测体系,打造城市全覆盖的数字化标识体系,构建城市物联网统一开放平台,实现感知设备的统一接入、集中管理、远程调控以及数据共享与发布。要求大数据在城市精细化治理和应急管理中的贡献率超过90%,为实现这一目标,需要具备对城市中几乎所有事件进行动态监测和实时感知的能力。

一体化的数据采集物联网是数字雄安最重要的基础设施。它可以从根本上解决多维数据采集和多部门数据汇聚的问题,实现包括环境、气象、噪声、积水、视频、人车流量、速度等完整的城市运行数据的同步采集。通过机器学习乃至深度学习进行城市发展预测和决策支持,其前提是长期海量的数据采集和标注,对各种城市事件的数据建模。城市大脑不会凭空出现,必须尽早开始数据采集和分析,以提供足够的数据积累作为数字城市的基础材料。

4. 数据集成与汇聚平台

雄安提出搭建云计算、边缘计算等多元普惠计算设施平台,以实现城市数据交换和预警推演的毫秒级响应能力。通过这个平台,打造汇聚城市数据和统筹管理运营的智能城市信息管理中枢,对城市全局实时分析,实现公共资源智能化配置。

由于城市数据是十分丰富而复杂的，其多源异构属性远超常见的数据架构，其中最核心的特征就是时空属性。在城市和建筑数据领域，GIS（地理信息系统）和 BIM（建筑信息模型）已经成为具备很高成熟度的行业平台，融合二者优势的 CIM（City Information Modeling，城市信息模型）越来越受到关注，也逐渐成为数字城市数据平台的基本原型。CIM 是以城市信息数据为基础建立的三维城市空间模型和城市信息的有机综合体。从范围上看，CIM 是"大场景的 GIS 数据 + 小场景的 BIM 数据 + 物联网"的有机结合。未来数字城市所依赖的相关技术主要围绕城市信息的采集和使用展开，而 CIM 正是为此而产生的城市信息模型。

CIM 城市信息模型系统的搭建，可以实现城市资源整合共享，数字城市的整体监管、智能协同、管理决策支撑等目标，成为数字城市的核心枢纽及数字城市的展示窗口。

5. 构建智能出行交通体系

道路和交通系统是城市的基本骨架，未来无人驾驶和共享出行等技术改变的不仅仅是出行本身，对城市空间结构也必然产生深远的影响。

雄安提出的智能交通体系框架以数据流程整合为核心，适应不同应用场景，以物联感应、移动互联、人工智能等技术为支撑，构建实时感知、瞬时响应、智能决策的新型智能交通体系框架。通过交通网、信息网、能源网"三网合一"，基于智能驾驶汽车等新型载运工具，实现车车、车路智能协同，提供一体化智能交通服务。推进智能驾驶运载工具的示范应用，发展需求响应型的定制化公共交通系统，智能生成线路，动态响应需求。建立数据驱动的智能化协同管控系统，探索智能驾驶运载工具的联网联控，采用交叉口通行权智能分配，保障系统运行安全，提升系统运行效率。

未来交通体系是以人及其出行目标为核心的一体化系统，以无人驾驶和共享出行交通工具为核心的 MAAS（出行即服务）模式会将多种交通方式通过数据逻辑耦合，并为市民提供集成化的出行服务。政府应该积极应对，在基础设施、示范项目、政策支持等方面予以扶持。

6. 绿色生态可持续的智能基础设施体系

雄安提出推广绿色低碳的生产生活方式和城市建设运营模式，使用先进环保节能材料和技术工艺标准进行城市建设，营造优质绿色市政环境，加强综合地下管廊建设，同步规划建设数字城市，筑牢绿色数字城市基础。结合数字城市建设，运用互联网、物联网融合技术，推进能源管理智慧化、能源服务精细化、能源利用高效化，打造新区智能能源系统，进一步提高能源安全保障水平，基础设施智慧化水平超过 90%。

以地下管廊为代表，包括应急防灾、能源供给在内的整个基础设施体系，均建立在全面感知和数据化运营基础之上，保证城市的高效运行和可持续发展。这个系统也是依靠全面覆盖的传感器网络、物联网平台和低功耗物联网体系建立的数据采集与控制能力来实现的。

总体而言，数字雄安可以说是一个数字城市规划的优秀范本。数字雄安的最大亮点在于用数字化方式完整地重新定义城市本身，用数据驱动整个城市的规划、设计、建设、运营、管理的各个方面。通过构建全域智能化环境，数字城市从一个虚无缥缈的目标，变成了城市发展的战略和手段，并无处不在地深深融入了城市的基因和血脉。

（资料来源：中国雄安 http://www.xiongan.gov.cn）

● 本章小结

本章主要介绍了数字城市的内涵，分析了数字城市的组成部分，介绍了数字城市的发展阶段，分析了数字城市的主要特征，阐述了数字城市的主要作用和主要模式。

● 复习思考题

1. 试述数字城市的内涵。
2. 试述数字城市的组成部分。
3. 结合身边的事例，谈谈数字城市有哪些主要特征。
4. 试述数字城市的主要作用。
5. 谈谈你对数字城市发展趋势的看法。

● 参考文献

[1] FLORES C C, REZENDE D A. Crowdsourcing framework applied to strategic digital city projects[J]. Journal of urban management, 2022, 11(4): 467-478.

[2] WHITE G, ZINK A, CODECÁ L, et al. A digital twin smart city for citizen feedback[J]. Cities, 2021, 110: 103064.

[3] WANG H, LI Y Y, LIN W F, et al. How does digital technology promote carbon emission reduction? empirical evidence based on e-commerce pilot city policy in China[J]. Journal of Environmental Management, 2022, 325: 116524.

[4] KALYNYCHENKO T, SMEPANOV A, SHMARLOUSKAY A H, et al. Harmonious interaction of a smart organization and a smart city to activate digital transformations[J]. Transportation research procedia, 2022, 63: 2243-2250.

[5] 冯奎，唐鹏，郭巍. 数字治理：中国城市视角[M]. 北京：电子工业出版社，2021.

[6] 高志华. 基于数字孪生的智慧城市建设发展研究 [J]. 中国信息化，2021（2）：99-100.

[7] ICT 新视界. 创新数字政府，点亮智慧城市 [J/OL].（2022-12-02）[2023-03-11]. https://e.huawei.com/cn/ict-insights/cn/ict_insights/ict31-digital-government.

[8] 刘志阳，陆亮亮. 包容性数字城市：内涵界定与全球比较 [J]. 全球城市研究：中英文，2022，3（1）：18-29；189.

[9] 涂子沛. 数文明：大数据如何重塑人类文明、商业形态和个人世界 [M]. 北京：中信出版社，2018.

[10] 王晓宁. 数字城市建设逻辑 [J]. 经济，2022（9）：32-35.

[11] 夏昊翔，王众托. 从系统视角对智慧城市的若干思考 [J]. 中国软科学，2017（7）：66-80.

[12] 谢玉荣，张玉辉. 关于数字城市建设模式的探讨 [J]. 中国信息化，2021（11）：102-103.

[13] 许竹青，骆艾荣. 数字城市的理念演化、主要类别及未来趋势研究 [J]. 中国科技论坛，2021（8）：101-107；144.

[14] 赵岩. 工业和信息化蓝皮书：数字经济发展报告：2021—2022[M]. 北京：社会科学文献出版社，2022.

[15] 周瑜，刘春成. 雄安新区建设数字孪生城市的逻辑与创新 [J]. 城市发展研究，2018，25（10）：60-67.

第 14 章　数字交通

学习要求

- 了解交通发展历程
- 理解数字交通的内涵
- 理解数字交通的特征
- 了解数字交通的主要作用
- 了解数字交通的主要模式

引例

TrafficGo 2.0 的成功秘诀是什么？

无论是长假出游季的人山车海，还是上下班高峰的水泄不通，交通治理的痛点一直萦绕在我们身边。

华为智慧交通解决方案 TrafficGo 2.0，以华为云 EI 交通智能体为核心，通过感知、认知、诊断、优化、评价五大服务闭环交通治理。

第一是全息数据融合的感知，让交通信息更"聪明"。华为支持电警、卡口过车记录、地磁、停车场、公交车 GPS、浮动车、GIS 地图、天气、运营商 OD、车联网等多源数据的融合，并对数据进行校准补齐，用数据构建出一个完整的数字化交通形态，真实地展现交通情况。有了全息数据的指导，红绿灯可以根据实时车流变化进行自我调节。

第二是全量数据认知，实时调节交通情况。在宏观掌握全网实时交通状态，中观观察区域交通情况，微观洞察交通瓶颈路口路段，识别交通供给能力和交通需求。通过感知交通流量，能依据即时交通状况对信号灯进行调整和调度，做到"灯看车，按车数放行"。

第三是多维 AI 诊断分析，路面巧治拥堵。依靠人工智能、大数据，做到定量的、科学化的自动分析，诊断出拥堵原因，提供优化建议。

第四是全时空优化治理，深度优化拥堵路况。根据诊断出的成因，对症下药。使用AI技术优化信号配时，更科学地为道路设计提供优化建议，如潮汐车道、可变车道等。

第五是精准可信的评价体系，让治理更科学。建立完善和精准可信的评价体系，让治理更科学。

TrafficGo 2.0 为什么这么厉害？其成功秘诀是什么？

TrafficGo 2.0 秉承华为"坚持把自己擅长的做好，把芯片、算法、操作系统、数据库做到极致，一点一点地把底座做好"的原则，坚持开放开源，为合作伙伴提供最肥沃的"黑土地"。从算法生态、数据生态、专家生态、业务生态四大层面联合客户和合作伙伴携手创新，共建开放、合作、共赢的产业生态，博采众长，百花齐放。

第一是 SDC 感知平台，SDC 支持云端算法加载，增强视频分析能力。

第二是 IEF 边缘计算平台，让路口具有智能计算的能力，实时处理事件检测的分析与扩展能力，提升了数据处理的实时性，完成对路口档案的精准刻画。

第三是 FusionData 数据平台，汇聚互联网和各类交通大数据，提供"采—存—算—管—用"全生命周期的数据处理服务，让数据"存得下、流得动、算得快、用得好"，帮助客户打通全域数据连接、建立统一的数据平台、提升实时数据服务能力，打造数据融合的"黑土地"。

第四是全栈全场景的 AI 平台，提供开发和管理平台、统一机器学习框架，并开放算法仓，共享 AI 开放平台能力，提高了处理性能，减少了业界成本。

第五是华为云平台，信号推理模型基于海量样本数据在华为云上持续进行"训练—仿真—预评估"循环，不断地迭代优化信号推理模型，让信号优化方案更准确。

TrafficGo 2.0 将以云计算、5G、AI、大数据等数字技术为代表的"算力"与交通业务深度融合，打造安全、效率、体验全面提升的智慧交通，是解决矛盾的关键。通过数字技术将参与交通运输的每一个人、每一件货物、每一个交通工具、每一个业务流程数字化汇入数据湖，进行智慧化管理，构筑智慧化大交通，实现交通行业从"运力"时代进入"算力"时代的转变。

14.1 交通发展概述

1. 传统交通系统

按照《辞海》(第七版)的定义，交通是指"各种运输和邮电通信的总称。即人和物的转运输送和信息的传递播送"。

在人流和物流的传统交通观念的指导下，世界各国发展交通系统的实践走过了一条漫长曲折的道路。从水运和公路运输开始，发展到包括铁路、管道和航空在内的立体交通系统，传统交通系统在最近几十年内取得了长足进步。在20世纪50年代和60年代，世界范围内交通运输业的年平均增长率高于国民生产总值的年平均增长率，也高于除工业部门之外其他部门的年平均增长率。

在过去，我国人流和物流的传统交通系统相对落后，严重制约了社会的正常运转。传统交通系统的发展不仅需要解决运输工具和手段生产的问题，还需要解决道路保障、停车空间、能源供应、环境保护、交通安全管理等问题。人多地少、资源短缺的基本国情决定了我国发展私人交通系统行不通，根本地解决交通问题的必然选择是发展公共交通系统。发展立体公共交通系统，并配套畅通的信息流交通系统，以满足我国不断增长的人流和物流传统交通需要。这种信息流交通系统的出现得益于新世纪计算机网络技术、成像技术、数据存储和人工智能等四大信息技术及其创造的电子信息产业带来的社会经济信息化。

2. 智能交通系统

随着社会经济的高速发展，汽车数量呈现爆发式增长，滞后的交通基础设施建设、交通服务手段建设和公众安全意识的不足导致交通拥堵、交通事故、环境污染等问题层出不穷。在此背景下，美国联邦公路局于1967年启动电子路径诱导系统的研究工作，欧洲和日本随后也相继开展相关研究。在之后的发展过程中，人们越来越多地将科学管理应用于实践，将交通运载工具、交通基础设施和交通参与者综合起来系统考虑，充分运用通信、信息、控制和传感等各类先进技术，建立起一种实时、精确且高效的交通运输管理体系——智能交通系统。

智能交通系统（Intelligent Transportation System，ITS）是将先进的信息技术、数据通信传输技术、电子传感技术、控制技术及计算机技术等有效地集成运用于整个交通管理系统而建立的一种在大范围内、全方位发挥作用的，实时、准确、高效的综合交通运输管理系统，由车辆控制系统、交通监控系统、车辆管理系统、旅行信息系统四个子系统组成。其显著特点在于以信息的收集、处理、发布、交换、分析和利用为主线，为交通参与者提供多样化的服务。

14.2 数字交通的内涵

1. 数字交通的定义

数字交通是在智能交通的基础上，在交通领域中充分运用物联网、云计算、互联网、人工智能、自动控制、移动互联网等技术，通过高新技术汇集交通信息，对交通管理、交通运输、公众出行等交通领域全方面以及交通建设管理全过程进行管控支撑，使交通系统在区域、城市甚至更大的时空范围内具备感知、互联、分析、预测、控制等能力，以充分保障交通安全、发挥交通基础设施效能、提升交通系统运行效率和管理水平，为通畅的公众出行和可持续的经济发展服务。

数字交通是在整个交通运输领域充分利用物联网、空间感知、云计算、移动互联网等新一代信息技术，综合运用交通科学、系统方法、人工智能、数据挖掘等理论与工具，以全面感知、深度融合、主动服务、科学决策为目标，通过建设实时的动态信息服务体系，深度挖掘交通运输相关数据，形成问题分析模型，进而实现行业资源配置优化能力、公共决策能力、行业管理能力、公众服务能力的提升，推动交通运输更安全、更高效、更便捷、更经济、更环保、更舒适地运行和发展，带动交通运输相关产业转型、升级。

数字交通系统以国家智能交通系统体系框架为指导，努力构建"高效、安全、环保、舒适、文明"的数字交通与运输体系，大幅度提高城市交通运输系统的管理水平和运行效率，为出行者提供全方位的交通信息服务和便利、高效、快捷、经济、安全、人性、智能的交通运输服务，为交通管理部门和相关企业提供及时、准确、全面和充分的信息支持与信息化决策支持。

2. 数字交通和智能交通的区别与联系

数字交通和智能交通都是在交通领域应用信息技术、传感技术和通信技术等多种技术的产物。它们在建设内容、关键技术和应用方向等方面存在一些共同点。然而，智能交通主要关注各类交通应用的信息化，而数字交通是智能交通在物联网、移动互联、无线通信网络和云计算等IT新技术产业发展环境下的新发展。数字交通不仅关注交通信息的采集和传递，更注重交通信息的分析和决策反应，以及将各种信息技术有效集成到交通运营管理中。它强调系统性、实时性、信息交流的交互性和服务的广泛性，追求系统功能的自动化和决策的智能化。

数字交通在智能交通发展的基础上，依据物联网技术，更加强调系统集成的智能性和协作的灵活性。在公众服务方面，数字交通更加强调服务内容的个性化以及服务模式的人性化和智能化，强调交通信息系统最大限度地与其他各类信息系统实现互联互通，进而催生全新的应用和服务，最终提高交通系统的运行效率，减少交通事故，降低环境污染，并为公众提供高效、安全、便捷和舒适的出行服务。

14.3 数字交通的特点

1. 全面感知互联网

全面感知互联网是数字交通系统的核心技术。在数字交通互联网中，通过不同的渠道将与道路相关的信息（如出行者、车辆、道路设备、道路状况、天气等）传输到通信网络中，实现信息的共享。

2. 以人为中心

以人为本是数字交通的基本原则和核心理念。数字交通是从人的角度出发来考虑和解决问题。通过人与设备共同交互的方式获取真实的道路信息，并利用大数据分析方法制定具有针对性的交通规则策略，实施个性化交通服务，帮助解决交通问题，从而优化交通结构，实现有效的以人为中心的新型交通系统。

3. 安全方便

数字交通通过综合性分析道路状况，及时为出行者提供真实、可靠、有效的交通信息数据；通过在车辆上安装智能系统，实现车辆之间的避撞和安全辅助驾驶等功能，确保人身安全；通过各种网络系统为出行者提供最佳行进路线和车辆状况信息，从而为出行者提供简便易懂的出行服务。

4. 绿色环保

数字交通系统可以在有限的道路交通资源下，通过科学智能的系统分析，以最少的能源运输货物和安排人的出行活动。此外，发展新能源车辆和电动汽车等数字交通工具可以减少汽车尾气的排放量，降低对环境的污染和能源的消耗。

14.4 数字交通的作用

1. 合理的交通资源配置

大数据在数字交通管理中的应用有助于合理配置公交、道路、停车场等交通资源，通过信息整合提高资源利用效率。同时，大数据可以显著提升城市数字交通的实时处理能力和实时监控能力，更好地分配交通网络中的时间和空间，有助于提高车辆配置和交通运行效率，特别是有助于缓解城市交通拥堵情况，从而改善城市交通资源分配不均的情况。

2. 提高城市和交通服务效率

提供安全、高效、便捷、舒适和环保的交通服务，提高城市交通的运营效率，是城市建设和交通管理的目标。通过数字交通系统为市民提供实时、准确、高效的交通信息服务，并结合城市功能整合全面的城市交通信息，合理配置和调控城市交通工具，方便公众出行，以满足市民日益增长的交通需求。

3. 优化城市环境

良好的交通状况不仅体现在交通的快捷、顺畅、舒适和安全等特征上，还与整个城市的环境友好和资源节约密切相关。随着城市化进程的加速，城市不断扩大，工业不断发展，人口持续增加导致交通资源紧缺，环境污染加大，严重影响着城市居民的生产和生活。交通运输业是能源资源消耗和温室气体排放的重要领域，城市交通低碳发展是实现数字城市健康发展的基础，城市数字交通技术在节能减排和绿色环保方面的进步可以有效减少资源浪费，响应低碳环保的要求。

4. 促进数字城市可持续发展

数字城市建设是继大规模实体基础设施投资之后的又一次城市的升级换代、产业结构升级和社会发展的重要契机。数字交通对数字城市未来发展具有积极影响，包括推动科技创新浪潮，提供更美好的城市生活，促进数字城市经济、社会和生态的可持续发展，以及促进数字城市的整体性、全面性和系统性发展等。

14.5 数字交通的模式

1. 专车模式

专车是指互联网约车平台提供的服务总称。它是一种合法运营的营运车辆，由打车平台和政府共同认证，乘客可以通过手机等移动设备预约和支付订单。顺风车和快车等都属于这种模式。专车模式不需要乘客签署复杂的租车合同，一般由专业司机为用户提供出行服务，交易简单，服务质量可以得到充分保障。

2. 一卡通模式

城市地面公交全国交通一卡通系统将所有地面公交线路和车辆的车载终端接入全国交通一卡通互联互通系统。符合交通运输部标准的异地互联互通卡可以用于所有公交车的车载终端。

3. 车联网模式

车联网（Internet of Vehicles）是由车辆位置、速度和路线等信息构成的庞大交互网络。车辆可以通过 GPS、RFID、传感器、摄像头图像处理等设备收集环境和状态信息。通过互联网技术，车辆的各种信息可以传输到中央处理器进行汇聚，然后对这些信息进行分析和处理，从而计算出不同车辆的最佳路线，并及时报告路况和安排信号灯周期。

14.6 延伸阅读：北京新一代数字交通管理体系

自 2017 年开始，北京的交通管理部门对原有的智能交通管理体系进行了重构，全面引入了大数据、云计算、人工智能等技术，以打造新一代的数字交通管理体系。

北京新一代数字交通管理体系包括："一云"，即交通管理警务云；"一中心"，即交通管理大数据中心；"三张网"，即公安网、互联网和感知网；五大综合应用，涵盖交通监测控制应用、指挥调度应用、信息服务应用、分析研判应用和警务综合应用。该体系致力于实现"大数据、可见可控、移动互联"的三位一体，全力打造信息化、智慧化和科技化的现代数字交通体系。

北京数字交通体系实现了公安网、感知网和互联网的三网融合互联互通，实现了道路、车辆、人员等全方位信息实时共享，为数字交通管理提供了高效安全的网络支撑。

（1）车路协同系统。车路协同系统采用先进的无线通信和新一代互联网等技术，实现了车辆之间以及车辆与道路之间的实时信息交互。通过全时空动态交通信息的采集和融合，车辆能够主动进行安全控制，道路管理能够与车辆协同，实现人车路的高效管理。这样的系统不仅保证了交通安全，还提高了通行效率，形成了安全、高效和环保的道路交通系统。

（2）多维发布体系。交管部门对本市原有的交通信息诱导发布系统进行重新布局，在强化交通流、互联网、手机等多源数据融合的基础上，生成旅行时间、交通预测预报等多样化交通信息。一方面通过传统方式发布，另一方面通过移动互联、车联网等现代方式对外发布，服务群众出行。

（3）移动警务终端。通过无线网络利用手机、PDA 或笔记本电脑等移动终端，实现对公安内部网警务信息的访问，从而完成警务执法工作的信息化手段。

（4）"绿波带"战略规划。所谓"绿波带"，是指在指定的交通线路上，当规定好路段的车速后，要求信号控制机根据路段距离，把车流所经过的各路口绿灯起始时间做相应的调整。这样做的目的是确保车流到达每个路口时，都能正好遇到"绿灯"，从而实现交通的连续畅通。

（资料来源：北京市交通委员会 http://jtw.beijing.gov.cn）

● 本章小结

本章主要介绍了交通发展历程，分析了数字交通的内涵，阐述了数字交通的主要特征，分析了数字交通的主要作用和主要模式。

● 复习思考题

1. 试述数字交通的内涵。
2. 结合身边的事例，谈谈数字交通有哪些主要特征。
3. 试述数字交通的主要作用。
4. 结合身边的事例，谈谈数字交通有哪些主要模式。
5. 谈谈你对数字交通与数字城市之间关联关系的看法。
6. 谈谈你对数字交通发展趋势的看法。

● 参考文献

[1] FENG H L, LV H B, LV Z H. Resilience towarded Digital Twins to improve the adaptability of transportation systems[J]. Transportation Research Part A: Policy and Practice, 2023, 173: 103686.

[2] KARTSAN P, MAVRIN S. The digital revolution of the transportation industry[J]. Transportation Research Procedia, 2023, 68: 116-119.

[3] SINGH P, ELMI Z, LAU Y Y, et al. Blockchain and AI technology convergence: applications in transportation systems[J]. Vehicular communications, 2022, 38: 100521.

[4] FOX S, GRIFFY-BROWN C. Transportation technology in society: technology in society briefing[J]. Technology in society, 2023, 72: 102188.

[5] 华为企业架构与变革管理部. 华为数字化转型之道[M]. 北京：机械工业出版社，2022.

[6] 华为云. 交通智能体 TrafficGo[EB/OL]. [2023-03-20]. https://www.huaweicloud.com/product/trafficgo.html.

[7] 彭中阳，王国钰. 大交通时代：行业数字化转型之道[M]. 北京：电子工业出版社，2022.

[8] 宋金龙，张金斗. 数字交通支撑智慧城市建设研究[J]. 智能城市，2022，8（6）：13-15.

[9] 汪场，杨雅舒. 图说《数字交通"十四五"发展规划》[J]. 交通建设与管理，2022（1）：26-31.

第 15 章　数字医疗

学习要求

- 了解医疗发展历程
- 理解数字医疗的内涵
- 了解数字医疗的组成部分
- 理解数字医疗的主要作用
- 了解数字医疗的主要模式

引例

ChatGPT 做心理健康咨询的利与弊

利：

可获得即时支持：人们可能会在他们有急迫需求的时候访问 ChatGPT，对于那些可能不想等待预约或是在遥远地区的人们，这可能是很有帮助的。

匿名性：使用 AI 咨询可能会减少对讨论个人问题的羞耻感和焦虑感，因为用户知道他们在与机器交谈，而不是与真人。

无休止的耐心：作为 AI，ChatGPT 不会感到疲倦或受情绪影响，它可以在任何时候提供同样的关注和支持。

一致性：AI 可以提供一致的反馈和支持，不会受到情绪波动或人为偏见的影响。

弊：

无法理解人类的所有情感和情绪复杂性：尽管 AI 已经在理解和模拟人类情感方面取得了一定的进步，但它们还远远无法达到人类的水平。这可能会导致 AI 在理解和应对某些复杂的心理健康问题时出现困难。

缺乏人文关怀：AI 缺乏真正的同情和理解，这是心理咨询中的关键元素。

难以处理危急情况：对于那些可能处于自杀或其他危急情况的人，AI 可能无法提供必要的帮助。在这些情况下，人们需要及时找到专业的人类援助。

数据隐私：虽然大多数 AI 工具都承诺保护用户的数据，但在提供心理咨询服务时，可能会涉及非常敏感的个人信息，因此保护这些数据的隐私至关重要。

所以，虽然 ChatGPT 可以作为心理健康咨询的补充工具，但它不能替代专业的心理咨询师。如果你或其他人正在经历心理健康问题，建议寻求专业的心理健康服务。

以上是作者向 ChatGPT 提问得到的回答。

15.1 医疗发展概述

医疗行业的发展可以分为三个阶段，即传统医疗模式、移动医疗模式和互联网医疗模式。

1. 传统医疗

在传统医疗模式下，患者就医的流程通常包括预约挂号、排队、诊断、治疗和复查。这种方式存在一些问题：一是优质医疗资源过度集中，导致医疗卫生资源的分配不均衡；二是分级诊疗实施效率低下；三是过度依赖药物来维持医疗体系，以药养医积重难返；四是医疗系统存在系统性风险；五是医院、医生和患者之间关系痛点比较多。

2. 移动医疗

移动医疗指的是利用移动通信技术，例如平板电脑、移动电话和卫星通信等提供医疗服务与信息。以基于移动终端系统的医疗健康类应用为主要形式，移动医疗为发展中国家的医疗卫生服务提供了一种有效的方法，在医疗资源匮乏的情况下，通过移动医疗可以解决一些医疗中存在的问题。

3. 互联网医疗

随着互联网、云计算、物联网、大数据等信息化技术的相继成熟，互联网医疗在医疗资源重塑方面具备了一定的条件和能力，在重构医疗秩序方面发挥了巨大的作用。

互联网医疗是互联网在医疗行业的新应用，包括以互联网为载体和技术手段的健康教育、医疗信息查询、电子健康档案、疾病风险评估、在线疾病咨询、电子处方、远程会诊以及远程治疗和康复等多种形式的健康医疗服务。

互联网医疗代表了医疗行业新的发展方向，有利于解决医疗资源不平衡和人们日益增加的医疗健康需求之间的矛盾。因此，它是国家积极引导和支持的医疗发展模式。

15.2 数字医疗的内涵

1. 数字医疗的概念

数字医疗是在生命科学和信息技术迅速发展的基础上提出的，是一种以患者数据为中心的医疗服务模式。它融合新型传感器、物联网、通信等技术，结合现代医学理念，构建以电子健康档案为核心的医疗信息平台。通过整合医院之间的业务流程、优化医疗资源，数字医疗实现了跨医疗机构的在线预约和双向转诊，缩短了病患就诊流程，简化了相关手续，实现了医疗资源的合理分配，真正实现了以病人为中心。

2. 数字医疗的组成

数字医疗由三部分组成，分别为数字医院系统、区域卫生系统和家庭健康系统。

（1）在数字医院系统中，医生工作站是核心，其主要工作是收集、存储、传输、处理和提取患者健康状况与医疗信息。医生工作站是一个提供门诊和住院诊疗接诊、检查、诊断、治疗、开方、医嘱、病程记录、会诊、转科、手术、出院、病案生成等医疗过程的工作平台。

（2）区域卫生系统是指按照区域卫生规划要求和属地管理原则，在地（市）建立区域公共卫生信息网络平台的基础上，形成区域内各级卫生行政部门和各级、各类医疗卫生机构有效的网络连接，实现信息的横向流动。该系统包括电子政务、医保互通、社区服务、网络转诊、居民健康档案、远程医疗、网络健康教育和咨询等功能。

（3）家庭健康系统是最贴近市民的健康保障系统，包括针对行动不便，无法送往医院进行救治病患的视讯医疗，对慢性病以及老幼病患远程的照护，对智障、残疾、传染病等特殊人群的健康监测，还包括自动提示用药时间、服用禁忌、剩余药量等智能服务功能。

15.3 数字医疗的作用

1. 对患者

数字医疗的核心就是"以患者为中心"。患者通过数字医疗可以在较短的时间内接受全面、专业、个性化、安全、便捷、优质的诊疗服务，并支付基本的医疗费用。这从根本上解决了"看病难、看病贵"等问题，真正实现了"人人健康，健康人人"。

（1）网上挂号方便患者就诊。在现代信息时代，越来越多的市民喜欢上网络生活，看病也不例外。许多医院都为解决患者的"挂号难"问题开设了"网上挂号"服务。

在过去，患者需要亲自前往医院进行挂号和排队等候，耗费大量精力和时间。而且很多时候，患者并不清楚应该去医院的哪个科室就诊，这经常导致患者盲目就医，甚至导致疾病的加重和恶化。而现在，网上预约挂号的出现为患者带来了就诊的便利，避免了在医院里的奔波和等待，做到了更快地帮助患者摆脱痛苦。

（2）规范网络咨询问诊。随着信息技术的快速普及，"网上问诊"应运而生。许多网民应对病痛时，根据出现的症状在网上搜索病症和病因，几乎所有人都足不出户做过"自我诊疗"，先是到网上询问，之后再确定是否到医院诊治。专业健康网站如雨后春笋般涌现，提供网络咨询和视频问诊服务，解决了许多人面临的"看病难"的问题。

许多城市都着力打造远程医疗网络，通过一根网线拉近大城市三甲医院和偏远山村的距离，让更多的老百姓可以放心就诊。远程医疗的出现，就好比搭建了一座跨地区医疗救援的超级"生命桥"，让患者无论身处何地，都能享受知名医院的优质医疗资源。

（3）方便患者辨别药品真伪。有些假药可能与正品在外观上非常相似，这让患者难以辨识。通过扫描药品外包装盒上的药品电子监管条形码，可以自动连接到数据库查询药品电子监管码，从而自动显示药品的相关信息，以确定购买的药品是否为真品。市民还可以获取药品的相关流向信息，了解药品的流通渠道，从而获得正规药品更全面的信息。

（4）完善养老体系。数字化养老是通过利用互联网、移动通信网和物联网等技术手段建立系统服务与互动平台，整合公共服务资源和社会服务资源，以满足老年人在安全看护、医疗健康管理、生活照料、休闲娱乐、亲情关爱等方面的养老需求。这为广大老年群体提供了一种新型的养老解决方案。

2. 对医护等工作人员

数字医疗系统通过快速、完善的数字信息系统，实现了医护工作的无纸化、智能化和高效化。这不仅减轻了医护人员的工作负担，还提高了诊疗速度和精确性。同时，数字医疗系统还提高了医护人员的绩效，从而调动了医护人员的工作积极性。

此外，数字医疗系统通过实时审核医护人员的全流程操作，根据患者的病理特征进行监控，减少了医疗差错和医疗事故的发生。例如，当系统中显示患者危险值时，系统可发出即时提醒或远程报警，确保医护人员能够在第一时间采取必要的抢救措施。系统还可以实施医生权限控制，防止抗生素滥用等问题的发生，确保整个治疗过程的安全可靠性。

3. 对医疗机构

数字医疗系统消除了医疗服务中的重复环节，降低了医院的运营成本，同时提高了运营效率和监管效率。通过信息交换平台，医疗机构能够实时访问疾病数据。通过分析这些数据不仅能够提升医疗机构的医疗水平，增加良好的品牌影响力，还能够预测和分析健康风险。此外，这些系统为医疗机构节省了更多时间，以应对可能出现的灾难性疾病暴发。

数字医疗系统是一个数据量庞大，数据类型复杂的实时系统。由于医院业务的特殊性，任何人为或自然因素所导致的应用或系统中断，都会造成医院巨大的经济损失、声誉损害和严重的法律后果。所以，医院的业务运转和发展对数字医疗系统的持续稳定运行提出了非常苛刻的要求。

数字医疗系统根据数据的类型，自动将不同生命周期阶段的数据存放在最合适的存储设备上。它采用集中、整合的方式统一构建医院信息系统需要的存储资源，并具备自动纠错功能。当风险发生时，它能够自我修复和自动重建，以确保患者数据在多个站点间的可访问性、可靠性和安全性。

15.4 数字医疗的模式

1. 移动医院

移动医院主要提供移动医疗服务。移动医疗是指医务工作者通过手机上网查看海量的资料和病例报告，进而对患者进行诊疗。由于其明显优于传统的医疗方式，因而逐步得到了医务工作者的认可。

患者就医可以依靠智能手机和网络平台来获取相关的信息。与传统的医疗模式相比，手机更易于将注意力集中在个人的病情发展和人群的健康状况上。基于患者对移动医疗的信任，以"远程问诊＋电子处方＋实体药店"的模式，搭建一个让患者、医师、药店、药师和监管部门安全用药的平台，使在线问诊、电子处方、处方药购买、药品配送到家形成完整闭环，从而可以为患者提供专业的慢病管理和药事服务。

对于有复诊续方需求的慢病患者来说，完全不需要一定去医院或找医院的医生复诊配药，通过移动医院患者可以选择向自由执业医生或药店的坐堂医生进行复诊续方，并且如需购药还可以享受药品配送到家服务。线上问诊不是特殊时期的特殊现象，而是未来发展的必然趋势。

移动医院服务向跨区域、智能化、自助化的方向发展，极大地简化了看病流程，让患者能够找到合适的医生，让医疗资源能够覆盖更多的人群。

2. 数字医院

数字医院通过新兴技术实现数据无缝流动，让数据随着需求的变化而自由传输，从而优化服务模式。数字医院围绕数据中心，利用计算机技术、通信技术和物联网技术等实现了患者所有临床资料的一体化浏览和智能提醒，及时、有效和准确地传递医疗信息，突破了时间和空间的限制，有效降低了医疗差错。此外，数字医院通过综合远程医疗平台，集成了远程影像、远程超声、远程病理等功能，支持远程指导超声技术、远程阅片和出诊断报告等。通过这个平台，医生、患者和设备可以保持在原地，通过数据的流动实现患者的诊治或教学服务。过去"封闭式"的医院转变为开放的信息枢纽，实现了远距离的"面对面"诊疗和交流。

15.5 延伸阅读：乌镇互联网医院

乌镇互联网医院是全国首家互联网医院，是桐乡市政府和微医集团响应党中央和国务院大力倡导的"互联网+医疗"改革精神，在乌镇互联网创新发展试验区创建的"全国互联网分级诊疗创新平台"，它致力于通过互联网信息技术连接全国医院、医生和患者，优化医疗资源配置，提升医疗服务体系效率，打造专业的互联网分级诊疗平台，助力健康中国梦的实现。

1. 乌镇互联网医院的服务模式——分级诊疗模式

（1）线下初诊。患者可以利用 App 进行预约挂号，依据病情优先的原则为患者匹配对症专家，并让其在相应的医疗机构（各级医院、第三方检查机构、社区服务中心）接受检查、检验、面诊、住院、手术等治疗。在患者授权的情况下，医院可以获取其电子病历。通过充分发挥微医集团专家资源和分诊团队的专业优势，直击医患信息不对称的"择医"痛点，实现医患之间的精准匹配。

（2）远程复诊。乌镇互联网医院通过应用电子病历共享、远程高清音视频通信等技术，为复诊患者（主要是常见病和慢性病患者）提供在线复诊和远程会诊服务。患者无须亲自前往医院与医生面对面，足不出户就能够在家享受病情诊断、处方开具和在线医嘱等一系列医疗服务。

（3）药品配送。乌镇互联网医院以医院实体药房线上延伸的方式，为全国各地区老百姓提供药品配送和药事服务。

（4）专家远程会诊。基层医生可以通过电子病历共享和音视频通话等方式与上级医院的专家进行远程会诊，并由上级医院专家提供诊疗建议。

（5）双向转诊。通过互联网分级诊疗平台交换、共享、整合、服务和管理相关数据与病例数据，实现各级医院、公共卫生机构和社区卫生服务中心之间的双向转诊。

2. 乌镇互联网医院的优势和劣势

乌镇互联网医院的优势在于其资源雄厚和系统完善。乌镇互联网医院依托微医集团与全国众多重点医院建立了信息系统的深度连接，汇聚几十万名医生资源，面向全国患者提供线上服务。乌镇互联网医院在原国家卫生和计划生育委员会及原食品药品监督管理总局指导下，自主研发了互联网医院的远程诊疗系统、电子处方与在线医嘱系统、处方审核系统、电子病历系统和结算系统（含医保、商保、自费）等支持系统，这些系统功能完善，充分保障了医疗质量和患者安全。

乌镇互联网医院的劣势在于医疗资源配置不均衡和竞争激烈。大医院的垄断客观存在，大量患者集中就诊于三甲医院，并不能从根本上解决问题，反而可能导致医院超负荷接待。随着生活水平的提高，人们对健康的关注度不断增加，习惯于无论是大病还是小病都去三甲医院就诊，造成医疗资源的浪费，并且双向转诊不易实现。根据不完全统计，市场上的互联网医疗手机软件已接近2000款，网络医院在某些地区也逐渐兴起，数字医疗行业面临着激烈竞争。

3. 乌镇互联网医院发展建议

长期存在的"看病难、看病贵"问题迟迟得不到解决，甚至呈现出愈演愈烈之势，使人们对数字医疗寄予了很高的期望。国家制订的"互联网+"发展计划，为互联网医院的发展提供了良好的政策环境。因此，乌镇互联网医院需要抓住机遇，发展自身的医疗实力，吸引更多自由执业的医生，帮助他们摆脱原有体制的限制，促进医疗改革的进行。同时要加强信息安全建设，实现互联网医院的远程诊疗系统、电子处方与在线医嘱系统、处方审核系统、电子病历系统和结算系统等功能，并确保数字医疗系统的安全可靠。

（资料来源：数字医院网站 https://wu.guahao.com）

● 本章小结

本章主要介绍了医疗发展历程，分析了数字医疗的内涵，讨论了数字医疗的主要组成部分，阐述了数字医疗的主要作用和主要模式。

● 复习思考题

1. 试述数字医疗的内涵。
2. 试述数字医疗的组成部分。
3. 试述数字医疗的主要作用。
4. 结合身边的事例，谈谈数字医疗有哪些主要模式。
5. 谈谈你对数字医疗发展趋势的看法。

参考文献

[1] PANAGOPOULOS A, MINSSEN T, SIDERI K, et al. Incentivizing the sharing of healthcare data in the AI Era[J]. Computer Law & Security Review, 2022, 45: 105670.

[2] GJELLEBAEK C, SVENSSON A, BJØRKQUIST C, et al. Management challenges for future digitalization of healthcare services[J]. Futures, 2020, 124: 102636.

[3] CARBONI C, WEHRENS R, VAN DER VEEN R, et al. Conceptualizing the digitalization of healthcare work: a metaphor-based critical interpretive synthesis[J]. Social Science & Medicine, 2022, 292: 114572.

[4] STEPHANIE L, SHARMA R S. Digital health eco-systems: an epochal review of practice-oriented research[J]. International Journal of Information Management, 2020, 53: 102032.

[5] HAENSSGEN M J. The struggle for digital inclusion: phones, healthcare, and marginalisation in rural India[J]. World Development, 2018, 104: 358-374.

[6] DA ROSA V M, SAURIN T A, TORTORELLA G L, et al. Digital technologies: an exploratory study of their role in the resilience of healthcare services[J]. Applied Ergonomics, 2021, 97: 103517.

[7] SHARMA R, KSHETRI N. Digital healthcare: historical development, applications, and future research directions[J]. International Journal of Information Management, 2020, 53: 102105.

[8] HE Z C. When data protection norms meet digital health technology: China's regulatory approaches to health data protection[J]. Computer Law & Security Review, 2022, 47: 105758.

[9] 曹艳林，张可，易敏，等 . 数字时代的医疗数字化与数字医疗 [J]. 卫生软科学，2022，36（10）：80-85.

[10] 陈金雄，王海林 . 迈向智能医疗：重构数字化医院理论体系 [M]. 北京：电子工业出版社，2014.

[11] 关欣，刘兰茹，朱虹，等 . 美国远程医疗对我国创新实践的启示 [J]. 中国卫生事业管理，2019，36（8）：565-568.

[12] 瓦赫特 . 数字医疗 [M]. 郑杰，译 . 北京：中国人民大学出版社，2018.

[13] 李旭东，李阳 . 国内外数字医疗产业模式实践进展：对比分析的视角 [J]. 工业技术经济，2020，39（7）：124-130.

[14] 姚恒美 . 全球数字疗法发展态势研究 [J]. 竞争情报，2022，18（2）：57-63.

[15] 翟运开，陈保站，蒋帅，等 . 智慧医院：技术创新和产业生态构建 [M]. 北京：机械工业出版社，2022.

第 16 章　数字教育

学习要求

- 了解数字教育发展历程
- 理解数字教育的内涵
- 了解数字教育的特征
- 理解数字教育的主要作用
- 了解数字教育的主要模式

引例

杭州十一中"智慧课堂行为管理系统"引争议

2018年，杭州第十一中学引入一套"智慧课堂行为管理系统"，通过安装在教室里的组合摄像头，收集学生的课堂表现，包括阅读、书写、听讲、起立、举手和趴桌子6种行为，以及害怕、高兴、反感、难过、惊讶、愤怒和中性等数种表情，进而通过大数据分析，计算课堂实时考勤、行为记录等数据，以此来考评课堂效果。

然而，此消息一经报道，就引发了教育圈的热议，有支持者，也有反对者。

持反对观点者认为：

第一，对教师来说，在教室里装上了"天眼"。如此一来，教师的一言一行就完全暴露在了领导的眼皮底下。学校在教室装"天眼"只有一种目的，那就是对教师不放心不相信，完全把教师当成监管对象看待，甚至是当成犯人对待。如果说一定要安装"天眼"，那最需要安装的地方一定是校长室！

第二，对学生来说，这是对技术的滥用，不但侵犯学生的隐私，还影响学生的人格健康发展，是反教育的行为。这是把学生变为听话的学习工具，而不是有血有肉的鲜活个体。

第三，对教学来说，在人工智能时代，机器人可以辅助教师教学，但教学互动还得由教师和学生自主完成。通过信息技术监控和识别学生上课的表情，毋庸置疑是对学生权利和尊严的侵犯。

持支持观点者认为：

第一，这是教学创新的一种表现。通过采用大数据分析，可以直观地掌握学生的课堂实际学习效果，从而给教师提供有效信息。

第二，有利于课堂教学。让学生从心理上不敢随意做与听课无关的事，起的是威慑作用。

第三，有利于班级管理工作。

第四，系统进行的数据分析为教学和习惯培养提供了依据。

你认为如何解决校园大数据和个人隐私之间的矛盾？

16.1 数字教育发展概述

数字教育的发展是一个循序渐进的过程。随着信息时代的到来，数字教育逐渐崭露头角。同时，互联网、人工智能等技术的兴起也不断推动着数字教育的发展。

1. 数字教育的形成阶段

教育信息化的概念是在20世纪90年代伴随着信息高速公路的建设提出的。在美国的"信息高速公路"计划中，特别将信息技术在教育中的应用作为实施面向21世纪教育改革的重要途径。美国的这一举动引起了世界各国的积极反应，许多国家的政府相继制定了推进本国信息技术在教育中应用的计划。

我国自20世纪90年代末开始，随着网络技术的迅速普及，整个社会的发展与信息技术的关系越来越密切，人们越来越关注信息技术对社会发展的影响，"社会信息化"的提法开始出现，并与教育改革和发展联系在一起，"教育信息化"的提法也开始出现了。

2. 数字教育的发展阶段

"君子生非异也，善假于物也。"这是人类智慧的一种体现。人类清楚地认识到自身的局限性，也发现了自身独具的创造性，因此一直在寻求人与物的结合以实现不断突破。计算机的诞生使人们找到了实现突破的可能性，基于计算机的发展从未停止，互联网的出现更是打破了时间和空间的限制，实现了现实世界和虚拟世界的连接，人工智能的发展又推动了智能研究的新高度。知识大爆炸和学习方式的变化迫使教育体系进行转型，科技以势不可挡的方式进入人们生活的各个领域，教育与新技术的融合是大势所趋，这是数字教育发展中绝不能错过的机遇。在高度信息化和智能化的背景下，借助大数据、云计算、物联网等技术，实现了与教育更深层次、跨领域的无缝连接。教育，这样一个有着厚重历史沿革的理念，因全新技术的融入，不断焕发新生。

16.2 数字教育的内涵

关于数字教育的概念，国内外尚未形成广泛认可的科学定义。目前的定义大致可以分为两类。

一类从宏观上给出了数字教育的概念，认为数字教育是指依托计算机和教育网络，全面深入地利用新兴信息技术，重点建设教育信息化基础设施，开发利用教育资源，促进技术创新和知识创新，实现创新成果的共享，提高教育教学质量和效益，全面构建信息化、网络化、个性化、智能化、国际化的现代教育体系，推动着教育改革和发展的历史进程。

另一类从更加微观、具体的角度给出了数字教育的内涵，认为信息化环境下的数字教育是信息技术支持下培养学生智慧能力的教育。它旨在利用适当的信息技术构建智慧学习环境（技术创新）、运用数字教学法（方法创新）、促进学习者进行智慧学习（实践创新），从而培养具有良好的价值取向、较高的思维品质和较强的思维能力的智慧型人才（人才观变革，要培养善于学习、善于协作、善于沟通、善于研判、善于创新、善于解决复杂问题的智慧型人才），贯彻落实数字教育理念（理念创新），深化和提升信息时代、知识时代与数字时代的素质教育。

从宏观和微观两个角度对数字教育内涵的定义可以看出，信息时代的数字教育是以互联网、物联网、云计算、无线通信等新一代信息技术为依托，以数字教学、智慧管理和智慧学习方法为理论支撑而发展起来的新型教育体系。它的宗旨是帮助人们在对学习环境、生活环境和工作环境灵巧机敏地适应、塑造与选择的过程中，不断发现智慧、发展智慧、应用智慧和创造智慧。

16.3 数字教育的特征

数字教育是在技术支持下出现的一种新型教育形式。与传统的信息化教育相比，它具有独特的教育特征和技术特征。

1. 数字教育的教育特征

从生态学的角度来看,数字教育是在技术推动下形成的一种和谐的教育信息生态系统。其核心特征可以总结为:信息技术与学科教学深度融合、全球教育资源无缝整合共享、无处不在的开放按需学习、绿色高效的教育管理、基于大数据的科学分析与评价。

第一是信息技术与学科教学深度融合。信息技术与学科教学深度融合涉及方方面面,包括技术与管理的融合、技术与教学的融合、技术与科研的融合、技术与社会服务的融合、技术与校园生活的融合等。

第二是全球教育资源无缝整合共享。科技的迅猛发展正在创造一个全新的、更小的、更平坦的世界,"地球村"正在从预言变成现实。数字教育要培养的不是一般意义上的国家公民,更重要的是培养具有全球视野和创新思维的世界公民。数字教育秉承着"开放共享"的理念,通过多种途径实现全球优质教育资源的无缝整合与无障碍流通,使世界各地的学生和社会公众能够自由获取任何适合自己的教育资源(多媒体课件、视频课程、教学软件等)。全球优质教育资源的无缝整合和共享是突破教育资源地域限制的智慧之举,有助于缩小世界教育鸿沟,提升欠发达国家和地区的教育质量。

第三是无处不在的开放按需学习。数字教育环境不再局限于特定的教育场所,而是通过网络将学校、家庭、社区、博物馆、图书馆、公园等各种场所连接起来,形成一个综合的教育生态系统。学习需求无处不在,学习活动无时无刻不在发生。在数字教育环境下,学习将变得普遍存在,这种普遍学习不再以某个中心个体(比如传统教育中的教师)为核心,而是通过点对点、平等化的学习互动实现。

第四是绿色高效的教育管理。"绿色教育"强调教育事业的可持续发展,它不仅是数字教育的指导理念,也是其重要特征。信息技术的普及应用为实现教育管理的智慧化和推动绿色教育的发展提供了条件。

第五是基于大数据的科学分析与评价。数字教育需要更具"智慧"的教育评价方式,"靠数据说话"是数字教育评价的重要指导思想。新一代信息技术的发展为教育评价从"经验主义"走向"数据主义"提供了技术条件,可以实现全面收集、存储和分析各类教育管理与教学过程的数据,并通过可视化技术进行直观的呈现。这使得教育评价更具智慧性、科学性和可持续性。

2. 数字教育的技术特征

从技术的视角来看,数字教育是一个高度集成化的信息系统工程。其核心技术特征可以概括为:情境感知、无缝连接、全向交互、智能管控、按需推送和可视化。

第一是情境感知。情境感知是数字教育最基础的功能特征,它基于情境感知和数据自适应机制,为用户提供个性化的推送式服务。

第二是无缝连接。泛在网络是数字教育开展的基础，基于泛在网络的无缝连接是数字教育的基本特征。无缝连接具体体现在遵循技术标准，在跨级、跨域教育服务平台之间实现数据共享、系统集成。它还支持建立针对特定学习情境的学习社群，为学习者有效地连接和利用学习社群进行沟通与交流提供支持。

第三是全向交互。教与学活动的本质是交互，数字教育系统支持全方位的交互，包括人与人之间的交互以及人与物之间的交互。全向交互主要包括通过语音、手势等更加自然的操作方式与媒体、系统进行的自然交互，还有师生之间、生生之间随时、随地的互动交流，促使深层学习发生的深度互动，以及自动记录教与学互动的全过程，为数字教育管理与决策提供数据支持的过程记录。

第四是智能管控。教育环境、资源、管理与服务的智能管控是数字教育的核心特征。智能管控具体体现在智能控制、智能诊断、智能分析、智能调节、智能调度等方面。

第五是按需推送。数字教育要实现"人人教、人人学"的美好愿望，教育资源可以按需获取和使用，教与学可以按需开展。根据用户的兴趣、偏好、学习的内容等因素，适应性推送学习资源、活动、服务、工具以及学伴、教师、学科专家等人际资源。

第六是可视化。可视化是指信息时代数据在处理后转换成图形或图像在屏幕上显示出来。可视化是数字教育观摩、巡视、监控的必备功能，也是数字教育系统的重要特征，主要包括可视化监控，可视化操作和可视化呈现。

16.4 数字教育的作用

随着信息化浪潮在全球范围内兴起，教育进入了一个全新的快速发展阶段。数字教育对传统教育思想、教育理念、教学模式、教学内容和方法、学习内容以及学习方式等方面产生了深远的影响，从而推动教育形式和学习方式的巨大变革。数字教育正在引领全球教育信息化的发展方向，成为技术变革教育时代发展的主旋律。积极推进数字教育已经成为国际社会的共识。数字教育作为对未来教育模式的创新性探索，具有强烈的现实需求和技术条件。在技术变革教育的大背景下，我国发展数字教育具有重大战略意义。

1. 破解我国教育发展难题，推动教育领域全面改革

目前，我国的教育体系尚未完全适应国家经济社会发展和人民群众对优质教育的需求，仍然面临一系列发展难题。其中包括：教育观念相对滞后，教学内容和方法相对陈旧；中小学生课业负担过重，素质教育推进困难；学生创造力不足；城乡之间、区域之间教育发展不均衡；教育公平问题长期存在；高等教育规模快速扩展导致本科教学质量

下降；各地校园安全事件频发等。数字教育通过创新应用信息技术，提升教育系统运行的数字化水平，有助于破解教育发展难题，从而形成突破点，带动整个教育体系的全面改革。

数字教育顺应了教育发展的潮流，是我国当前教育领域综合改革的方向和途径。信息技术对教育发展具有革命性的影响，运用信息技术改变教育已经成为我国的国家战略，这必将引领和推动我国教育的全方位改革与创新。

2. 抢占国际教育制高点，引领教育信息化创新发展

在通往信息化社会的道路上，我国的信息化发展水平和发达国家虽有差距，但并不明显，尤其在教育信息化领域，经过多年的重点投入建设，某些方面已经走在了国际前列。数字教育建设为我国抢占国际教育制高点、重塑我国在全球教育领域的影响力和地位提供了契机。数字教育是当代教育信息化的新领域，是素质教育在信息时代、知识时代的深化和提升，也是培养创新型、智慧型和实践型人才的内在需求。数字教育的发展将引领我国教育信息化的新方向，推动整个教育产业的快速发展，培养大量世界一流的创新型人才。

数字教育已成为当前国际社会教育信息化推进过程中的重要发展战略和长期任务。教育信息化政策、制度、队伍和机制的全方位发展与完善，将为数字教育提供良好的发展环境。数字教育的持续发展又将进一步体现教育信息化的战略优势，巩固教育信息化在整个国家体系中的地位。

3. 服务全民终身教育，助推中国教育梦实现

在技术推动下，数字教育正成为信息时代全球教育改革的"方向标"。数字教育面向全体公民，既可以为正常人提供优质的、个性化的教育服务，又能够满足各类特殊人群的教育需求。

数字教育是国家信息化的重要组成部分，对于转变教育思想和观念、深化教育改革、提高教育质量和教学效果、培养创新型人才具有深远意义，是我国实现教育跨越式发展、实现教育现代化的必经之路。

16.5 数字教育的模式

1. 数字校园

数字校园是信息技术高度融合、信息化应用深度整合、信息终端广泛感知的网络

化、信息化和智能化的校园。数字校园通过多领域资源的融合和共享，以及无处不在的综合信息服务和数字化呈现，实现了多种资源的融合共享和泛在的数字服务。

数字校园是现实校园和虚拟校园的结合体。现实校园是数字校园的基础，数字校园是现实校园通过信息技术在时间和空间上的扩展与延伸。它包含了现实校园及其所衍生出来的数字空间。虚拟校园是数字校园远程教育功能的一部分，也是数字校园对外服务的一项功能。虚拟校园是传统校园数字化后社会功能的延伸。

在数字校园中，通过把感应器嵌入和装备到食堂、教室、图书馆、供水系统、实验室等场所，并且被广泛连接，形成"物联网"，然后将"物联网"与现有的互联网连接起来，可以实现教学、生活与校园资源系统的整合。通过利用物联网技术改变师生和校园资源之间的交互方式，数字校园可以提高交互的明确性、灵活性和响应速度，从而实现数字化服务和管理。

数字校园具有全面感知环境、网络无缝互通、海量数据共享、学习环境开放、师生个性化服务、以人为本、深度融合等特征。

2. 数字教室

数字教室是一种具有典型智慧学习环境特征的实体化形式，它代表了多媒体和网络教室的高端形态。数字教室是通过物联网技术、云计算技术和智能技术等构建而成的一种新型教室。它由有形的物理空间和无形的数字空间组成，利用各种智能设备辅助教学内容呈现，便捷地获取学习资源，并促进课堂交互和实现情境感知及环境管理功能。数字教室旨在为教学活动提供人性化和智能化的互动空间，通过物理空间和数字空间的结合，以及本地和远程的结合，改善学习环境，实现人与环境的自然交互，从而促进个性化学习、开放式学习和泛在学习。

数字教室具有人性化、开放性、智能性、生态性、交互性等特征。

3. 数字图书馆

数字图书馆是以图书馆的各类资源为基础，以物联网和云计算技术为支撑，以为用户提供个性化、人性化、数字化服务和管理为目标的一种图书馆的高级发展形态。

数字图书馆既具有传统数字图书馆的功能，又具有其鲜明的智能化特征。在数字图书馆的智能空间中，计算与信息将融入人们的生活空间，从根本上改变人们对图书馆的认识。在任何时间、任何场所，人们都能自如地访问信息，并获得数字化服务。数字图书馆致力于"主动"地服务于用户，以实现用户之间、用户与图书馆之间、用户与信息资源之间以及信息资源之间的通信，实现真正意义上无人值守的数字化服务和管理，能够实现 7×24 小时泛在化服务。

基于物联网的数字图书馆是一个全方位开放的图书馆，是一个综合的学术资源信息服务中心，也是一个配套齐全、高效便捷和节能环保的数字中心。

数字图书馆具有沟通数字化、建筑数字化、资源数字化、管理数字化、服务数字化等特征。

16.6 延伸阅读：这块屏幕可能改变命运

2018 年 12 月，一篇题为《这块屏幕可能改变命运》的报道引起了广泛的讨论。据报道介绍，成都七中通过开设网络直播班，16 年为贫困地区的 200 多所学校提供高质量的教育服务，通过远程同步学习，7.2 万名学生参与其中，其中 88 人成功考入了清华大学和北京大学，许多人因此改变了自己的人生轨迹。

一边是 30 多人被国外名校录取、一本录取率超过九成的成都七中，一边是考上一本的学生寥寥无几的贫困地区的 200 多所高中，一块屏幕让这两条看似平行的线连在了一起。通过优质教育资源的在线共享，让贫困地区的孩子也能接受到最先进的教学理念、最高效的教育方法，给更多孩子打开了"梦想空间"。虽然和大城市里的学生相比，远程学习的孩子们也有"没想到我这么差""贫穷限制了想象力"这样的感慨，但是越是贫瘠的土地，盛开的花朵也越是鲜艳夺目，因为那背后或许是更多的汗水与泪水。这也是为什么这篇报道读来让人有几分心酸，却又倍感温暖的原因。

客观地说，成都七中拥有的师资力量和生源质量是贫困地区的学校无法比拟的。这种教育上的鸿沟，并非通过一个屏幕就可以简单拉平。改变落后地区的教育现状，也并非一个直播教学的尝试就可以实现。然而，直播教学的意义就在于，给身处鸿沟两边的学校架起一座桥梁，以技术的普惠性让优质教育资源得到最大化的配置，从而不断推动教育水平的提高。对于贫困地区的孩子来说，直播教学或许仅仅面向少数尖子生，但通过开启希望窗口，提供的是一种内在动力和正向激励。正如报道所描述的那样，"那种感觉就像往井下打了光，丢下绳子，井里的人看到了天空，才会拼命向上爬"。

(资料来源：中青在线 http://zqb.cyol.com)

● 本章小结

本章主要介绍了数字教育的发展历程，分析了数字教育的内涵，讨论了数字教育的主要特征，阐述了数字教育的主要作用和主要模式。

● 复习思考题

1. 试述数字教育的内涵。
2. 试述数字教育的主要特征。
3. 试述数字教育的主要作用。
4. 结合身边的事例，谈谈数字教育有哪些主要模式。
5. 谈谈你对数字教育发展趋势的看法。

● 参考文献

[1] MCCARTHY A M, MAOR D, MCCONNEY A. et al. Digital transformation in education: critical components for leaders of system change [J]. Social sciences & humanities open, 2023, 8(1): 100479.

[2] MEIRBEKOV A, MASLOVA I, GALLYAMOVA Z. Digital education tools for critical thinking development[J]. Thinking skills and creativity, 2022, 44: 101023.

[3] SZABÓ A, FEKETE M, BÖCSKEI B, et al. Real-time experiences of Hungarian youth in digital education as an example of the impact of pandemia. "I've never had better grades on average: I got straight all the time" [J]. International journal of educational development, 2023, 99: 102782.

[4] BYGSTAD B, ØVRELID E, LUDVIGSEN S, et al. From dual digitalization to digital learning space: exploring the digital transformation of higher education[J]. Computers & education, 2022, 182: 104463.

[5] European Commission. Digital education action plan(2021-2027)[EB/OL]. (2022-09-30)[2022-04-30]. https://eur-lex.europa.eu/legal-cotent/EN/TXT/?uri=CELEX:52020DC0624.

[6] VAN DE WERFHORST H G, KESSENICH E, GEVEN S. The digital divide in online education: inequality in digital readiness of students and schools[J]. Computers and education open, 2022, 3: 100100.

[7] ZHAO Y, PINTO LLORENTE A M SÁNCHEZ GÓMEZ M C. Digital competence in higher education research: a systematic literature review[J]. Computers & education，2021, 168: 104212.

[8] 杜忠贤. 人工智能时代的教学变革研究 [D]. 哈尔滨：哈尔滨师范大学，2020.

[9] 奉国和. 数字图书馆 [M]. 北京：北京大学出版社，2013.

[10] 何锡涛，沈坚，吴伟，等. 智慧教育 [M]. 北京：清华大学出版社，2012.

[11] 汤彪. 数字化教育：基于大数据和智能化场景应用下的教育转型与实战 [M]. 北京：中

华工商联合出版社，2021.

[12] 杨红云，雷体南. 智慧教育：物联网之教育应用 [M]. 武汉：华中科技大学出版社，2016.

[13] 怀进鹏. 数字变革与教育未来：在世界数字教育大会上的主旨演讲 [J]. 中国教育信息化，2023，29（3）：3-10.

[14] 徐蕊玥，梁昊楠，周琴. 人工智能赋能教育变革：国际经验与未来展望 [J]. 数字教育，2021，7（3）：21-26.

[15] 祝智庭. 以智慧教育引领教育信息化创新发展 [J]. 中国教育信息化，2014（9）：4-8.

[16] 王倩，陈唤春. 跨越数字鸿沟：美、日、英三国教育信息化政策的比较分析 [J]. 比较教育学报，2022（4）：42-57.

[17] 于长虹，王运武. 大数据背景下数字校园建设的目标、内容与策略 [J]. 中国电化教育，2013（10）：30-35+41.

[18] 张婷. 课堂需要什么样的"高科技" [N]. 中国教育报，2018-06-05（5）.

第 17 章　国内外主要国家的数字经济政策

学习要求

- 了解美国的数字经济发展政策
- 了解欧盟的数字经济发展政策
- 了解俄罗斯的数字经济发展政策
- 了解日本的数字经济发展政策
- 了解我国的数字经济发展政策

引例

北京"数字中轴"

北京"数字中轴"项目主要分为三部分,包括"北京中轴线数字展陈""北京中轴线 IP 强化"和"北京中轴线文化遗产可持续发展指数"。

首先,"北京中轴线数字展陈"将由线上数字博物馆、线下数字沉浸展两大模块组成。其中,线上数字博物馆包括"云上中轴"小程序、北京中轴线官网、中轴线 App 三大部分。

其次,"北京中轴线 IP 强化"则着眼于展示中轴线文化 IP,打造系列数字形象与 IP 产品,并联动社会各界力量参与 IP 的文创开发,运用音乐、影视、游戏等文化艺术形式,表达北京中轴线的文化内涵与时代价值。

最后,"北京中轴线文化遗产可持续发展指数"则通过关键数据指标、结果与趋势、重要案例汇编的形式综合呈现中轴线文化遗产的可持续发展情况,同时为中轴线的保护发展工作提供决策参考,实现文化遗产的可持续发展。

一线中轴,承古通今。

为了呈现北京中轴线 700 多年的历史文化变迁,腾讯整合游戏技术、AI 知识图谱、腾讯地图、区块链、腾讯多媒体实验室等多条线的业务资源参与项目。

游戏技术包括游戏引擎技术、物理仿真技术、云游戏技术，将重点参与数字中轴的数字展陈体系建设；AI 知识图谱将为"数字中轴"打造虚拟导览助手；腾讯地图将为"数字中轴"提供特制地图版本；区块链支撑数字藏品体系；腾讯多媒体实验室则释放技术参与打造数字中轴线的沉浸式体验；腾讯云和腾讯安全则提供云计算和安全支撑。

北京中轴线见证着 700 余年的历史文化变迁，在"数字中轴"项目中，以科技形式延续着新生命，书写着新价值。

17.1 美国的数字经济发展政策

美国政府在数字经济领域采取了一系列政策举措，促进了本国的数字经济发展。2012 年美国发布了"联邦云计算机计划"，推动传统信息基础设施向 IT 服务转化；2013 年推出了"先进制造业发展计划"；2016 年又进一步提出了"国家人工智能研发与发展策略规划"，奠定了其在算法、芯片、数据等产业的世界领导地位。

（1）"信息高速公路"为数字经济腾飞奠定基础。20 世纪 90 年代，美国政府高度重视并大力推动信息基础设施建设和数字技术发展，引领世界进入数字时代。美国率先提出了著名的"信息高速公路"和"数字地球"的概念。1993 年 9 月，美国政府公布"国家信息基础设施行动计划"，信息高速公路战略开始落地实施。

（2）构建完备的政策体系，推动数字经济发展。美国商务部是信息高速公路建设的主要负责方和数字经济的主要推动者。美国将技术和互联网相关政策放在首要位置，发布多份重磅报告，制定了《数字经济日程》，设立了数字经济咨询委员会，并投入多种资源应对数字经济的机遇和挑战。美国在 2010 年提出了"数字国家"（Digital Nation）的概念，并与美国国家电信和信息管理局（NTIA）联合经济和统计管理局（ESA）连续发布一系列"数字国家"报告，报告主要围绕基础设施、互联网、移动互联网等方面进行统计和分析。2016 年 3 月，美国商务部国际贸易局牵头实施启动了"数字专员"项目，旨在为美国企业提供支持和援助，帮助它们有效应对在国际市场上面临的数字政策和监管问题，确保它们能够顺利参与全球数字经济，并进入全球数字经济市场。

（3）数字贸易，秉持自由贸易理念。在传统领域中，美国倾向于采取贸易保护主义政策，但在数字贸易领域，美国倡导自由贸易，并致力于消除所谓的"数字贸易壁垒"。为了快速识别数字贸易壁垒并制定相应政策规则，美国贸易代表办公室（USTR）于 2016 年 7 月成立了数字贸易工作组（DTWG）。自 2016 年起，USTR 将数字贸易的主要障碍列为《国家贸易评估报告》的重要内容。

（4）支持 AI 的研究和创新。美国通过投资人工智能领域的基础研究和应用研究以及支持试点项目来实现人工智能的发展。在 2019 年 2 月发布《维持美国人工智能领导力行政命令》之前，美国已于 2016 年发布了《国家人工智能研究与发展战略计划》，为联邦政府资助的研究设定了一系列优先事项，包括开发人工智能合作的方法、理解与解决人工智能的伦理、法律和社会影响，并确保人工智能系统的安全性。此外，美国国家科学基金会还制定了 RI（Robust Intelligence）计划，鼓励各研究领域发挥协同作用，包括人工智能、计算机视觉、人类语言研究、机器人学、机器学习和计算神经科学等，以推动各个前沿领域的研究进展。

17.2 欧盟的数字经济发展政策

欧盟的数字经济政策可以追溯到 20 世纪末期。

第一阶段以 1993 年《成长、竞争力与就业白皮书》发表为标志，该报告突出强调了加快信息社会的网络基础设施建设的重要性。

第二阶段以 2000 年《里斯本战略》的发布为标志，该战略提出了成为"以知识为基础的、世界上最有活力和竞争力的经济体"，并推动信息社会的进一步发展。

第三阶段以 2005 年发布的《欧盟信息社会 2006—2010 年 5 年战略计划》（简称《i-2010 战略》）为标志，开启了欧盟数字经济的新发展阶段。

第四阶段则是 2010 年之后的欧洲数字战略和 2015 年的数字单一市场战略。这一阶段进一步强调了数字技术和经济的深度融合，以及数字经济在整个欧盟的纵深发展。

在具体的政策方面，欧盟在数字经济领域发布了《欧盟人工智能战略》《通用数据保护条例》《非个人数据在欧盟境内自由流动框架条例》《可信赖的人工智能道德准则草案》等一系列政策文件。同时，欧盟各成员国也制定了一系列数字经济发展政策，以加快推动自身数字化进程。

（1）对人工智能进行立法，制定统一的数据保护政策。在 2016 年 6 月，欧盟率先提出了人工智能立法会议，呼吁欧盟委员会将正在不断增长的最先进的自动化机器"工人"的身份定位为"电子人"（Electronic Person），并赋予这些机器人依法享有著作权与劳动权等特定的权利和义务。欧盟不仅对人工智能进行了立法，还制定了统一的数据保护政策。2018 年 5 月，欧盟颁布了《一般数据保护条例》，该条例是目前最全面的数据保护措施。

（2）提供行业特定的业务咨询支持，提升企业应用数字技术的能力。为了增强企业在数字技术方面的应用能力，欧盟的一些成员国提供相关的业务支持。例如：奥地利的中小企业数字计划为中小企业提供量身定制的教育和培训，以提升其数字应用技能；法国的 CAP-TRONIC 计划则提供技术研讨会、培训、咨询服务和专家支持，帮助中小企业采用数字解决方案并将软件集成到其产品中；德国的可信云项目通过向企业提供关于潜在云应用的信息，并确定可信赖的云服务提供商，促进企业尤其是中小企业使用云服务。

（3）提供财政支持，促进工业数字化转型领域的研究和创新。欧盟很多成员国家已经建立了直接的财政支持，例如企业研发和创新补助、公共研究的机构资金等。奥地利未来信息通信技术计划为 ICT 领域的技术开发和创新项目提供资金。同样在奥地利，智能和数字服务计划提供资金支持相关数字行业的研发项目，工业 4.0 技术和区块链是该计划的两个优先领域。此外，有的国家还设计了间接资金支持机制，以促进与工业数字化转型相关的研究和创新方面的私人投资。例如，意大利的工业数字化转型商业加速器计划，为专注于工业 4.0 技术的新公司的建立和发展提供资金，对创新型初创企业的投资者实施税收减免。

（4）建立研究中心，应对技术挑战。有的国家建立了研究中心，让研究人员和企业的多学科团队共同努力应对特定的技术挑战。这些中心不仅为协作和共同创造提供了新的空间，而且突出了其创新的组织结构。例如，荷兰的"智能工业实验室"以公私合作伙伴的形式，为成员公司和研究机构创建物理或数字空间，共同开发、测试和实施新的智能工业技术解决方案。现有的 32 个现场实验室通常能够帮助用户、供应商和知识机构寻求解决方案，并积极参与相关协作研究、概念验证、原型设计、测试和验证等程序。

17.3 俄罗斯的数字经济发展政策

2017 年 7 月 28 日，俄罗斯政府正式批准了《俄罗斯联邦数字经济规划》。该规划指出，数字经济本身是一种经济活动，以数字形式呈现的数据是关键的生产要素。数字经济有助于公民和社会在信息需求基础上形成统一的信息空间，有助于发展俄罗斯信息基础设施，推动信息通信技术的培育和应用，为社会经济发展构建新的技术基础。

《俄罗斯联邦数字经济规划》确定了推动数字经济发展的五大基础方向，包括规范性管理、人才和教育、培育研发能力和技术储备、信息基础设施和信息安全等。

规范性管理的主要目的是打造新的监管环境，为开发和发展现代技术、实施与现代技术相关的经济活动提供有利的法律制度。在这一方向的措施包括：

（1）针对数字经济监管领域的变革和能力（知识）建立常态化管理机制。

（2）取消主要的法律限制，建立单独的法律机制以解决建设数字经济中的首要问题。

（3）形成与数字经济发展相关的综合性立法协调关系。

（4）采取措施开展与现代技术利用、数据收集和应用相关的经济活动。

（5）在欧亚经济联盟范围内制定数字经济发展政策，制定协调统一的法律监管方式，以促进数字经济在欧亚经济联盟空间的发展。

（6）为发展数字经济监管能力建立方法论基础。

在人才和教育方向的主要举措包括：

（1）为培养数字经济人才创造关键条件，改善教育制度，使其为数字经济提供合格人才。

（2）建立以数字经济需求为基础的劳动力市场。

（3）建立动员体制以掌握必要的能力，动员人才参与数字经济发展。

培育研发能力和技术储备方向的主要目的是建立针对数字经济领域搜索和应用研究（数字平台基础设施研究）的支持体系，确保每个具有全球竞争力的融合性数字技术的独立性，确保国家安全。这一方向的主要措施包括：

（1）为发展数字经济领域的研究与开发建立制度环境。

（2）建立数字经济领域技术储备。

（3）培养数字经济的擅长领域。

信息基础设施方向的主要举措有：

（1）发展通信网络，在考虑数字技术本身要求的同时确保国家、商业、公民在收集和传输数据方面的经济需求。

（2）发展俄罗斯数据中心体系，确保向国家、商业和公民提供普遍的、稳定的、安全的和高效的、有条件的数据存储与处理服务。

（3）应用数字平台的数据以保证国家、商业和公民的需求。

建立高效的数据收集、处理和存储体系，确保向国家、商业和公民提供最新的可靠的数据。信息安全方向的主要目标是保障个人、社会和国家免受国内外信息威胁，并在此情况下，确保个人和公民宪法权利与自由，确保俄罗斯联邦公民相应的生活质量和水平，确保在数字经济条件下俄罗斯联邦的主权和稳定社会经济发展。为此，其发展方向主要包括：

（1）确保俄罗斯联邦各层级信息空间信息通信基础设施的统一性、稳定性和安全性。

（2）确保对数字经济中个人、商业和国家的利益提供组织与法律保护。

（3）为俄罗斯在信息安全服务和技术出口领域占据领先地位创造条件，并在与信息安全相关问题的国际文件中充分考虑国家利益。

17.4 日本的数字经济发展政策

日本数字经济的发展历史较为久远，最早可以追溯至1956年《机械工业振兴临时措施法》所制定的一系列振兴数字信息产业政策。此后，日本在数字信息产业方面的政策不断推陈出新，持续推动传统产业的转型升级、创造新业态与新价值，为数字经济的发展奠定了良好基础。

日本从政策引导和法律保障两个方面对发展数字经济进行顶层设计。

第一阶段为1956—2000年，致力于建设和完善数字信息产业领域。

第二阶段为2000—2006年，在此期间，日本统筹数字信息产业对本国整体经济的影响力，数字经济开始初具雏形。2000年日本为促进数字信息产业的发展，专门设立了"IT战略总部"；2001年日本颁布《e日本战略》，集中力量投入宽带基础设施建设；2003年日本制定《e日本战略Ⅱ》，旨在将数字信息技术应用于经济社会其他产业的发展中，主要应用领域包括食品、医疗、中小企业金融、行政和就业等；2004年日本出台了《U日本战略》，旨在建设泛网络社会，通过网络、终端、平台和应用等四个层面促进数字信息技术与经济社会的联系。

第三阶段为2006—2013年，数字经济的发展开始向社会各领域渗透。2006年日本政府推出了新的IT改革政策，以深化IT产业结构改革；2009年日本政府制定了《i-日本战略2015》，提出面向数字经济新时代的战略政策，实现数字信息产业在经济社会的普惠性；2011年日本颁布了《推进ICT维新愿景2.0版》，旨在建设强大的日本数字信息经济；2013年日本提出了《日本复兴战略》，明确将通过数字信息产业振兴日本经济。

第四阶段为2013年至今，力图通过数字经济实现日本经济复兴。2013年日本将IT战略总部升级为内阁的"高速信息通信网络社会推进战略本部"，统筹相关部门工作，并将数字信息产业应用于区域振兴、资源（主要体现利用卫星通信的海洋宽带）和智慧农业等领域。日本政府的目标是将日本打造成IT国度，并成为世界上最先进的IT国家。

17.5 我国的数字经济发展政策

我国政府高度重视发展数字经济，并将其纳入国家战略发展的重要领域。总体来看，我国数字经济发展战略规划经历了从重点推进信息通信技术的快速发展和迭代演进，逐步向经济社会各领域深度融合的发展过程。

2013 年发布的《国务院关于印发"宽带中国"战略及实施方案的通知》首次提出将宽带网络作为国家战略性公共基础设施,并从顶层设计、核心技术研发、信息安全保障等方面做出全面部署。同年出台的《国务院关于促进信息消费扩大内需的若干意见》从增强信息产品供给能力、培育信息消费需求、提升公共服务信息化水平、加强信息消费环境建设等方面支持信息领域新产品、新服务、新业态发展。

2015 年出台的《国务院关于积极推进"互联网+"行动的指导意见》从创业创新、协同制造、现代农业等 11 个领域推动互联网创新成果与经济社会各领域深度融合,以提升实体经济创新力和生产力。伴随着数字经济从第三产业向第二产业再到第一产业的渗透,国务院在制造业领域进一步出台了一系列相关政策,以推动制造业领域的数字化发展。

2016 年出台的《国务院关于深化制造业与互联网融合发展的指导意见》旨在推动制造企业与互联网企业在发展理念、产业体系、生产模式、业务模式等方面的全面融合。这一举措的目标是发挥互联网聚集优化各类要素资源的优势,加快新旧发展动能和生产体系转换。

2019 年出台的《数字乡村发展战略纲要》将发展农村数字经济作为重点任务。该战略的主要目标是加快建设农村信息基础设施,推进线上线下融合的现代农业,进一步发掘信息化在乡村振兴中的巨大潜力,促进农业全面升级、农村全面进步和农民全面发展。

当前,数字经济发展战略侧重于培育以数据为关键要素的经济社会发展新形态。在政府与平台数据方面,国家发展改革委、中央网信办、工业和信息化部等印发的通知,《国务院办公厅关于促进平台经济规范健康发展的指导意见》等文件提出了加大政府部门管理力度,促进平台数据开放的措施。

工业领域数据方面,《国务院关于深化"互联网+先进制造业"发展工业互联网的指导意见》《工业和信息化部办公厅关于推动工业互联网加快发展的通知》等文件提出了强化工业互联网平台的资源集聚能力,有效整合产品设计、生产工艺、设备运行、运营管理等数据资源的重要性。

数据要素市场方面,2020 年发布了《中共中央 国务院关于构建更加完善的要素市场化配置体制机制的意见》。该文件首次将数据作为一种新型生产要素,并提出推进政府数据开放共享、提升社会数据资源价值、加强数据资源整合和安全保护等一系列措施。

2020 年 5 月 22 日第十三届全国人民代表大会第三次会议通过《关于 2019 年国民经济和社会发展计划执行情况与 2020 年国民经济和社会发展计划草案的报告》,在报告中,专门谈到了 2020 年发展数字经济的举措,具体包括以下几个方面:

（1）建立健全政策体系。编制《数字经济创新引领发展规划》。研究构建数字经济协同治理政策体系。

（2）实体经济数字化融合。加快传统产业数字化转型，布局一批国家数字化转型促进中心，鼓励发展数字化转型共性支撑平台和行业"数据大脑"，推进前沿信息技术集成创新和融合应用。

（3）持续壮大数字产业。以数字核心突破为出发点，推进自主创新产品应用。鼓励平台经济、共享经济、"互联网+"等新模式新业态发展。

（4）促进数据要素流通。实施数据要素市场培育行动，探索数据流通规则，深入推进政务数据共享开放，开展公共数据资源开发利用试点，建立政府和社会互动的大数据采集形成和共享融通机制。

（5）推进数字政府建设。深化政务信息系统集约建设和整合共享。深入推进全国一体化政务服务平台和国家数据共享交换平台建设。

（6）持续深化国际合作。深化数字丝绸之路、"丝路电商"建设合作，在智慧城市、电子商务、数据跨境等方面推动国际对话和务实合作。

（7）统筹推进试点示范。推进国家数字经济创新发展试验区建设。组织开展国家大数据综合试验区成效评估，加强经验复制推广。

（8）发展新型基础设施。制定加快新型基础设施建设和发展的意见，实施全国一体化大数据中心建设重大工程，布局10个左右区域级数据中心集群和智能计算中心。推进身份认证和电子证照、电子发票等应用基础设施建设。

在推进数字经济发展方面，《关于2019年国民经济和社会发展计划执行情况与2020年国民经济和社会发展计划草案的报告》提出了一个从政策到方案、从产业壮大到国际合作再到试点的系统工程。除了关于发展数字经济的举措，报告中也涉及打造智慧政务、智慧城市、智慧乡村等基本目标。在智慧政务方面，报告指出需要推动各地开通企业开办"一网通办"平台，进一步简化审批和登记手续，实现企业开办全程网上办理。深入推进"互联网+政务服务"，加快打造全国政务服务"一张网"，进一步压减办税事项、纳税时间，整合各类动产登记和权利担保登记系统，不断提升政务服务效能。

在建设智慧城市方面，需要提升城市治理现代化水平，增强城市韧性，推进新型智慧城市建设，打造城市数据大脑。

在构建智慧乡村方面，继续推进农村电网升级改造和农村道路建设，加快农村地区宽带网络和移动通信网络覆盖。

17.6 延伸阅读：数字经济会给年轻人带来什么？

数字经济会给年轻人带来什么？

2022年7月世界青年发展论坛进行了一项"青年与数字经济"调查，结果如图17-1～图17-6所示。

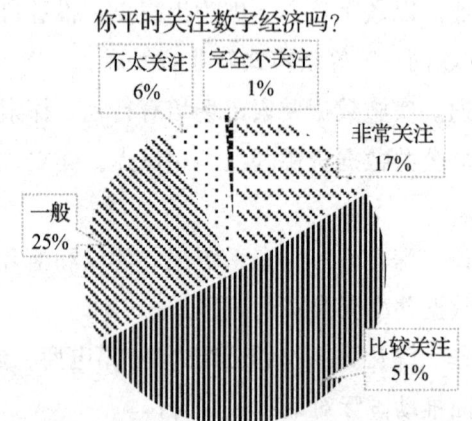

图 17-1 对数字经济的关注程度

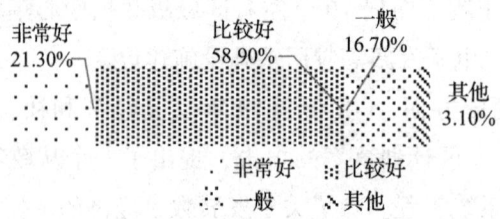

图 17-2 对数字经济的体验

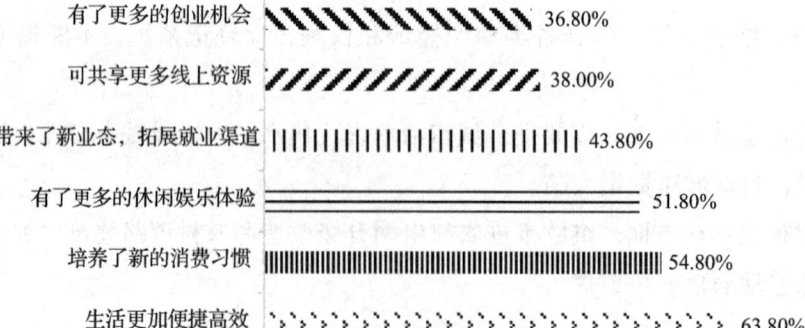

图 17-3 数字经济给生活带来的变化

你有在数字经济领域就业或创业的意愿吗？
已经从事了
3%
其他
22%
有意愿
75%
已经从事了
有意愿
其他

图 17-4　在数字经济领域就业或创业的意愿

你认为数字经济可以让全球青年合作更便利吗？
不可以
7%
说不好
9%
可以
84%
不可以
说不好
可以

图 17-5　对数字经济是否可以让全球青年合作更便利的看法

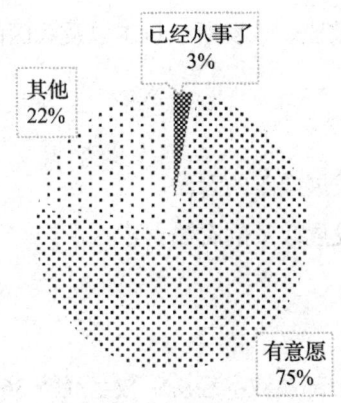

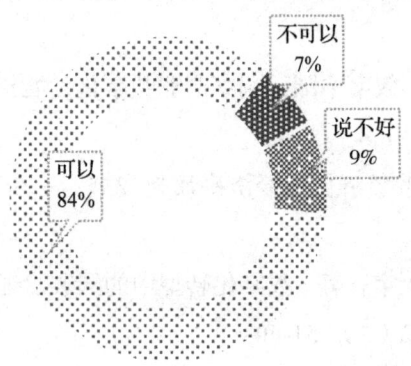

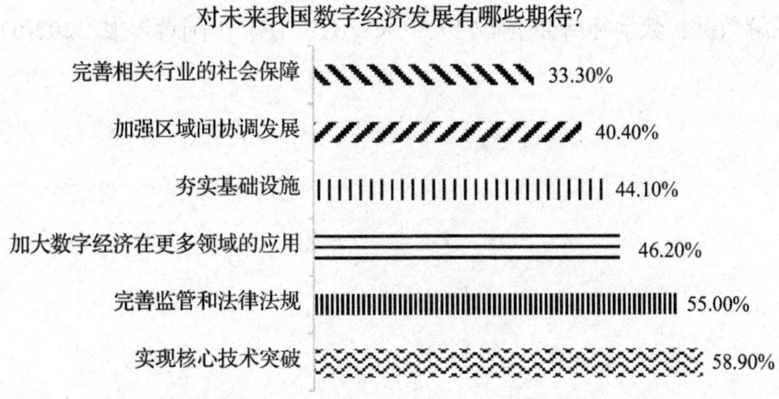

对未来我国数字经济发展有哪些期待？
完善相关行业的社会保障
33.30%
加强区域间协调发展
40.40%
夯实基础设施
44.10%
加大数字经济在更多领域的应用
46.20%
完善监管和法律法规
55.00%
实现核心技术突破
58.90%

图 17-6　对未来我国数字经济发展的期待

（资料来源：中国青年报，2022-07-21）

- **本章小结**

  本章主要介绍了美国、欧盟、俄罗斯、日本以及我国的数字经济发展状况和相关政策。

- **复习思考题**

  1. 谈谈你对国外数字经济发展政策的看法。
  2. 谈谈你对我国数字经济发展政策的看法。

- **参考文献**

[1] 曹立，刘西友. 与党员干部谈数字经济：数字经济36问36答[M]. 北京：人民出版社，2023.

[2] 陈万钦. 数字经济理论和政策体系研究[J]. 经济与管理，2020，34（6）：6-13.

[3] 国家发展和改革委员会. 数字经济干部读本[M]. 北京：党建读物出版社，2022.

[4] 何伟，孙克，胡燕妮，等. 中国数字经济政策全景图[M]. 北京：人民邮电出版社，2022.

[5] 何伟，左铠瑞，张东. 数字中国：洞察产业数字化发展新趋势[M]. 北京：人民邮电出版社，2022.

[6] 荆文君，孙宝文. 数字经济促进经济高质量发展：一个理论分析框架[J]. 经济学家，2019（2）：66-73.

[7] 李由君，韩卓希，乔天宇，等. 数字化转型中的国家治理变化[J]. 西安交通大学学报：社会科学版，2022，42（3）：51-60.

[8] 许正中. 关于数字经济的答问[M]. 北京：国家行政学院出版社，2022.

[9] 中国经济网. 面向未来的"数字中轴"[EB/OL].[2023–04–05]. http://www.ce.cn/culture/gd/202207/18/t20220718_37879417.shtml.

[10] 孙山. 图解数据：数字经济会给年轻人带来什么？[N]. 中国青年报，202-07-21（10）.

第 18 章　数字经济环境下的政府产业政策

学习要求

- 了解我国智慧产业发展现状
- 了解我国智慧产业发展策略
- 了解我国人工智能产业发展现状
- 了解我国人工智能产业发展策略
- 了解我国人工智能产业发展模式

引例

中国芯片产业曾经领先

早在 1965 年，中国科学院就研制出 65 型接触式光刻机。在那一年，现在的光刻机巨头荷兰 ASML 还没有诞生。

那为什么今天垄断光刻机的不是我们而是起步晚的荷兰呢？有国内产业发展的因素，但更重要的是国际环境的变化。

当时的国际环境复杂，国内的经济状况较为严峻，进口方面不仅没有足够的经费，技术上也同样受到限制。

在 1965 年制造出首台光刻机后，我们在芯片领域的技术研发并没有停歇。甚至可以说，在随后的 20 年里，我国芯片领域的技术水平一直走在世界前沿。

至少在 1980 年的时候，我国芯片领域的技术水平基本上还处于紧追国际前沿的状态。

如果芯片产业按照 20 世纪 80 年代的发展势头，我国在光刻机领域至少是可以紧追在第一梯队的，不至于像现在落后那么多。

但历史并没有如果。中国的光刻机技术在此后遭遇"滑铁卢"。

第一个因素就是美国等国家的技术限制。

第二个因素是光刻机的研发是需要大量资金支持的。

20世纪80年代中国正值改革开放初期，大量的国外产品流入中国，"造不如买"的思想成为主流。虽然当初我们的这些光刻机等产品在技术上与国际前沿不分伯仲，但在商业化和成本上，跟国外产品相比还是有很大的距离。于是价格优、性能好的洋产品，一下子把我们的民族企业杀得片甲不留，其中就包括我们当时还十分稚嫩的微电子工业。

当时一批自主研发项目被迫停滞，其中就包括光刻机，导致中国光刻机20年的心血付之一炬。

从那之后的十几年时间里，我国光刻机领域直接进入空白状态，一直到2002年上海微电子成立后，我国才重新拾取了光刻机领域，而由于国外产品尤其是ASML等企业的光刻机技术已经突飞猛进，我们一路追赶到今天也难以企及。我国错失了半导体发展的黄金30年。

除了光刻机之外，我国在20世纪80年代和90年代，在芯片产业上也已经全面落后，其中包括DRAM（动态随机存取存储器）存储芯片领域。在此之前，我们一直在DRAM领域试图不断突围。

其实，我们在那段时间也已经意识到芯片领域上的自主研发落后是致命的，开始试图通过专项工程的方式取得突破。大量的资金投入就像一个无底洞，最让人担忧的事情还是发生了。国内所有企业在DRAM领域的尝试，最终都以失败而告终。

其实，不管是20世纪80年代令人惋惜的光刻机项目雪藏，还是20世纪90年代的DRAM领域尝试突围，在整个20世纪90年代和21世纪初，我国芯片产业经历了一个非常黯淡且没落的时期。但这并没有动摇我国发展芯片产业的决心，在无数芯片产业人的前仆后继之下，新的希望正在一片废墟之中不断积累和酝酿着。

纵观我国芯片产业历史，早年我国的光刻机技术曾远远领先日韩等国家，但今天的光刻机仍需进口，其中的原因值得深思。

我们应该明白，对方并不是我们想象的那么强大，同时我们也不是很多人所误以为的那样任人鱼肉。我们既不可盲目乐观，也不可妄自菲薄。只有不断总结经验、吸取教训，我们才能变得强大，我们应该为我国半导体企业取得的任何突破而欢呼，也应该对我国芯片产业的未来充满信心。

18.1 智慧产业发展政策

智慧产业是指数字化、网络化、信息化、自动化、智能化程度较高的产业。从广义上讲，智慧产业的定义是直接运用人的智慧进行研发、创造、生产、管理等活动，形成有形或无形的智慧产品以满足社会需要的产业。从狭义上讲，智慧产业是指以信息为原料，以新一代信息技术为支撑，以研发或生产满足社会需要的各种技术服务产品、智能平台、智能终端设备等为主的产业，主要包括智慧应用技术研发、智慧装备制造、软件与信息化服务、光通信、移动通信、集成电路、新型显示、应用电子以及云计算、物联网等产业在内的新兴产业。

随着云计算、物联网和移动互联网等新一代信息技术的发展，以及它们在各传统产业中的广泛应用，越来越多的传统产业也开始向数字化、智能化转型。在以云计算产业、物联网产业为代表的高端信息服务业快速发展的环境下，逐步形成了以新一代信息技术为支撑，由智慧产品的需求拉动，智慧产品以及服务平台提供商、智慧服务需求商组成的智慧产业。智慧城市建设的蓬勃发展也进一步推动了智慧产业的壮大，智慧城市建设离不开物联网、互联网和云计算等技术的支持，每一种技术都构成一个庞大的体系，涉及多个学科和领域，而物联网、云计算涉及的技术则是一个广泛集成的体系，推动大规模智慧产业链的形成，包括智能设备与终端制造业、信息网络服务业及物联网基础设施服务业、基础支撑产业、软件开发与应用集成服务业和应用服务业。可见，智慧产业市场潜力巨大。

1. 我国智慧产业发展现状

（1）我国智慧产业发展的现状与不足。目前，我国的智能城市发展仍处于初级阶段，数字经济正逐渐形成。我国经济较为发达的环渤海、长三角以及珠三角等地区在产业结构、人力资源、技术创新、资金运作等方面都具备一定的优势，其数字经济发展已经处于全国领先地位。环渤海地区在北京、天津、大连等城市的创新驱动下，数字经济发展势头相对较强。长三角地区确定了长三角智能产业标准化示范区。珠三角以广州、深圳、佛山为核心，积极发展智能交通、智慧能源、智慧政府等城市智能应用产业。除了这些经济较为发达的数字经济代表性地区，四川也紧随其后，以成都高新区为示范区域，大力发展高新技术产业，电子信息产业产值逐年增长，出口总额在西部地区居首。数字经济在经济较为发达的地区较早发展，并基本上形成了规模效应，推动了周边地区数字经济的发展，进而带动全国数字经济的增长。

我国仍处于数字经济发展的初期，数字经济发展仍面临许多问题。产业发展在稳定增长的同时仍有巨大的发展空间，不同地区的产业发展不平衡，核心竞争力尚未形成。数字经济是一种知识密集型、技术密集型和资金密集型产业。近年来，政府出台的支持政策和资金投入具有一定优势，但在产业投资战略、数字经济人才培养和技术创新能力培养方面仍存在一些不足之处。因此，针对我国数字经济的发展，首先应分析当前我国的产业发展环境优势和区域优势，借鉴国内外的发展经验，积极引导我国数字经济的发展。

（2）我国智慧产业发展的必要性。外部环境的变化对产业发展产生着重要影响，同时也是判断产业发展阶段和趋势的重要依据。只有通过政治、经济、社会和技术四个方面的因素对我国智慧产业发展环境进行分析，才能从总体上把握产业发展机遇。图18-1所示为我国智慧产业发展的PEST分析矩阵。

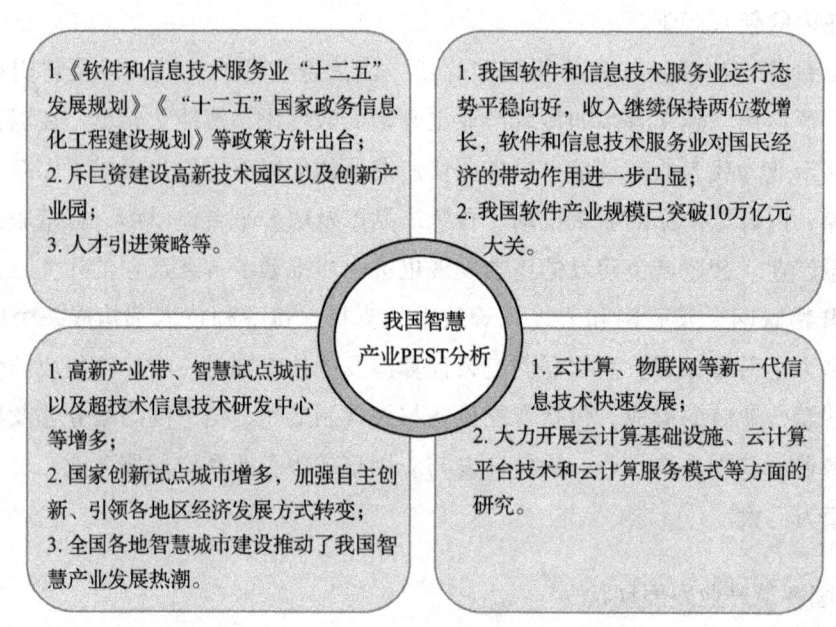

图18-1　我国智慧产业发展的PEST分析矩阵

现阶段，我国已具备发展智慧产业的优势地位和产业资源，并且在政府引导和智慧城市建设需求的拉动下，智慧产业呈现跳跃式发展趋势。智慧产业虽然是刚刚起步，但却具有无穷无尽的延展性和衍生性。智慧产业的发展也符合当今社会科学和可持续发展的理念，对产业环境、人文环境和城市建设都具有深远影响。

智慧产业通过智能化和数字化的科技手段改造传统产业的生产方式。一方面，它推动传统产业走向科学发展，实现产业的可持续发展，改变经济发展对资源、能源的过分依赖和对资源环境的严重破坏，促进劳动力资源向人力资源转变，提升整个国家的竞争力。另一方面，它推动了信息化和工业化的融合加速，促进产业结构的优化升级。信息技术可以优化和改进产业的发展模式，带动产业增长。

智慧产业的发展能为人类社会带来新的模式，智慧城市、智慧企业、智慧家居、智慧电网、智慧医疗、智慧教育等领域能够使信息技术渗透到社会的方方面面。信息技术的广泛应用，带动人们生活和生产方式的改变，推动社会管理和社会活动模式发生新变革。智慧产业是智慧城市的支柱和支撑力量，发展智慧产业是推动智慧城市建设由"行政推动"向"市场驱动"的转变，构建起"政府主导、企业主体、民众需求导向"的智慧城市建设模式的重要抓手。

2. 我国智慧产业发展策略及政策建议

（1）区域阶梯式发展策略。区域阶梯式发展策略主要基于我国各个地区的产业特点和重点培育产业的差异，分阶段、分区域地引导智慧产业的发展。这样可以让信息产业发展较为领先的发达区域先行发展，形成智慧产业集群，并带动其他区域智慧产业的发展。根据智慧产业发展具备的条件和各地区信息产业的发展现状以及所处的经济环境，可以将我国智慧产业的发展划分为三个区段。第一区段主要是东部沿海地区城市，包括环渤海、长三角和珠三角地区，此区段在云计算产业、信息服务业、软件业及其他智慧产业的产业规模、企业数量、研发能力、市场意识、配套服务等方面具有很大优势。此外，这些地区已经形成一种综合产业规模效应，能够带动第二区段和第三区段智慧产业的发展。第二区段指的是经济发展较快的中部地区。第三区段主要指的是中西部经济发展相对较为滞后的地区。这些地区的信息产业发展还相对落后，需要在集中资源发展的第一、第二区段的基础上，通过辐射带动第三区段的发展，从而实现全国智慧产业发展的平衡。

（2）产业带动策略。产业带动策略是为了应对我国信息服务和技术服务等产业发展不平衡的现状而提出的。该策略的主要目标是培育一批产业龙头企业，加大技术研发力度，开发更加智能的终端设备产品，促进智能终端制造业的发展。以产业龙头企业为核心，不断研发综合智能应用服务平台，通过智慧服务业和智能终端制造业的带动，推动智能应用产业的发展，从而完善整个智慧产业链。

龙头企业和骨干研发机构的引进与培育对产业的发展起到至关重要的带动作用。培育和发展智慧产业的世界级龙头企业，可以提升我国智慧产业在全球市场的声誉，也可以带动其他企业的发展，从而带动整个智慧产业以及相关产业的发展。为此，需要进一步加大对智慧产业的投资力度，不断扩充智慧产业的上、中、下游企业，并在产业链的不同环节分别培育出行业内的龙头企业，引导我国智慧产业的发展。

（3）国际化发展策略。随着全球信息化的高速发展，智慧产业的发展离不开世界舞台。与一些发达国家相比，我国智慧产业起步较晚，产业出口规模小，国际化水平较低，对于产业国际市场信息、国外发展现状以及世界需求市场还缺乏全面的认识。尽管我国智慧产业发展迅速，但在技术研发方面相对较弱，在企业规模以及市场规模方面还相对较小。这就要求我国智慧产业发展必须具备更宽广的眼界和更长远的规划，积极实施和推进国际化战略，在更大的范围、更广泛的领域和更高的层次上参与国际合作与竞争。同时，我们还需要学习国外成功国家的经验，整合和凝聚世界各地的科技资源，以加速智慧产业的发展。

18.2 人工智能产业发展政策

随着各国将人工智能产业发展提升至国家战略层面，国内外互联网等行业巨头纷纷加快布局，人工智能正迎来发展的新浪潮。在新一轮信息技术革命中，人工智能产业将成为经济发展的新引擎和促进传统产业转型升级的重要抓手。在这一背景下，我国也高度重视发展人工智能产业。2017 年 7 月，国务院出台了《新一代人工智能发展规划》，将发展人工智能产业上升为国家战略。为更好地推进新一代人工智能产业的发展，有必要在分析我国人工智能产业发展的优势和问题的基础上，探究新一代人工智能产业的发展模式和对策。

1. 我国新一代人工智能产业发展的主要优势及存在的问题

目前，新一代人工智能产业已经形成较为完整的产业链，主要包括基础层、技术层和应用层三个层次。其中，基础层由 CPU 和 GPU 等核心硬件及"深度学习"等算法构成；技术层由语音识别、计算机视觉等技术研发构成；应用层是对人工智能技术和产品在某一领域或场景的具体应用。我国新一代人工智能产业发展有着优越条件，并形成了一定优势，但也存在一些亟须解决的问题。

（1）我国新一代人工智能产业发展的主要优势。首先是技术层领域多项技术处于国际前沿水平。与基础层领域相比，我国企业已经掌握技术层领域的前沿技术，摆脱了对国外技术的依赖。其次是应用层领域企业拥有庞大的市场空间和大数据支持。由于新一代人工智能产业尚处于商业化和产业化初期阶段，所以在众多领域，国际上尚未形成具有绝对优势的垄断企业，这为我国培育新一代人工智能产业的龙头企业提供了机会。在培育世界级人工智能企业方面，我国具有巨大的优势和条件。一方面，巨大的潜在市场规模为应用层领域创业提供了土壤，同时也为国内企业成长为世界级企业提供了广阔的市场和成长空间。另一方面，庞大人口基数产生的海量数据，为人工智能算法提供了丰富的训练数据，有利于算法性能的不断提高。人工智能企业通过终端产品不断累积用户数据并进一步反馈，可加速技术迭代和改善产品的用户体验，进而扩大市场占有率。

（2）我国新一代人工智能产业发展存在的主要问题。首先是核心芯片硬件尚待突破。芯片是我国新一代人工智能产业发展的短板，我国尚未培育出世界级芯片公司。作为新一代人工智能产业的关键硬件，在芯片领域缺乏话语权，这将在很大程度上限制产业的发展。其次是基础算法领域开拓不足。就基础算法层面而言，我国缺乏原创性的人工智能算法，大多数算法研发仅仅是在现有的"深度学习"算法基础上进行优化。我国在基础算法方面鲜有突破，一方面表明对相关领域研发的投入力度不够，另一方面在一定程度上也表明我国在算法基础研究能力和理论方面相对薄弱。最后是新一代人工智能产业人才短缺。随着新一代人工智能产业的高速发展，该领域人才需求不断增加。然而，我国人工智能领域人才供给远远不能满足行业需求，新一代人工智能产业发展面临较为严重的人才短缺问题。与发达国家相比，我国新一代人工智能产业人才储备差距较大，人工智能领域人才短缺已成为制约产业发展的重要因素。

2. 国外促进新一代人工智能产业发展的主要做法

由于新一代人工智能产业尚处于发展初期，主要发达国家均在加紧布局，通过各种政策举措推动新一代人工智能产业快速发展。

（1）积极制定新一代人工智能产业发展战略。随着人工智能技术的商业化和产业化发展，新一代人工智能产业将逐渐成为国民经济发展的新动能，甚至可能带来生产力的巨大变革。因此，主要发达国家高度重视新一代人工智能产业发展，通过制定相关发展战略加速和引导产业发展。例如，美国在2016年10月连续发布《国家人工智能研究和发展战略计划》和《为人工智能的未来做好准备》两份新一代人工智能产业发展战略，随后在2016年11月又发布了《人工智能、自动化和经济》白皮书。日本在2016年1月开启《第五期科学技术基础计划（2016—2020）》，旨在规划发展信息技术、人工智能及机器人技术；2017年日本制定了人工智能产业化路线图，计划分3个阶段推进人工智能技术利用，以提高制造业、物流、医疗等行业效率，随后在2017年的未来投资会议中提出"未来投资战略"，强调加快推动人工智能、物联网等技术的应用。韩国在2016年提出了包括人工智能产业在内的九大国家战略项目，作为发掘新经济增长动力和提升国民生活质量的新引擎。

（2）通过财政投入助力新一代人工智能产业发展。尽管发达国家已经建立了相对成熟的风险激励机制和市场应用体系来支持新兴技术，但它们仍然认为政府必须承担责任，以弥补市场的不足。政府主要通过提供长期持续的资金支持和应用鼓励来承担这一责任。在新一代人工智能产业方面，主要发达国家通过财政投入的方式支持产业的发展。例如，英国在2017年1月发布了《现代工业战略》，提出增加47亿英镑的研发资金，用于推动人工智能、机器人技术和5G无线通信等领域的发展。韩国在2012年10月发布的《机器人未来战略2022》中，计划投资3500亿韩元，以推动机器人与各领域的融合应用，并希望到2022年实现"机器人遍及社会各角落（All-Robot时代）"的愿景。欧盟在2014年6月启动了《欧盟机器人研发计划》，投资28亿欧元，以推动机器人在工厂、空中、陆地、水下、农业、健康和救援服务等领域的广泛应用，希望通过此举提升工业和服务业的竞争力。

（3）推进新一代人工智能产业的基础研究。人工智能技术力图实现对人脑思维认知功能的模拟。因此，对人脑运行规律的探索是人工智能产业的关键性基础研究，有助于人工智能技术更好地模拟人类的思维认知功能，促进新一代人工智能产业的发展。美国在2013年4月宣布了一项致力于对人脑进行绘图的长期研究工作——BRAIN计划。欧盟于2013年1月提出人脑计划（Human Brain Project），并将该计划选定为新兴技术旗舰项目之一。美国和欧盟都通过人脑研究计划，探索人类大脑的工作机制，试图解开大脑如何记录、处理、使用和存储信息，找回海量信息的"大门"，以加深对大脑功能的理解。这些对人脑结构和功能的探索，有助于把握计算机技术的发展方向，为物联网和人工智能等产业带来更多的可能性，从而在相关领域形成强大的竞争优势。这些基础研究的成果将为新一代人工智能产业的创新和发展提供重要支持。

（4）制定新一代人工智能产业技术标准。制定技术标准在新一代人工智能产业中具有重要意义。一方面，标准的制定可以确保人工智能技术更好地实现互操作性，即不同系统之间的有效交互。另一方面，标准化可以规范人工智能技术的可靠性和安全性，从而提高技术的可信度，促进企业扩大市场份额。因此，主要发达国家正在积极加紧制定新一代人工智能产业的技术标准。例如，美国在2016年发布的《国家人工智能研究和发展战略计划》中，重点提出了加快新一代人工智能产业标准体系的制定。欧盟也高度重视新一代人工智能产业的标准制定，积极推进产业标准化立法工作。2017年1月，欧盟法律事务委员会通过一份决议，提出了一些具体的立法建议，要求欧盟委员会就机器人和人工智能提出立法提案。其中一个提案指出，应推进新一代人工智能产业标准制定，通过建立相应的标准化框架，避免欧盟各成员国之间标准不统一导致的欧盟内部市场分裂。

（5）加强公共数据库基础设施建设。人工智能产业需要大量且高质量的数据资源作为训练基础，才能保证算法的不断改进和性能的不断提升。美国等主要发达国家积极推动政府数据开放，使公众能够更方便地获取有用的政府数据，这为人工智能算法训练提供了丰富的数据集。2009年，美国通过数据门户网站"data.gov"对公众开放政府数据。2016年的《为人工智能的未来做好准备》中，提出了实施"人工智能公开数据"计划，将大量政府数据集对公众开放，以加速人工智能技术的研究。2013年，英国在《八国集团开放数据宪章英国2013年行动计划》中，承诺逐渐将政府数据通过国家数据门户网站"data.gov.uk"进行公开，希望依托开放式的国家数据门户网站构建国家级信息基础设施。

这种加强公共数据库基础设施建设的举措对于人工智能产业发展具有重要意义。首先，政府数据的开放使得公众能够更便捷地获取有用的数据资源，为人工智能算法的训练和研究提供了丰富的素材。其次，公共数据库基础设施的建设可以促进数据的整合和共享，提高数据资源的可访问性和可用性，从而推动人工智能技术的发展和创新。

（6）加大新一代人工智能产业人才培养力度。人工智能产业的发展带来了对该领域技术人才的巨大需求。美国积极顺应这一趋势，将数字技术作为"新基础技能"融入教育系统中，为培养技术过硬的多元化人才队伍提供支持。同时，美国对其现有教育系统进行改革，具体包括：在中小学开始引入数字技能课程，提高国民的数据知识水平，为学生进一步学习更高级别的课程做好准备；通过种子基金、职业发展补贴、实习机会、奖学金和暑期研究实习等方式，对相关培训给予资金支持；依托高等职业院校提供必要的技能培训，给工人拓展个人职业技能提供学习机会；在大学加强数字技术课程教育，力图培养顶尖的数据科学家。为加快数字技能人才培养，日本在2017年的"未来投资会议"上提出，将编程列入中小学必修课程；邀请民间企业的讲师到各级学校授课，促进产学研合作；提供更高的学费补贴，鼓励在职员工参加社会培训；加强高等教育阶段的数字技术教育，以培养顶尖的数字技能人才等。

3. 我国新一代人工智能产业发展的主要模式

我国新一代人工智能产业发展模式的构建主要基于两个目标。第一，培育具有影响力和竞争力的企业。新兴产业的发展通常会引发新的业态，此时传统商业模式可能无法适应新兴形态的需求，因而可选择商业模式创新驱动的产业发展模式。此外，快速将终端产品投入市场并培养用户基础有助于形成先发优势，只有符合市场需求的人工智能产品才能真正实现产业化，因此可选择快速迭代的产业发展模式。第二，获取新一代人工智能产业在全球价值链中的话语权。人工智能产业作为新兴产业尚处于初期发展阶段，这为我国掌握话语权提供了历史性机遇，但这需要在核心硬件和标准化方面取得突破。因此，可选择以人工智能产业的应用层带动基础层发展的模式和建立自主技术标准的产业发展模式。

（1）商业模式创新驱动的发展模式。将技术创新成果转化为经济价值需要通过恰当的商业模式才能实现，商业模式是技术和经济价值之间的桥梁。因此，注重人工智能技术商业化的商业模式创新驱动的发展模式往往有利于推动产业发展并形成竞争优势。在人工智能技术产业化的过程中，可能采取的商业模式创新途径主要包括优化资源整合和设计更有效的交易方式。

企业通常需要从外部获取各种资源以进行各类商业活动，因此从资源的角度来看，企业对资源进行重新组合将推动商业模式的变革。即通过重新整合、协调和配置企业内外部各种资源，从而产生协同效应，为顾客创造新的价值。

（2）快速迭代的发展模式。快速迭代指的是一种通过快速将终端产品推向市场，并根据市场反馈不断进行优化的开发方法。基于快速迭代的发展模式具有以下三个优势。首先，快速进入市场有利于培养用户习惯，从而抢占市场份额和扩大用户规模。在互联网时代，用户是产业发展的重要资源，当用户基础扩大到一定规模时，会形成网络外部性带来的"强者愈强"效应。其次，将实现某一核心功能的产品推向市场，可以有效地测试产品是否符合市场需求。如果产品不符合市场需求，企业可以灵活调整方向，从而节约成本；如果产品符合市场需求，企业可以在最初版本的产品基础上不断开发新功能，以满足顾客需求。最后，企业在产品进入市场后，持续跟踪用户体验反馈信息，并在此基础上对产品进行改进和优化。利用用户体验反馈信息，实质上是让用户参与产品开发过程，从而有效地降低企业的产品开发成本。因此，在人工智能产业的终端产品开发领域，可以采取快速迭代的终端产品开发模式，通过加快对市场和用户体验的响应速度，不断完善和提高产品与服务质量，提升新一代人工智能产业的竞争力。

（3）应用层带动基础层的发展模式。人工智能技术在某一个应用场景得以应用后，只有在市场中获得用户认可，才能真正实现商业化和产业化。我国在新一代人工智能产业链中下游更具优势，而基础层的芯片等硬件领域相对薄弱。因此，我国新一代人工智能产业发展可以优先构建人工智能产业链的中下游优势，通过不断扩大市场份额，成为新一代人工智能产业的主要终端产品制造商，再利用产业链的中下游优势带动上游发展，逐步改变我国芯片等硬件领域薄弱的局面。人工智能产业的终端产品制造商利用产业链中下游优势带动芯片行业发展的可能路径包括：首先，在市场中树立品牌形象和知名度，迅速将产品转化为盈利，从而为芯片等硬件开发提供资金保障；其次，人工智能产业的终端产品制造商优先采购我国自主研发的芯片，以此带动我国芯片行业的发展。通过这种方式，应用层的成功将为基础层提供市场需求和商业机会，促进整个产业链的协同发展，进而推动我国在人工智能领域整体实力的提升。

（4）建立自主技术标准的发展模式。标准竞争已成为国际产业竞争的制高点，在信息、通信和技术领域，标准竞争尤为重要。一方面，ICT行业具有极强的网络效应。随着某一技术标准在市场上的普及，技术标准的网络效应将不断增强，形成一个自我强化的过程。新兴产业将逐渐围绕技术标准发展，从而使技术标准的制定国家成为主导产业技术发展的引领者。另一方面，融合了大量的专利技术，标准制定国家不仅可以从技术授权中获得高额回报，还会拥有技术研发的先发优势。而那些"局外者"采用新技术标准，则受到适应成本和吸收能力的影响，在产业发展中也将面临巨大劣势。因此，当一个行业的技术标准确立后，意味着掌握技术标准的企业将成为行业领导者，也标志着该领域竞争格局的确立。目前，新一代人工智能产业还处于产业发展初期，技术标准尚未形成，这为我国抢占新一代人工智能产业制高点提供了机遇。因此，可以通过推进构建自主技术标准的发展模式，提高我国新一代人工智能产业的竞争力，并以此打破我国产业发展"低端锁定"的局面。

4. 我国新一代人工智能产业发展对策建议

综合我国新一代人工智能产业发展现状及发达国家的政策措施，应加快完善产业发展的外部环境，重点解决我国人工智能产业在芯片和算法技术方面的薄弱问题、基础层面布局不足问题以及人工智能产业人才短缺问题，这些是产业发展的"短板"。

（1）构建与完善政府支持和保障机制。新兴产业的发展通常会对基础设施提出新的要求，就像蒸汽机革命中需要建设铁路、电力革命中需要建设电网、信息技术革命中需要建设信息高速公路一样，人工智能产业的发展也需要相应的基础设施建设。新一代人工智能产业作为数字化和信息化融合的新兴产业，信息通信基础设施是产业发展的基石。然而，在基础设施领域，市场机制存在失灵的情况，因此需要政府适当地进行干预。特别是对于新一代人工智能产业发展所需的战略性公共基础设施，应加大财政投入力度，加快制定基础设施建设规划。同时，为新一代人工智能产业发展提供切实可行的税收等优惠政策，提高公共服务水平，简化行政审批手续，制订政府机构数据公开计划，逐步推动政府数据向公众开放，为新一代人工智能产业发展提供训练资源库，降低人工智能领域的创新创业成本。依托企业、高校、科研院所建设一批芯片领域的国家技术创新中心，开发支持新一代人工智能产业发展的自主芯片技术。同时，制定采购国产芯片的管理办法，扩大国产芯片市场规模。

（2）完善风险投资和服务体系。新一代人工智能产业作为新兴产业，技术成果的商业化和产业化转化往往具有高度不确定性与高度信息不对称的特点。因此，出于安全性考虑，银行等金融机构通常对相关企业的贷款持谨慎态度。在这种情况下，风险投资成为缓解这类高新技术企业创新活动流动性约束的有效途径。因此，应充分发挥风险投资在科技成果商业化和产业化转化中的重要支撑作用，进一步完善风险投资体系，为人工智能产业领域的创新创业提供孵化服务。同时，培养与引进具有深刻把握行业动态和市场需求、拥有丰富经验的高端人才，为相关企业提供专业化的增值服务，促进科技成果转化率的提高。

（3）加快推进芯片和算法等关键领域的基础研究。首先，高度重视基础研究，尤其要大力推进芯片和算法等关键领域的基础研究。调整投入结构，加大基础研究投入力度，大幅提高基础研究经费投入比重。依托企业、高校、科研院所建设一批人工智能芯片和算法领域国家技术创新中心，集中组织实施新一代人工智能产业芯片和算法技术的基础研究。鼓励校企开展深度合作，建立协同创新联盟，开发能承载人工智能产业发展的自主芯片技术和算法技术。其次，创造良好的基础研究氛围。基础研究具有周期长、风险大、厚积薄发等特点，一般需要长期的投入才能取得成果。因此，在基础研究过程中，需要克服浮躁和急功近利的心态，为科研人员潜心钻研提供宽松向上的工作和生活环境,让他们能够专心研究。

（4）加大新一代人工智能产业人才培养和引进力度。人工智能产业竞争的根本是人才的竞争。培养人工智能产业人才并制定相应的人才战略,对于抓住新一轮信息技术革命中的"赶超"机遇至关重要。首先,应尽快推动高校设立人工智能专业。由于国内人工智能专业多分散于计算机和自动化等学科,尚未形成系统完备的人工智能专业课程体系,因此,应加快推动人工智能一级学科建设,完善人工智能领域学科布局,并把增强人工智能素养贯穿于整个教育和职业培训体系,对现有教育体系进行改革,适当增加人工智能相关专业招生名额。此外,还可以通过设立人工智能研究项目,在顶尖高校设立人工智能的重点学科和科研基地。其次,加强高校与互联网科技巨头的合作。企业可与学校共建人工智能专业和课程,参与搭建学校实验室与配套环境,将业界经验和案例有机融入学校教学之中,并为学校的创新成果提供产业化渠道和机会。最后,构建交叉型学科体系。在重点区域建立优良的人工智能学科生态系统,打造人工智能学科群,以培养具备复合技术背景的科技人才为目标。通过跨学科的教育,培养出既懂技术又具备综合能力的人才,以满足新一代人工智能产业的需求。

18.3 延伸阅读：中国数字经济主要政策节点

随着数字技术的不断发展,数字经济逐渐成为我国经济发展的支柱产业。自党的十八大以来,我国先后印发《数字经济发展战略纲要》《"十四五"数字经济发展规划》,加快推进数字产业化和产业数字化,数字经济蓬勃发展。中国数字经济主要政策节点见表18-1。

表 18-1　中国数字经济主要政策节点

时间	内容
2017年3月	国务院政府工作报告：推动"互联网+"深入发展、促进数字经济加快成长。"数字经济"概念首次在政府工作报告中被提及
2019年3月	国务院政府工作报告：深化大数据、人工智能等研发应用,培育新一代信息技术及新兴产业集群,壮大数字经济
2019年5月	中共中央办公厅、国务院办公厅印发《数字乡村发展战略纲要》,指出乡村振兴的战略方向,也是建设数字中国的重要内容
2019年10月	国家发展改革委、中央网信办在"国家数字经济创新发展试验区启动会"发布《国家数字经济创新发展试验区实施方案》,浙江、河北（雄安新区）、福建、广东、重庆、四川等六地成为首批试验区
2020年4月	国家发展改革委、中央网信办发布《关于推进"上云用数赋智"行动　培育新经济发展实施方案》,大力培育数字经济新业态,继续深入推进企业数字化转型
2020年5月	国务院政府工作报告：要继续出台支持政策,全面推进"互联网+",打造数字经济新优势

(续)

时间	内容
2020年8月	国务院国资委印发《关于加快推进国有企业数字化转型工作的通知》，系统明确国有企业数字化转型的基础、方向、重点和举措，开启了国有企业数字化转型的新篇章，积极引导国有企业在数字经济时代准确识变、科学应变、主动求变，加快改造提升传统动能、培育发展新动能
2021年3月	国务院政府工作报告：加快数字化发展，打造数字经济新优势，协同推进数字产业化和产业数字化转型，加快数字社会建设步伐，提高数字政府建设水平，营造良好数字生态，建设数字中国
2021年5月	国家统计局发布《数字经济及其核心产业统计分类（2021）》，满足社会各界对数字经济的统计要求
2021年10月	第十九届中央政治局第三十四次集体学习：把握数字经济发展趋势和规律，推动我国数字经济健康发展
2022年1月	国务院印发《"十四五"数字经济发展规划》，展望2035年，力争形成统一公平、竞争有序、成熟完备的数字经济现代市场体系，数字经济发展水平位居世界前列
2022年1月	中国银保监会办公厅发布《关于银行业保险业数字化转型的指导意见》，总体目标为：到2025年，银行业保险业数字化转型取得明显成效。具体措施包括战略规划与组织流程建设、业务经营管理数字化、数据能力建设、科技能力建设、风险防范、组织保障和监督管理等。其中在业务经营管理数字化方面，重点强调积极发展产业数字金融，大力推进个人金融服务数字化转型，建设数字化运营服务体系，构建安全高效、合作共赢的金融服务生态，着力加强数字化风控能力建设
2022年1月	中央网信办等10部门印发《数字乡村发展行动计划（2022—2025年）》，强调要加快推进数字乡村建设，充分发挥信息化对乡村振兴的驱动引领作用，整体带动和提升农业农村现代化发展，促进农业全面升级、农村全面进步、农民全面发展
2022年6月	国务院发布《关于加强数字政府建设的指导意见》，全面开创数字政府建设新局面。政策重点强调，要构建协同高效的政府数字化履职能力体系、数字政府全方位安全保障体系、科学规范的数字政府建设制度规则体系、开放共享的数据资源体系和智能集约的平台支撑体系，以数字政府建设全面引领驱动数字化发展，不断加强党对数字政府建设工作的领导
2022年11月	工业和信息化部发布《中小企业数字化转型指南》，主要面向中小企业、数字化转型服务供给方和地方各级主管部门，旨在助力中小企业科学高效推进数字化转型，提升为中小企业提供数字化产品和服务的能力，为有关负责部门推进中小企业数字化转型工作提供指引
2022年12月	财政部出台的《关于加快推进银行函证规范化、集约化、数字化建设的通知》，其中关于数字化建设的内容有：数字化回函与纸质回函具有同等法律效力和证明力；银行函证平台应当坚持安全可控、标准规范、开放兼容的原则，稳步推动银行函证数字化工作等，进一步推进银行函证规范化、集约化、数字化，提升审计质量和效率
2023年2月	中共中央 国务院印发《数字中国建设整体布局规划》指出，建设数字中国是数字时代推进中国式现代化的重要引擎，是构筑国家竞争新优势的有力支撑。加快数字中国建设，对全面建设社会主义现代化国家、全面推进中华民族伟大复兴具有重要意义和深远影响

● 本章小结

本章主要介绍了数字经济环境下的政府产业政策，包括智慧产业和人工智能产业。首先介绍了我国智慧产业发展现状和不足，讨论了智慧产业发展策略和政策建议。然后，根据人工智能产业发展的主要优势及存在的问题，并结合国外促进新一代人工智能产业发展的主要做法，讨论了我国新一代人工智能产业发展的主要模式，分析了我国新一代人工智能产业发展的对策建议。

● 复习思考题

1. 试用 PEST 法分析我国智慧产业发展的环境。
2. 试用 PEST 法分析我国人工智能产业发展的环境。
3. 谈谈你对我国数字经济发展产业政策的看法。

● 参考文献

［1］曹立，刘西友. 与党员干部谈数字经济：数字经济 36 问 36 答 [M]. 北京：人民出版社，2023.

［2］崔爽. 范东睿：从设计到产业，讲一个"完整的芯片故事" [N]. 科技日报，2020-09-03（5）.

［3］陈万钦. 数字经济理论和政策体系研究 [J]. 经济与管理，2020，34（6）：6-13.

［4］国家发展和改革委员会. 数字经济干部读本 [M]. 北京：党建读物出版社，2022.

［5］何伟，孙克，胡燕妮，等. 中国数字经济政策全景图 [M]. 北京：人民邮电出版社，2022.

［6］李由君，韩卓希，乔天宇，等. 数字化转型中的国家治理变化 [J]. 西安交通大学学报：社会科学版，2022，42（3）：51-60.

［7］王毅. 数字创新与全球价值链变革 [J]. 清华管理评论，2020（3）：52-58.

［8］许正中. 关于数字经济的答问 [M]. 北京：国家行政学院出版社，2022.

［9］许宪春，张美慧. 中国数字经济规模测算研究：基于国际比较的视角 [J]. 中国工业经济，2020（5）：23-41.

第 19 章　数字经济发展对策建议

学习要求

- 了解如何推动数字经济重点发展
- 了解如何释放中小微企业数字化转型需求潜力
- 了解如何促进数字经济高质量发展
- 了解数字经济如何支撑"双循环"发展新格局

引例

数字福建

早在 2000 年，时任福建省省长的习近平，高瞻远瞩、审时度势做出建设数字福建的战略决策，提出了"数字化、网络化、可视化、智能化"的建设目标。

经过 20 多年的探索和实践，数字福建建设成效显著，信息化综合指数、互联网普及率、两化融合水平、数字经济总量均居全国前列，特别在电子政务、数字经济、社会体验、智慧城市等方面积累了很多成功的经验。数字福建建设呈现出"处处相连、物物互通、事事网办、业业创新"的良好态势。

政务服务从电脑端向移动端延伸，公共服务平台体系覆盖民生主要领域。就诊看病，一卡（社保卡）在手，全省通行……数字福建中的电子政务、社会体验、智慧城市等与老百姓更是密切相关，极大方便了民众办事、生活。

福建省一体化全流程网上政务服务平台集网上办事、咨询投诉、政务公开、效能监察、互动交流等功能于一体，是覆盖全省、统一架构、多级联动的一体化网上政务服务平台，主要由福建省网上办事大厅、政务服务 App 统一平台（闽政通 App）、12345 便民服务平台、电子证照平台等组成，四个平台互联互通、紧密集成、协同化应用，共同实现政务服务标准化、便捷化、平台化和协同化。

福建省政务数据汇聚共享平台根据"数字化、网络化、可视化、智能化"的目标导向，整合了所有省直部门数据中心及信息中心的近千个非涉密应用项目，实现了物理集中在数字福建云计算中心的基础上，创新性开展政务数据整合汇聚与共享应用的优秀实践成果。

通过在"数字福建"先行先试，为我国解决这个世界性难题提供了先导和示范，其集约化、低成本、可共享和可持续的系统工程建设模式入选中央网信办首批信息资源整合创新试点示范项目，省直部门数据中心及信息中心整合被中央深改办作为改革经验通报。其整体解决方案、共享平台已在十几个省市获得推广应用。

19.1 如何推动数字经济重点发展

当前和今后一段时期是全球数字经济发展的重大战略机遇期。

一是加速数据要素价值化进程。推进数据采集、标注、存储、传输、管理、应用等全生命周期价值管理，消除不同主体之间的数据壁垒，实现传感、控制、管理、运营等多源数据一体化集成。建立不同主体的数据采集和共享机制，推动各领域数据标注和管理应用。建设国家数据采集标注平台和数据资源平台，实现多源异构数据的融合和存储。

二是推进实体经济的数字化转型。加强企业的数字化改造，引导实体经济企业加快生产装备的数字化升级，深化生产制造、经营管理、市场服务等方面的数字化应用，加快业务数据的集成和共享。加快行业数字化升级，面向重点行业，制定数字化转型路线图，形成一批可复制和可推广的行业数字化转型系统解决方案。

三是着力提升产业基础能力。突破核心关键技术，加强基础研究，提升原始创新能力，力争处于理论最前沿，占据创新制高点，取得产业新的竞争优势。坚持应用驱动和系统推进，加快突破信息领域的核心关键技术，提升数字技术的供给能力和工程化水平。

四是强化数字经济治理能力。建立健全法律法规体系，完善数据开放共享、数据交易、知识产权保护、隐私保护、安全保障等方面的法律法规，修订相关的管理规章，更好地发挥行业公约等对法律法规体系的有效补充作用。

五是深化数字经济开放合作。加强各国数字经济领域的政策协调，推进数字经济技术、标准、园区和人才培养等领域合作的试点示范，培育若干个具有示范性、引领性和标志性的国际合作项目。

19.2 如何释放中小微企业数字化转型需求潜力

中小微企业是市场经济的主要组成部分，也是创业和就业的主要载体。中小微企业的数字化转型是释放经济潜力的关键。然而，与大型企业相比，中小微企业在人才、资金、技术和管理等方面相对滞后。在数字化浪潮席卷全球的背景下，中小微企业面临着如何在数字时代立足，如何利用数字技术改革生产方式和管理理念，如何推动可持续发展等核心问题。

2020年，国家发展改革委、中央网信办发布的《关于推进"上云用数赋智"行动培育新经济发展实施方案》形成了中小微企业要素转型的思路，由政府、平台提供通用数据资本投入以替代中小微企业的自我投入，助力中小微企业的数字化转型。

"上云用数赋智"行动提出了深化数字化转型服务的目标，加快企业的云计算、大数据应用和智能化发展，特别是要推动中小微企业的数字化转型，并培育重点行业应用场景，打造升级版的"互联网+"。该行动的目的是帮助中小微企业解决数字经济转型中的难题，解决"不会转""不能转"和"不敢转"的问题。

解决"不会转"的方法是建立平台企业和中小微企业的对接机制，引导中小微企业提出需求，鼓励平台企业开发更多转型产品、服务和工具，以激发数字化转型市场的活力。

解决"不能转"的方法是推行普惠性服务，探索提供低息或贴息贷款的"云量贷"机制，鼓励探索降低企业转型成本的税收减免和返还措施等。

解决"不敢转"的方法是通过打造跨越物理边界的"虚拟产业园"和"虚拟产业集群"，充分发掘企业间协同放大效益。

19.3　如何促进数字经济高质量发展

为促进我国数字经济可持续高质量发展，可以借鉴发达国家已有的成功经验。这些成功经验可以为解决我国数字经济发展进程中的问题提供启示或参考。

第一，推进核心技术创新，提高数字化生产力。核心技术是数字经济发展的关键，需要实现核心技术和关键技术的自主可控，最终实现推动工业制造业的转型升级。

第二，建设数字化平台以增强数字产业的融合力。发展数字经济的关键是融合，而融合本质上也是一种创新，需要充分发挥数字经济在生产要素配置中的优化和集成作用，进一步促进数字经济与实体经济的深度融合。

第三，加快对全产业的数字技术赋能。促进数字技术与经济社会各个领域深度融合，需要加快对全产业进行数字技术赋能。

第四，打造开放包容的数字经济发展环境。我国数字经济发展面临的突出问题是政策障碍和体制瓶颈，这些问题制约着数字化生产力的发展。因此，需要创新相应的政策制度，建立数字经济现代化的治理体系，构建数据的价值体系和流通机制。

第五，加速推进数据要素价值化进程。推动数据要素全面深度应用，深化数据驱动的全流程应用，提升基于数据分析的工业、服务业、农业的供给与消费，实现不同产业的生产管理全流程综合应用。

19.4　数字经济如何支撑"双循环"发展新格局

"十四五"时期是我国数字经济实现跨越式发展的重大战略机遇期，以供给侧结构性改革为主线，以实施扩大内需为战略基点，夯实基础、优化产业、深化转型、升级消费、扩大合作，形成供给创造需求、需求牵引供给的更高水平动态平衡，加快培育双循环新动能，以"双融合"全面支撑"双循环"发展新格局。

第一，加快建设数字新基建，夯实双循环重要载体。通过强化数字新基建布局，为全面重塑生产关系、释放数字生产力奠定基础。

第二，提升产业链和供应链竞争力，增强双循环发展动力。注重锻造产业链和供应链长板，强化要素支撑，优化产业链和供应链发展环境，努力完善创新链条，推动传统产业向高端化、智能化、数字化和绿色化方向迈进。

第三，强化科技创新，扎实双循环发展根基。完善科技创新体制机制和创新环境，深化科技创新体制机制改革，推进科技创新要素市场化配置，实现人才、资本、技术和信息等科技创新要素的自由流动，提高科技产出效率。同时，加强基础研究，围绕国家重大战略需求，加快关键共性技术、前沿引领技术、现代工程技术和颠覆性技术等创新突破，瞄准国际科技前沿加强基础研究，增强原始创新能力。

第四，深入推进产业数字化转型，提升双循环质量效益。组织实施制造业数字化转型行动计划，制定关键急需的标准以推动新一代信息技术的发展和应用。推动企业上云、用云，全面深化研发、生产、经营、管理和服务等环节的数字化应用。

第五，全面促进数字化消费，培育双循环新型动能。挖掘数字化消费需求，提升消费需求水平。加快发展教育培训、医疗养老、交通出行等线上线下融合的新型消费，推动消费结构优化升级，加速提升产业供给能力，利用物联网、大数据、云计算、人工智能等技术推动各类数字产品智能化升级。

第六，持续扩大国际合作，拓展双循环发展空间。紧抓数字经济与实体经济融合发展机遇，强化"一带一路"合作，打造互信互利、包容、创新和共赢的数字经济合作伙伴关系。加强国家间数字经济治理合作，积极参与数字经济国际规则和标准制定，推动形成数字经济国际治理新机制。

19.5 延伸阅读：数字中国

数字中国旨在以遥感卫星图像为主要的技术分析手段，在可持续发展、农业、资源、环境、全球变化、生态系统、水土循环系统等方面管理中国。

《中华人民共和国国民经济和社会发展第十四个五年规划和2035年远景目标纲要（草案）》提出，迎接数字时代，激活数据要素潜能，推进网络强国建设，加快建设数字经济、数字社会、数字政府，以数字化转型整体驱动生产方式、生活方式和治理方式变革。

为加快"数字中国"建设，我国政府开展了很多工作，包括积极实施"互联网+"行动，推进实施"宽带中国"战略和国家大数据战略等。此外，还将启动一批战略行动和重大工程，推进5G研发应用，实施IPv6规模部署行动计划等。随着后续政策的出台和新技术的不断应用，中国数字经济发展进入快车道。

"数字中国"是我国国家空间信息基础设施建设和应用的基础，是我国国民经济和社会信息化的重要内容。"数字中国"这个目标是要健全我国地理空间信息标准和政策法规，建立完善的公益性、基础性地理空间信息以及交换网络体系，为相关联的产业发展创造条件和奠定基础。

发展"数字中国"，就是要运用大数据提升国家治理现代化水平。国家网络安全和信息化是事关国家安全和发展，事关广大人民群众工作、生活的重大战略问题。"数字中国"要建立健全大数据科学决策和社会治理机制，实现政府决策科学化、社会治理精准化、公共服务高效化。以数据集中和共享为途径，推动技术融合、业务融合、数据融合，打通信息壁垒，形成覆盖全国、统筹利用、统一接入的数据共享大平台，构建全国信息资源共享体系。"数字中国"的建造，是为下一步我国冲出亚洲、走向世界奠定雄厚的数据基础，未来的"数字亚洲""数字世界"乃至"数字地球"都会实现的！

（资料来源：国家信息中心网站 http://www.sic.gov.cn）

● **本章小结**

本章主要讨论了数字经济发展对策建议，包括如何推动数字经济重点发展、如何释放中小微企业数字化转型需求潜力、如何促进数字经济高质量发展、数字经济如何支撑"双循环"发展新格局等。

● **复习思考题**

1. 谈谈如何推动数字经济重点发展。
2. 谈谈如何释放中小微企业数字化转型需求潜力。

3. 谈谈如何促进数字经济高质量发展。

4. 谈谈数字经济如何支撑"双循环"发展新格局。

● 参考文献

[1] 曹立，刘西友. 与党员干部谈数字经济：数字经济36问36答[M]. 北京：人民出版社，2023.

[2] 陈思祁. 中国区域数字鸿沟的形成机制[M]. 北京：人民邮电出版社，2018.

[3] 国家发展和改革委员会. 数字经济干部读本[M]. 北京：党建读物出版社，2022.

[4] 何伟，孙克，胡燕妮，等. 中国数字经济政策全景图[M]. 北京：人民邮电出版社，2022.

[5] 何伟，左铠瑞，张东. 数字中国：洞察产业数字化发展新趋势[M]. 北京：人民邮电出版社，2022.

[6] 黄欣荣，潘欧文. "数字中国"的由来、发展与未来[J]. 北京航空航天大学学报：社会科学版，2021，34（4）：99-106.

[7] 江青. 数字中国：大数据与政府管理决策[M]. 北京：中国人民大学出版社，2018.

[8] 荆文君，孙宝文. 数字经济促进经济高质量发展：一个理论分析框架[J]. 经济学家，2019（2）：66-73.

[9] 李天宇，王晓娟. 数字经济赋能中国"双循环"战略：内在逻辑与实现路径[J]. 经济学家，2021（5）：102-109.

[10] 李由君，韩卓希，乔天宇，等. 数字化转型中的国家治理变化[J]. 西安交通大学学报：社会科学版，2022，42（3）：51-60.

[11] 人民网. 潮起东南：从数字福建到数字中国[EB/OL]. [2023-04-18]. http://media.people.com.cn/n1/2018/0419/c419084-29936713.html.

[12] 宋冬林，孙尚斌，范欣. 数据成为现代生产要素的政治经济学分析[J]. 经济学家，2021（7）：35-44.

[13] 王毅. 数字创新与全球价值链变革[J]. 清华管理评论，2020（3）：52-58.

[14] 信息社会50人论坛. 数字化转型中的中国[M]. 北京：电子工业出版社，2019.

[15] 许正中. 关于数字经济的答问[M]. 北京：国家行政学院出版社，2022.

[16] 祝合良，王春娟. "双循环"新发展格局战略背景下产业数字化转型：理论与对策[J]. 财贸经济，2021，42（3）：14-27.

[17] 中共中央国务院印发《数字中国建设整体布局规划》[N]. 人民日报，2023-02-28（1）.

附录 A 数字中国建设整体布局规划

2023年2月，中共中央、国务院印发了《数字中国建设整体布局规划》（以下简称《规划》），并发出通知，要求各地区各部门结合实际认真贯彻落实。

《规划》指出，建设数字中国是数字时代推进中国式现代化的重要引擎，是构筑国家竞争新优势的有力支撑。加快数字中国建设，对全面建设社会主义现代化国家、全面推进中华民族伟大复兴具有重要意义和深远影响。

《规划》强调，要坚持以习近平新时代中国特色社会主义思想特别是习近平总书记关于网络强国的重要思想为指导，深入贯彻党的二十大精神，坚持稳中求进工作总基调，完整、准确、全面贯彻新发展理念，加快构建新发展格局，着力推动高质量发展，统筹发展和安全，强化系统观念和底线思维，加强整体布局，按照夯实基础、赋能全局、强化能力、优化环境的战略路径，全面提升数字中国建设的整体性、系统性、协同性，促进数字经济和实体经济深度融合，以数字化驱动生产生活和治理方式变革，为以中国式现代化全面推进中华民族伟大复兴注入强大动力。

《规划》提出，到2025年，基本形成横向打通、纵向贯通、协调有力的一体化推进格局，数字中国建设取得重要进展。数字基础设施高效联通，数据资源规模和质量加快提升，数据要素价值有效释放，数字经济发展质量效益大幅增强，政务数字化智能化水平明显提升，数字文化建设跃上新台阶，数字社会精准化普惠化便捷化取得显著成效，数字生态文明建设取得积极进展，数字技术创新实现重大突破，应用创新全球领先，数字安全保障能力全面提升，数字治理体系更加完善，数字领域国际合作打开新局面。到2035年，数字化发展水平进入世界前列，数字中国建设取得重大成就。数字中国建设体系化布局更加科学完备，经济、政治、文化、社会、生态文明建设各领域数字化发展更加协调充分，有力支撑全面建设社会主义现代化国家。

《规划》明确，数字中国建设按照"2522"的整体框架进行布局，即夯实数字基础设施和数据资源体系"两大基础"，推进数字技术与经济、政治、文化、社会、生态文明建设"五位一体"深度融合，强化数字技术创新体系和数字安全屏障"两大能力"，优化数字化发展国内国际"两个环境"。

《规划》指出,要夯实数字中国建设基础。一是打通数字基础设施大动脉。加快5G网络与千兆光网协同建设,深入推进IPv6规模部署和应用,推进移动物联网全面发展,大力推进北斗规模应用。系统优化算力基础设施布局,促进东西部算力高效互补和协同联动,引导通用数据中心、超算中心、智能计算中心、边缘数据中心等合理梯次布局。整体提升应用基础设施水平,加强传统基础设施数字化、智能化改造。二是畅通数据资源大循环。构建国家数据管理体制机制,健全各级数据统筹管理机构。推动公共数据汇聚利用,建设公共卫生、科技、教育等重要领域国家数据资源库。释放商业数据价值潜能,加快建立数据产权制度,开展数据资产计价研究,建立数据要素按价值贡献参与分配机制。

《规划》指出,要全面赋能经济社会发展。一是做强做优做大数字经济。培育壮大数字经济核心产业,研究制定推动数字产业高质量发展的措施,打造具有国际竞争力的数字产业集群。推动数字技术和实体经济深度融合,在农业、工业、金融、教育、医疗、交通、能源等重点领域,加快数字技术创新应用。支持数字企业发展壮大,健全大中小企业融通创新工作机制,发挥"绿灯"投资案例引导作用,推动平台企业规范健康发展。二是发展高效协同的数字政务。加快制度规则创新,完善与数字政务建设相适应的规章制度。强化数字化能力建设,促进信息系统网络互联互通、数据按需共享、业务高效协同。提升数字化服务水平,加快推进"一件事一次办",推进线上线下融合,加强和规范政务移动互联网应用程序管理。三是打造自信繁荣的数字文化。大力发展网络文化,加强优质网络文化产品供给,引导各类平台和广大网民创作生产积极健康、向上向善的网络文化产品。推进文化数字化发展,深入实施国家文化数字化战略,建设国家文化大数据体系,形成中华文化数据库。提升数字文化服务能力,打造若干综合性数字文化展示平台,加快发展新型文化企业、文化业态、文化消费模式。四是构建普惠便捷的数字社会。促进数字公共服务普惠化,大力实施国家教育数字化战略行动,完善国家智慧教育平台,发展数字健康,规范互联网诊疗和互联网医院发展。推进数字社会治理精准化,深入实施数字乡村发展行动,以数字化赋能乡村产业发展、乡村建设和乡村治理。普及数字生活智能化,打造智慧便民生活圈、新型数字消费业态、面向未来的智能化沉浸式服务体验。五是建设绿色智慧的数字生态文明。推动生态环境智慧治理,加快构建智慧高效的生态环境信息化体系,运用数字技术推动山水林田湖草沙一体化保护和系统治理,完善自然资源三维立体"一张图"和国土空间基础信息平台,构建以数字孪生流域为核心的智慧水利体系。加快数字化绿色化协同转型。倡导绿色智慧生活方式。

《规划》指出,要强化数字中国关键能力。一是构筑自立自强的数字技术创新体系。健全社会主义市场经济条件下关键核心技术攻关新型举国体制,加强企业主导的产学研深度融合。强化企业科技创新主体地位,发挥科技型骨干企业引领支撑作用。加强知识产权保护，健全知识产权转化收益分配机制。二是筑牢可信可控的数字安全屏障。切实维护网络安全，完善网络安全法律法规和政策体系。增强数据安全保障能力，建立数据分类分级保护基础制度，健全网络数据监测预警和应急处置工作体系。

《规划》指出，要优化数字化发展环境。一是建设公平规范的数字治理生态。完善法律法规体系，加强立法统筹协调，研究制定数字领域立法规划，及时按程序调整不适应数字化发展的法律制度。构建技术标准体系，编制数字化标准工作指南，加快制定修订各行业数字化转型、产业交叉融合发展等应用标准。提升治理水平，健全网络综合治理体系，提升全方位多维度综合治理能力，构建科学、高效、有序的管网治网格局。净化网络空间，深入开展网络生态治理工作，推进"清朗""净网"系列专项行动，创新推进网络文明建设。二是构建开放共赢的数字领域国际合作格局。统筹谋划数字领域国际合作，建立多层面协同、多平台支撑、多主体参与的数字领域国际交流合作体系，高质量共建"数字丝绸之路"，积极发展"丝路电商"。拓展数字领域国际合作空间，积极参与联合国、世界贸易组织、二十国集团、亚太经合组织、金砖国家、上合组织等多边框架下的数字领域合作平台，高质量搭建数字领域开放合作新平台，积极参与数据跨境流动等相关国际规则构建。

《规划》强调，要加强整体谋划、统筹推进，把各项任务落到实处。一是加强组织领导。坚持和加强党对数字中国建设的全面领导，在党中央集中统一领导下，中央网络安全和信息化委员会加强对数字中国建设的统筹协调、整体推进、督促落实。充分发挥地方党委网络安全和信息化委员会作用，健全议事协调机制，将数字化发展摆在本地区工作重要位置，切实落实责任。各有关部门按照职责分工，完善政策措施，强化资源整合和力量协同，形成工作合力。二是健全体制机制。建立健全数字中国建设统筹协调机制，及时研究解决数字化发展重大问题，推动跨部门协同和上下联动，抓好重大任务和重大工程的督促落实。开展数字中国发展监测评估。将数字中国建设工作情况作为对有关党政领导干部考核评价的参考。三是保障资金投入。创新资金扶持方式，加强对各类资金的统筹引导。发挥国家产融合作平台等作用，引导金融资源支持数字化发展。鼓励引导资本规范参与数字中国建设，构建社会资本有效参与的投融资体系。四是强化人才支撑。增强领导干部和公务员数字思维、数字认知、数字技能。统筹布局一批数字领域学科专业点，培养创新型、应用型、复合型人才。构建覆盖全民、城乡融合的数字素养与技能发展培育体系。五是营造良好氛围。推动高等学校、研究机构、企业等共同参与数字中国建设，建立一批数字中国研究基地。统筹开展数字中国建设综合试点工作，综合集成推进改革试验。办好数字中国建设峰会等重大活动，举办数字领域高规格国内国际系列赛事，推动数字化理念深入人心，营造全社会共同关注、积极参与数字中国建设的良好氛围。

（资料来源：中央人民政府网站 http://www.gov.cn）

附录B "十四五"数字经济发展规划(节选)

数字经济是继农业经济、工业经济之后的主要经济形态,是以数据资源为关键要素,以现代信息网络为主要载体,以信息通信技术融合应用、全要素数字化转型为重要推动力,促进公平与效率更加统一的新经济形态。数字经济发展速度之快、辐射范围之广、影响程度之深前所未有,正推动生产方式、生活方式和治理方式深刻变革,成为重组全球要素资源、重塑全球经济结构、改变全球竞争格局的关键力量。"十四五"时期,我国数字经济转向深化应用、规范发展、普惠共享的新阶段。为应对新形势新挑战,把握数字化发展新机遇,拓展经济发展新空间,推动我国数字经济健康发展,依据《中华人民共和国国民经济和社会发展第十四个五年规划和2035年远景目标纲要》,制定本规划。

B.1 发展现状和形势

1. 发展现状

"十三五"时期,我国深入实施数字经济发展战略,不断完善数字基础设施,加快培育新业态新模式,推进数字产业化和产业数字化取得积极成效。2020年,我国数字经济核心产业增加值占国内生产总值(GDP)比重达到7.8%,数字经济为经济社会持续健康发展提供了强大动力。

信息基础设施全球领先。建成全球规模最大的光纤和第四代移动通信(4G)网络,第五代移动通信(5G)网络建设和应用加速推进。宽带用户普及率明显提高,光纤用户占比超过94%,移动宽带用户普及率达到108%,互联网协议第六版(IPv6)活跃用户数达到4.6亿。

产业数字化转型稳步推进。农业数字化全面推进。服务业数字化水平显著提高。工业数字化转型加速,工业企业生产设备数字化水平持续提升,更多企业迈上"云端"。

新业态新模式竞相发展。数字技术与各行业加速融合,电子商务蓬勃发展,移动支付广泛普及,在线学习、远程会议、网络购物、视频直播等生产生活新方式加速推广,互联网平台日益壮大。

数字政府建设成效显著。一体化政务服务和监管效能大幅度提升,"一网通办""最多跑一次""一网统管""一网协同"等服务管理新模式广泛普及,数字营商环境持续优化,在线政务服务水平跃居全球领先行列。

数字经济国际合作不断深化。《二十国集团数字经济发展与合作倡议》等在全球赢得广泛共识,信息基础设施互联互通取得明显成效,"丝路电商"合作成果丰硕,我国数字经济领域平台企业加速出海,影响力和竞争力不断提升。

与此同时,我国数字经济发展也面临一些问题和挑战:关键领域创新能力不足,产业链供应链受制于人的局面尚未根本改变;不同行业、不同区域、不同群体间数字鸿沟未有效弥合,甚至有进一步扩大趋势;数据资源规模庞大,但价值潜力还没有充分释放;数字经济治理体系需进一步完善。

2. 面临形势

当前,新一轮科技革命和产业变革深入发展,数字化转型已经成为大势所趋,受内外部多重因素影响,我国数字经济发展面临的形势正在发生深刻变化。

发展数字经济是把握新一轮科技革命和产业变革新机遇的战略选择。数字经济是数字时代国家综合实力的重要体现,是构建现代化经济体系的重要引擎。世界主要国家均高度重视发展数字经济,纷纷出台战略规划,采取各种举措打造竞争新优势,重塑数字时代的国际新格局。

数据要素是数字经济深化发展的核心引擎。数据对提高生产效率的乘数作用不断凸显,成为最具时代特征的生产要素。数据的爆发增长、海量集聚蕴藏了巨大的价值,为智能化发展带来了新的机遇。协同推进技术、模式、业态和制度创新,切实用好数据要素,将为经济社会数字化发展带来强劲动力。

数字化服务是满足人民美好生活需要的重要途径。数字化方式正有效打破时空阻隔,提高有限资源的普惠化水平,极大地方便群众生活,满足多样化个性化需要。数字经济发展正在让广大群众享受到看得见、摸得着的实惠。

规范健康可持续是数字经济高质量发展的迫切要求。我国数字经济规模快速扩张,但发展不平衡、不充分、不规范的问题较为突出,迫切需要转变传统发展方式,加快补齐短板弱项,提高我国数字经济治理水平,走出一条高质量发展道路。

B.2 总体要求

1. 指导思想

以习近平新时代中国特色社会主义思想为指导，全面贯彻党的十九大和十九届历次全会精神，立足新发展阶段，完整、准确、全面贯彻新发展理念，构建新发展格局，推动高质量发展，统筹发展和安全、统筹国内和国际，以数据为关键要素，以数字技术与实体经济深度融合为主线，加强数字基础设施建设，完善数字经济治理体系，协同推进数字产业化和产业数字化，赋能传统产业转型升级，培育新产业新业态新模式，不断做强做优做大我国数字经济，为构建数字中国提供有力支撑。

2. 基本原则

坚持创新引领、融合发展。坚持把创新作为引领发展的第一动力，突出科技自立自强的战略支撑作用，促进数字技术向经济社会和产业发展各领域广泛深入渗透，推进数字技术、应用场景和商业模式融合创新，形成以技术发展促进全要素生产率提升、以领域应用带动技术进步的发展格局。

坚持应用牵引、数据赋能。坚持以数字化发展为导向，充分发挥我国海量数据、广阔市场空间和丰富应用场景优势，充分释放数据要素价值，激活数据要素潜能，以数据流促进生产、分配、流通、消费各个环节高效贯通，推动数据技术产品、应用范式、商业模式和体制机制协同创新。

坚持公平竞争、安全有序。突出竞争政策基础地位，坚持促进发展和监管规范并重，健全完善协同监管规则制度，强化反垄断和防止资本无序扩张，推动平台经济规范健康持续发展，建立健全适应数字经济发展的市场监管、宏观调控、政策法规体系，牢牢守住安全底线。

坚持系统推进、协同高效。充分发挥市场在资源配置中的决定性作用，构建经济社会各主体多元参与、协同联动的数字经济发展新机制。结合我国产业结构和资源禀赋，发挥比较优势，系统谋划、务实推进，更好发挥政府在数字经济发展中的作用。

3. 发展目标

到 2025 年，数字经济迈向全面扩展期，数字经济核心产业增加值占 GDP 比重达到 10%，数字化创新引领发展能力大幅提升，智能化水平明显增强，数字技术与实体经济融合取得显著成效，数字经济治理体系更加完善，我国数字经济竞争力和影响力稳步提升。

——数据要素市场体系初步建立。数据资源体系基本建成，利用数据资源推动研发、生产、流通、服务、消费全价值链协同。数据要素市场化建设成效显现，数据确权、定价、交易有序开展，探索建立与数据要素价值和贡献相适应的收入分配机制，激发市场主体创新活力。

——产业数字化转型迈上新台阶。农业数字化转型快速推进，制造业数字化、网络化、智能化更加深入，生产性服务业融合发展加速普及，生活性服务业多元化拓展显著加快，产业数字化转型的支撑服务体系基本完备，在数字化转型过程中推进绿色发展。

——数字产业化水平显著提升。数字技术自主创新能力显著提升，数字化产品和服务供给质量大幅提高，产业核心竞争力明显增强，在部分领域形成全球领先优势。新产业新业态新模式持续涌现、广泛普及，对实体经济提质增效的带动作用显著增强。

——数字化公共服务更加普惠均等。数字基础设施广泛融入生产生活，对政务服务、公共服务、民生保障、社会治理的支撑作用进一步凸显。数字营商环境更加优化，电子政务服务水平进一步提升，网络化、数字化、智慧化的利企便民服务体系不断完善，数字鸿沟加速弥合。

——数字经济治理体系更加完善。协调统一的数字经济治理框架和规则体系基本建立，跨部门、跨地区的协同监管机制基本健全。政府数字化监管能力显著增强，行业和市场监管水平大幅提升。政府主导、多元参与、法治保障的数字经济治理格局基本形成，治理水平明显提升。与数字经济发展相适应的法律法规制度体系更加完善，数字经济安全体系进一步增强。

展望2035年，数字经济将迈向繁荣成熟期，力争形成统一公平、竞争有序、成熟完备的数字经济现代市场体系，数字经济发展基础、产业体系发展水平位居世界前列。

B.3 优化升级数字基础设施

（1）加快建设信息网络基础设施。建设高速泛在、天地一体、云网融合、智能敏捷、绿色低碳、安全可控的智能化综合性数字信息基础设施。有序推进骨干网扩容，协同推进千兆光纤网络和5G网络基础设施建设，推动5G商用部署和规模应用，前瞻布局第六代移动通信（6G）网络技术储备，加大6G技术研发支持力度，积极参与推动6G国际标准化工作。积极稳妥推进空间信息基础设施演进升级，加快布局卫星通信网络等，推动卫星互联网建设。提高物联网在工业制造、农业生产、公共服务、应急管理等领域的覆盖水平，增强固移融合、宽窄结合的物联接入能力。

（2）推进云网协同和算网融合发展。加快构建算力、算法、数据、应用资源协同的全国一体化大数据中心体系。在京津冀、长三角、粤港澳大湾区、成渝地区双城经济圈、贵州、内蒙古、甘肃、宁夏等地区布局全国一体化算力网络国家枢纽节点，建设数据中心集群，结合应用、产业等发展需求优化数据中心建设布局。加快实施"东数西算"工程，推进云网协同发展，提升数据中心跨网络、跨地域数据交互能力，加强面向特定场景的边缘计算能力，强化算力统筹和智能调度。按照绿色、低碳、集约、高效的原则，持续推进绿色数字中心建设，加快推进数据中心节能改造，持续提升数据中心可再生能源利用水平。推动智能计算中心有序发展，打造智能算力、通用算法和开发平台一体化的新型智能基础设施，面向政务服务、智慧城市、智能制造、自动驾驶、语言智能等重点新兴领域，提供体系化的人工智能服务。

（3）有序推进基础设施智能升级。稳步构建智能高效的融合基础设施，提升基础设施网络化、智能化、服务化、协同化水平。高效布局人工智能基础设施，提升支撑"智能+"发展的行业赋能能力。推动农林牧渔业基础设施和生产装备智能化改造，推进机器视觉、机器学习等技术应用。建设可靠、灵活、安全的工业互联网基础设施，支撑制造资源的泛在连接、弹性供给和高效配置。加快推进能源、交通运输、水利、物流、环保等领域基础设施数字化改造。推动新型城市基础设施建设，提升市政公用设施和建筑智能化水平。构建先进普惠、智能协作的生活服务数字化融合设施。在基础设施智能升级过程中，充分满足老年人等群体的特殊需求，打造智慧共享、和睦共治的新型数字生活。

B.4 充分发挥数据要素作用

（1）强化高质量数据要素供给。支持市场主体依法合规开展数据采集，聚焦数据的标注、清洗、脱敏、脱密、聚合、分析等环节，提升数据资源处理能力，培育壮大数据服务产业。推动数据资源标准体系建设，提升数据管理水平和数据质量，探索面向业务应用的共享、交换、协作和开放。加快推动各领域通信协议兼容统一，打破技术和协议壁垒，努力实现互通互操作，形成完整贯通的数据链。推动数据分类分级管理，强化数据安全风险评估、监测预警和应急处置。深化政务数据跨层级、跨地域、跨部门有序共享。建立健全国家公共数据资源体系，统筹公共数据资源开发利用，推动基础公共数据安全有序开放，构建统一的国家公共数据开放平台和开发利用端口，提升公共数据开放水平，释放数据红利。

（2）加快数据要素市场化流通。加快构建数据要素市场规则，培育市场主体、完善治理体系，促进数据要素市场流通。鼓励市场主体探索数据资产定价机制，推动形成数据资产目录，逐步完善数据定价体系。规范数据交易管理，培育规范的数据交易平台和市场主体，建立健全数据资产评估、登记结算、交易撮合、争议仲裁等市场运营体系，提升数据交易效率。严厉打击数据黑市交易，营造安全有序的市场环境。

（3）创新数据要素开发利用机制。适应不同类型数据特点，以实际应用需求为导向，探索建立多样化的数据开发利用机制。鼓励市场力量挖掘商业数据价值，推动数据价值产品化、服务化，大力发展专业化、个性化数据服务，促进数据、技术、场景深度融合，满足各领域数据需求。鼓励重点行业创新数据开发利用模式，在确保数据安全、保障用户隐私的前提下，调动行业协会、科研院所、企业等多方参与数据价值开发。对具有经济和社会价值、允许加工利用的政务数据和公共数据，通过数据开放、特许开发、授权应用等方式，鼓励更多社会力量进行增值开发利用。结合新型智慧城市建设，加快城市数据融合及产业生态培育，提升城市数据运营和开发利用水平。

B.5 大力推进产业数字化转型

（1）加快企业数字化转型升级。引导企业强化数字化思维，提升员工数字技能和数据管理能力，全面系统推动企业研发设计、生产加工、经营管理、销售服务等业务数字化转型。支持有条件的大型企业打造一体化数字平台，全面整合企业内部信息系统，强化全流程数据贯通，加快全价值链业务协同，形成数据驱动的智能决策能力，提升企业整体运行效率和产业链上下游协同效率。实施中小企业数字化赋能专项行动，支持中小企业从数字化转型需求迫切的环节入手，加快推进线上营销、远程协作、数字化办公、智能生产线等应用，由点及面向全业务全流程数字化转型延伸拓展。鼓励和支持互联网平台、行业龙头企业等立足自身优势，开放数字化资源和能力，帮助传统企业和中小企业实现数字化转型。推行普惠性"上云用数赋智"服务，推动企业上云、上平台，降低技术和资金壁垒，加快企业数字化转型。

（2）全面深化重点产业数字化转型。立足不同产业特点和差异化需求，推动传统产业全方位、全链条数字化转型，提高全要素生产率。大力提升农业数字化水平，推进"三农"综合信息服务，创新发展智慧农业，提升农业生产、加工、销售、物流等各环节数字化水平。纵深推进工业数字化转型，加快推动研发设计、生产制造、经营管理、市场服务等全生命周期数字化转型，加快培育一批"专精特新"中小企业和制造业单项冠军企业。深入实施智能制造工程，大力推动装备数字化，开展智能制造试点示范专项行动，完善国家智能制造标准体系。培育推广个性化定制、网络化协同等新模式。大力发展数字商务，全面加快商贸、物流、金融等服务业数字化转型，优化管理体系和服务模式，提高服务业的品质与效益。促进数字技术在全过程工程咨询领域的深度应用，引领咨询服务和工程建设模式转型升级。加快推动智慧能源建设应用，促进能源生产、运输、消费等各环节智能化升级，推动能源行业低碳转型。加快推进国土空间基础信息平台建设应用。推动产业互联网融通应用，培育供应链金融、服务型制造等融通发展模式，以数字技术促进产业融合发展。

（3）推动产业园区和产业集群数字化转型。引导产业园区加快数字基础设施建设，利用数字技术提升园区管理和服务能力。积极探索平台企业与产业园区联合运营模式，丰富技术、数据、平台、供应链等服务供给，提升线上线下相结合的资源共享水平，引导各类要素加快向园区集聚。围绕共性转型需求，推动共享制造平台在产业集群落地和规模化发展。探索发展跨越物理边界的"虚拟"产业园区和产业集群，加快产业资源虚拟化集聚、平台化运营和网络化协同，构建虚实结合的产业数字化新生态。依托京津冀、长三角、粤港澳大湾区、成渝地区双城经济圈等重点区域，统筹推进数字基础设施建设，探索建立各类产业集群跨区域、跨平台协同新机制，促进创新要素整合共享，构建创新协同、错位互补、供需联动的区域数字化发展生态，提升产业链供应链协同配套能力。

（4）培育转型支撑服务生态。建立市场化服务与公共服务双轮驱动，技术、资本、人才、数据等多要素支撑的数字化转型服务生态，解决企业"不会转""不能转""不敢转"的难题。面向重点行业和企业转型需求，培育推广一批数字化解决方案。聚焦转型咨询、标准制定、测试评估等方向，培育一批第三方专业化服务机构，提升数字化转型服务市场规模和活力。支持高校、龙头企业、行业协会等加强协同，建设综合测试验证环境，加强产业共性解决方案供给。建设数字化转型促进中心，衔接集聚各类资源条件，提供数字化转型公共服务，打造区域产业数字化创新综合体，带动传统产业数字化转型。

B.6 加快推动数字产业化

（1）增强关键技术创新能力。瞄准传感器、量子信息、网络通信、集成电路、关键软件、大数据、人工智能、区块链、新材料等战略性前瞻性领域，发挥我国社会主义制度优势、新型举国体制优势、超大规模市场优势，提高数字技术基础研发能力。以数字技术与各领域融合应用为导向，推动行业企业、平台企业和数字技术服务企业跨界创新，优化创新成果快速转化机制，加快创新技术的工程化、产业化。鼓励发展新型研发机构、企业创新联合体等新型创新主体，打造多元化参与、网络化协同、市场化运作的创新生态体系。支持具有自主核心技术的开源社区、开源平台、开源项目发展，推动创新资源共建共享，促进创新模式开放化演进。

（2）提升核心产业竞争力。着力提升基础软硬件、核心电子元器件、关键基础材料和生产装备的供给水平，强化关键产品自给保障能力。实施产业链强链补链行动，加强面向多元化应用场景的技术融合和产品创新，提升产业链关键环节竞争力，完善5G、集成电路、新能源汽车、人工智能、工业互联网等重点产业供应链体系。深化新一代信息技术集成创新和融合应用，加快平台化、定制化、轻量化服务模式创新，打造新兴数字产业新优势。协同推进信息技术软硬件产品产业化、规模化应用，加快集成适配和迭代优化，推动软件产业做大做强，提升关键软硬件技术创新和供给能力。

（3）加快培育新业态新模式。推动平台经济健康发展，引导支持平台企业加强数据、产品、内容等资源整合共享，扩大协同办公、互联网医疗等在线服务覆盖面。深化共享经济在生活服务领域的应用，拓展创新、生产、供应链等资源共享新空间。发展基于数字技术的智能经济，加快优化智能化产品和服务运营，培育智慧销售、无人配送、智能制造、反向定制等新增长点。完善多元价值传递和贡献分配体系，有序引导多样化社交、短视频、知识分享等新型就业创业平台发展。

（4）营造繁荣有序的产业创新生态。发挥数字经济领军企业的引领带动作用，加强资源共享和数据开放，推动线上线下相结合的创新协同、产能共享、供应链互通。鼓励开源社区、开发者平台等新型协作平台发展，培育大中小企业和社会开发者开放协作的数字产业创新生态，带动创新型企业快速壮大。以园区、行业、区域为整体推进产业创新服务平台建设，强化技术研发、标准制修订、测试评估、应用培训、创业孵化等优势资源汇聚，提升产业创新服务支撑水平。

B.7 持续提升公共服务数字化水平

（1）提高"互联网+政务服务"效能。全面提升全国一体化政务服务平台功能，加快推进政务服务标准化、规范化、便利化，持续提升政务服务数字化、智能化水平，实现利企便民高频服务事项"一网通办"。建立健全政务数据共享协调机制，加快数字身份统一认证和电子证照、电子签章、电子公文等互信互认，推进发票电子化改革，促进政务数据共享、流程优化和业务协同。推动政务服务线上线下整体联动、全流程在线、向基层深度拓展，提升服务便利化、共享化水平。开展政务数据与业务、服务深度融合创新，增强基于大数据的事项办理需求预测能力，打造主动式、多层次创新服务场景。聚焦公共卫生、社会安全、应急管理等领域，深化数字技术应用，实现重大突发公共事件的快速响应和联动处置。

（2）提升社会服务数字化普惠水平。加快推动文化教育、医疗健康、会展旅游、体育健身等领域公共服务资源数字化供给和网络化服务，促进优质资源共享复用。充分运用新型数字技术，强化就业、养老、儿童福利、托育、家政等民生领域供需对接，进一步优化资源配置。发展智慧广电网络，加快推进全国有线电视网络整合和升级改造。深入开展电信普遍服务试点，提升农村及偏远地区网络覆盖水平。加强面向革命老区、民族地区、边疆地区、脱贫地区的远程服务，拓展教育、医疗、社保、对口帮扶等服务内容，助力基本公共服务均等化。加强信息无障碍建设，提升面向特殊群体的数字化社会服务能力。促进社会服务和数字平台深度融合，探索多领域跨界合作，推动医养结合、文教结合、体医结合、文旅融合。

（3）推动数字城乡融合发展。统筹推动新型智慧城市和数字乡村建设，协同优化城乡公共服务。深化新型智慧城市建设，推动城市数据整合共享和业务协同，提升城市综合管理服务能力，完善城市信息模型平台和运行管理服务平台，因地制宜构建数字孪生城市。加快城市智能设施向乡村延伸覆盖，完善农村地区信息化服务供给，推进城乡要素双向自由流动，合理配置公共资源，形成以城带乡、共建共享的数字城乡融合发展格局。构建城乡常住人口动态统计发布机制，利用数字化手段助力提升城乡基本公共服务水平。

（4）打造智慧共享的新型数字生活。加快既有住宅和社区设施数字化改造，鼓励新建小区同步规划建设智能系统，打造智能楼宇、智能停车场、智能充电桩、智能垃圾箱等公共设施。引导智能家居产品互联互通，促进家居产品与家居环境智能互动，丰富"一键控制""一声响应"的数字家庭生活应用。加强超高清电视普及应用，发展互动视频、沉浸式视频、云游戏等新业态。创新发展"云生活"服务，深化人工智能、虚拟现实、8K高清视频等技术的融合，拓展社交、购物、娱乐、展览等领域的应用，促进生活消费品质升级。鼓励建设智慧社区和智慧服务生活圈，推动公共服务资源整合，提升专业化、市场化服务水平。支持实体消费场所建设数字化消费新场景，推广智慧导览、智能导流、虚实交互体验、非接触式服务等应用，提升场景消费体验。培育一批新型消费示范城市和领先企业，打造数字产品服务展示交流和技能培训中心，培养全民数字消费意识和习惯。

B.8 健全完善数字经济治理体系

（1）强化协同治理和监管机制。规范数字经济发展，坚持发展和监管两手抓。探索建立与数字经济持续健康发展相适应的治理方式，制定更加灵活有效的政策措施，创新协同治理模式。明晰主管部门、监管机构职责，强化跨部门、跨层级、跨区域协同监管，明确监管范围和统一规则，加强分工合作与协调配合。深化"放管服"改革，优化营商环境，分类清理规范不适应数字经济发展需要的行政许可、资质资格等事项，进一步释放市场主体创新活力和内生动力。鼓励和督促企业诚信经营，强化以信用为基础的数字经济市场监管，建立完善信用档案，推进政企联动、行业联动的信用共享共治。加强征信建设，提升征信服务供给能力。加快建立全方位、多层次、立体化监管体系，实现事前事中事后全链条全领域监管，完善协同会商机制，有效打击数字经济领域违法犯罪行为。加强跨部门、跨区域分工协作，推动监管数据采集和共享利用，提升监管的开放、透明、法治水平。探索开展跨场景跨业务跨部门联合监管试点，创新基于新技术手段的监管模式，建立健全触发式监管机制。加强税收监管和税务稽查。

（2）增强政府数字化治理能力。加大政务信息化建设统筹力度，强化政府数字化治理和服务能力建设，有效发挥对规范市场、鼓励创新、保护消费者权益的支撑作用。建立完善基于大数据、人工智能、区块链等新技术的统计监测和决策分析体系，提升数字经济治理的精准性、协调性和有效性。推进完善风险应急响应处置流程和机制，强化重大问题研判和风险预警，提升系统性风险防范水平。探索建立适应平台经济特点的监管机制，推动线上线下监管有效衔接，强化对平台经营者及其行为的监管。

（3）完善多元共治新格局。建立完善政府、平台、企业、行业组织和社会公众多元参与、有效协同的数字经济治理新格局，形成治理合力，鼓励良性竞争，维护公平有效市场。加快健全市场准入制度、公平竞争审查机制，完善数字经济公平竞争监管制度，预防和制止滥用行政权力排除限制竞争。进一步明确平台企业主体责任和义务，推进行业服务标准建设和行业自律，保护平台从业人员和消费者合法权益。开展社会监督、媒体监督、公众监督，培育多元治理、协调发展新生态。鼓励建立争议在线解决机制和渠道，制定并公示争议解决规则。引导社会各界积极参与推动数字经济治理，加强和改进反垄断执法，畅通多元主体诉求表达、权益保障渠道，及时化解矛盾纠纷，维护公众利益和社会稳定。

B.9 着力强化数字经济安全体系

（1）增强网络安全防护能力。强化落实网络安全技术措施同步规划、同步建设、同步使用的要求，确保重要系统和设施安全有序运行。加强网络安全基础设施建设，强化跨领域网络安全信息共享和工作协同，健全完善网络安全应急事件预警通报机制，提升网络安全态势感知、威胁发现、应急指挥、协同处置和攻击溯源能力。提升网络安全应急处置能力,加强电信、金融、能源、交通运输、水利等重要行业领域关键信息基础设施网络安全防护能力,支持开展常态化安全风险评估,加强网络安全等级保护和密码应用安全性评估。支持网络安全保护技术和产品研发应用,推广使用安全可靠的信息产品、服务和解决方案。强化针对新技术、新应用的安全研究管理,为新产业新业态新模式健康发展提供保障。加快发展网络安全产业体系,促进拟态防御、数据加密等网络安全技术应用。加强网络安全宣传教育和人才培养,支持发展社会化网络安全服务。

(2)提升数据安全保障水平。建立健全数据安全治理体系,研究完善行业数据安全管理政策。建立数据分类分级保护制度,研究推进数据安全标准体系建设,规范数据采集、传输、存储、处理、共享、销毁全生命周期管理,推动数据使用者落实数据安全保护责任。依法依规加强政务数据安全保护,做好政务数据开放和社会化利用的安全管理。依法依规做好网络安全审查、云计算服务安全评估等,有效防范国家安全风险。健全完善数据跨境流动安全管理相关制度规范。推动提升重要设施设备的安全可靠水平,增强重点行业数据安全保障能力。进一步强化个人信息保护,规范身份信息、隐私信息、生物特征信息的采集、传输和使用,加强对收集使用个人信息的安全监管能力。

(3)切实有效防范各类风险。强化数字经济安全风险综合研判,防范各类风险叠加可能引发的经济风险、技术风险和社会稳定问题。引导社会资本投向原创性、引领性创新领域,避免低水平重复、同质化竞争、盲目跟风炒作等,支持可持续发展的业态和模式创新。坚持金融活动全部纳入金融监管,加强动态监测,规范数字金融有序创新,严防衍生业务风险。推动关键产品多元化供给,着力提高产业链供应链韧性,增强产业体系抗冲击能力。引导企业在法律合规、数据管理、新技术应用等领域完善自律机制,防范数字技术应用风险。健全失业保险、社会救助制度,完善灵活就业的工伤保险制度。健全灵活就业人员参加社会保险制度和劳动者权益保障制度,推进灵活就业人员参加住房公积金制度试点。探索建立新业态企业劳动保障信用评价、守信激励和失信惩戒等制度。着力推动数字经济普惠共享发展,健全完善针对未成年人、老年人等各类特殊群体的网络保护机制。

B.10 有效拓展数字经济国际合作

(1)加快贸易数字化发展。以数字化驱动贸易主体转型和贸易方式变革,营造贸易数字化良好环境。完善数字贸易促进政策,加强制度供给和法律保障。加大服务业开放力度,探索放宽数字经济新业态准入,引进全球服务业跨国公司在华设立运营总部、研发设计中心、采购物流中心、结算中心,积极引进优质外资企业和创业团队,加强国际创新资源"引进来"。依托自由贸易试验区、数字服务出口基地和海南自由贸易港，针对跨境寄递物流、跨境支付和供应链管理等典型场景，构建安全便利的国际互联网数据专用通道和国际化数据信息专用通道。大力发展跨境电商，扎实推进跨境电商综合试验区建设，积极鼓励各业务环节探索创新，培育壮大一批跨境电商龙头企业、海外仓领军企业和优秀产业园区，打造跨境电商产业链和生态圈。

（2）推动"数字丝绸之路"深入发展。加强统筹谋划，高质量推动中国—东盟智慧城市合作、中国—中东欧数字经济合作。围绕多双边经贸合作协定，构建贸易投资开放新格局，拓展与东盟、欧盟的数字经济合作伙伴关系，与非盟和非洲国家研究开展数字经济领域合作。统筹开展境外数字基础设施合作，结合当地需求和条件，与共建"一带一路"国家开展跨境光缆建设合作，保障网络基础设施互联互通。构建基于区块链的可信服务网络和应用支撑平台，为广泛开展数字经济合作提供基础保障。推动数据存储、智能计算等新兴服务能力全球化发展。加大金融、物流、电子商务等领域的合作模式创新，支持我国数字经济企业"走出去"，积极参与国际合作。

（3）积极构建良好国际合作环境。倡导构建和平、安全、开放、合作、有序的网络空间命运共同体，积极维护网络空间主权，加强网络空间国际合作。加快研究制定符合我国国情的数字经济相关标准和治理规则。依托双边和多边合作机制，开展数字经济标准国际协调和数字经济治理合作。积极借鉴国际规则和经验，围绕数据跨境流动、市场准入、反垄断、数字人民币、数据隐私保护等重大问题探索建立治理规则。深化政府间数字经济政策交流对话，建立多边数字经济合作伙伴关系，主动参与国际组织数字经济议题谈判，拓展前沿领域合作。构建商事协调、法律顾问、知识产权等专业化中介服务机制和公共服务平台，防范各类涉外经贸法律风险，为出海企业保驾护航。

B.11 保障措施

（1）加强统筹协调和组织实施。建立数字经济发展部际协调机制，加强形势研判，协调解决重大问题，务实推进规划的贯彻实施。各地方要立足本地区实际，健全工作推进协调机制，增强发展数字经济本领，推动数字经济更好服务和融入新发展格局。进一步加强对数字经济发展政策的解读与宣传，深化数字经济理论和实践研究，完善统计测度和评价体系。各部门要充分整合现有资源，加强跨部门协调沟通，有效调动各方面的积极性。

（2）加大资金支持力度。加大对数字经济薄弱环节的投入，突破制约数字经济发展的短板与瓶颈，建立推动数字经济发展的长效机制。拓展多元投融资渠道，鼓励企业开展技术创新。鼓励引导社会资本设立市场化运作的数字经济细分领域基金，支持符合条件的数字经济企业进入多层次资本市场进行融资，鼓励银行业金融机构创新产品和服务，加大对数字经济核心产业的支持力度。加强对各类资金的统筹引导，提升投资质量和效益。

（3）提升全民数字素养和技能。实施全民数字素养与技能提升计划，扩大优质数字资源供给，鼓励公共数字资源更大范围向社会开放。推进中小学信息技术课程建设，加强职业院校（含技工院校）数字技术技能类人才培养，深化数字经济领域新工科、新文科建设，支持企业与院校共建一批现代产业学院、联合实验室、实习基地等，发展订单制、现代学徒制等多元化人才培养模式。制定实施数字技能提升专项培训计划，提高老年人、残障人士等运用数字技术的能力，切实解决老年人、残障人士面临的困难。提高公民网络文明素养，强化数字社会道德规范。鼓励将数字经济领域人才纳入各类人才计划支持范围，积极探索高效灵活的人才引进、培养、评价及激励政策。

（4）实施试点示范。统筹推动数字经济试点示范，完善创新资源高效配置机制，构建引领性数字经济产业集聚高地。鼓励各地区、各部门积极探索适应数字经济发展趋势的改革举措，采取有效方式和管用措施，形成一批可复制推广的经验做法和制度性成果。支持各地区结合本地区实际情况，综合采取产业、财政、科研、人才等政策手段，不断完善与数字经济发展相适应的政策法规体系、公共服务体系、产业生态体系和技术创新体系。鼓励跨区域交流合作，适时总结推广各类示范区经验，加强标杆示范引领，形成以点带面的良好局面。

（5）强化监测评估。各地区、各部门要结合本地区、本行业实际，抓紧制定出台相关配套政策并推动落地。要加强对规划落实情况的跟踪监测和成效分析，抓好重大任务推进实施，及时总结工作进展。国家发展改革委、中央网信办、工业和信息化部要会同有关部门加强调查研究和督促指导，适时组织开展评估，推动各项任务落实到位，重大事项及时向国务院报告。

（资料来源：中央人民政府网站 http://www.gov.cn）

附录C 二十国集团数字经济发展与合作倡议

C.1 概述：数字世界中的全球经济

在2015年安塔利亚峰会上，二十国集团领导人认识到，我们生活的互联网经济时代给全球经济增长带来的机遇与挑战并存。2016年，二十国集团将探讨共同利用数字机遇、应对挑战，促进数字经济推动经济实现包容性增长和发展的路径。

数字经济是指以使用数字化的知识和信息作为关键生产要素、以现代信息网络作为重要载体、以信息通信技术的有效使用作为效率提升和经济结构优化的重要推动力的一系列经济活动。互联网、云计算、大数据、物联网、金融科技与其他新的数字技术应用于信息的采集、存储、分析和共享过程中，改变了社会互动方式。数字化、网络化、智能化的信息通信技术使现代经济活动更加灵活、敏捷、智慧。

数字经济正在经历高速增长、快速创新，并广泛应用到其他经济领域中。数字经济是全球经济增长日益重要的驱动力，在加速经济发展、提高现有产业劳动生产率、培育新市场和产业新增长点、实现包容性增长和可持续增长中正发挥着重要作用。

在认识到各国、各地区和全球不同利益相关方之间已有的数字和互联网相关战略的同时，二十国集团数字经济工作组发挥了二十国集团独特优势，助力于讨论信息通信技术带来的机遇和挑战，提出数字经济发展与合作的一些共识、原则和关键领域。二十国集团将促进成员之间以及成员之外的沟通与合作，确保强大、活跃、互联的信息通信技术，能带动数字经济的繁荣和蓬勃发展，促进全球经济增长，并惠及世界人民。

C.2 指导原则：前进的指南

二十国集团成员同意以下促进数字经济发展与合作的共同原则：

（1）创新。信息通信技术中的技术创新，以及由信息通信技术驱动的经济活动中的创新,都是实现经济包容性增长和发展的关键驱动力。

（2）伙伴关系。为了增进合作、应对共同挑战、推进全球数字经济,二十国集团成员间更紧密的伙伴关系有助于分享知识、信息和经验。因此,通过建设性对话可缩小分歧,促使各方获益。二十国集团认识到,互联网是支撑数字经济的现代信息网络的重要组成部分。互联网治理应继续遵循信息社会世界峰会（WSIS）成果中的规定。特别是,我们强调致力于一种多利益攸关方的互联网治理模式,其中包括政府、私营部门、民间社会、技术团体和国际组织根据其各自的角色和责任充分、积极参与。我们支持多利益攸关方进程,支持对所有利益相关方包容、透明、负责任的倡议,以实现互联互通的数字世界。

（3）协同。数字经济几乎涉及所有经济社会领域,并与二十国集团其他议题、特别是创新和新工业革命议题密切相关,二十国集团成员愿意协调相关议题的讨论,避免重复、确保一致。

（4）灵活。鉴于不同成员有不同的关切和优先事项,二十国集团认识到灵活的重要性。

（5）包容。二十国集团成员应与所有利益相关方共同努力,缩小各类数字鸿沟,促进创业、创新和经济活动,进一步开发所有人均可获得的多语言、多形式的内容和服务,人们需要媒体、信息、数字素养等方面的能力和技能,可以利用通信技术并促进其进一步发展。因此,我们认可多语言原则的重要性,以确保所有民族语言、文化和历史的多样性。应继续将数字包容性和使用数字技术来提升包容性作为推进数字经济的关键要素,以确保无论性别、地区、年龄、能力或经济地位如何,都没有人被落下。二十国集团成员还认识到,数字经济在促进落实2030年可持续发展议程目标上的潜力。

（6）开放和有利的商业环境。二十国集团认识到私营部门在数字经济中的关键作用,以及维护有利和透明的法律、监管、政策环境,促进开放和竞争的市场的重要性。认识到在数字经济中实施竞争和消费者保护法律的重要性,这些都有利于市场准入、信息通信技术创新和数字经济增长。

（7）促进经济增长、信任和安全的信息流动。二十国集团成员重申信息社会世界峰会突尼斯承诺第4段的内容,认识到信息、思想、知识的自由流动以及表达自由对数字经济至关重要,对发展大有裨益。我们支持维护互联网全球属性的信息通信技术政策,促进信息跨境流动,允许互联网使用者依法自主选择获得在线信息、知识和服务。与此同时,二十国集团认识到必须尊重适用于隐私和个人数据保护的框架,因为这些对增强数字经济领域信心和信任至关重要。应提高基于信息通信技术的关键基础设施的安全性,以使信息通信技术继续成为加快经济发展的可靠动力。

C.3 关键领域：进一步释放数字经济潜力

数字经济工作组将遵循上述原则，明确数字经济合作的优先事项，为数字经济发展、促进经济增长和确保数字包容性提供有利条件。为此，鼓励成员：

1. 扩大宽带接入，提高宽带质量

（1）加速网络基础设施建设，促进互联互通。促进互联网交换中心（IXPs）建设。鼓励所有国家让互联网接入成为发展和增长举措的核心。

（2）在合法可预测的竞争环境中，促进宽带网络覆盖、提高服务能力和质量。特别是，探索以可负担的价格扩大高速互联网接入和连接的方式。

2. 促进信息通信技术领域的投资

（1）通过促进研发和创新（RDI）以及投资，包括数字经济跨境投资等方面的政策框架，改善商业环境。欢迎公私伙伴关系（PPP）、商业股权投资基金以及社会基金等形式投资信息通信技术基础设施和应用。鼓励开源技术和其他技术的发展。

（2）鼓励组织信息通信技术企业和金融机构间的投资信息交流活动，鼓励二十国集团成员间的在信息通信技术领域相互投资。

3. 支持创业和促进数字化转型

（1）鼓励通过有利和透明的法律框架，支持研发和创新的项目以及对创新企业运行良好的资本市场推动基于互联网的研发和创新。支持发展中和新兴国家开展数字技术能力建设和基于互联网的创业。

（2）利用互联网促进产品、服务、流程、组织和商业模式的创新。

（3）鼓励数字技术与制造业融合，建设一个更加连接的、网络化、智能化的制造业。利用信息通信技术改善教育、医疗和安全、环境保护、城市规划、卫生保健和其他公共服务。促进电子商务、电子政务、电子物流、在线旅游、互联网金融和分享经济等服务业的持续发展。促进农业生产、运营、管理的数字化，以及农产品配送的网络化转型。

（4）为宽带提供商创造条件，鼓励扩展、创新、消费者保护和竞争，研究制定防止商业宽带网络实施反竞争性的屏蔽、流量调节、数据优先的政策的可能性。我们注意到，在数字经济背景下一些成员在开放互联网方面的重要的监管和立法程序以及其潜在驱动力，呼吁进一步在国际层面分享机遇和挑战方面的信息。

4. 促进电子商务合作

（1）使用可信的数字化手段促进电子商务跨境贸易便利化，如，无纸化通关、电子交易单据、数字认证的互认、电子支付和网上支付等。同时，加强合作，防止市场准入壁垒和其他壁垒。应关注税收的相关问题，譬如，确保有效地支付国际电子商务税收，尤其考虑税基侵蚀和利润转移（BEPS）问题。加强在国际范围内开展电子商务测度和数字经济对宏观经济影响的研究。

（2）加强消费者权益保护合作，发展争端解决方式，确保为消费者提供与电子商务特点相适应的多种选择，这些选择应在本国法律法规框架下，并与该成员的国际法律义务保持一致。

（3）通过确保尊重隐私和个人数据保护，树立用户信心，这是影响数字经济发展的关键因素。

5. 提高数字包容性

（1）采取多种政策措施和技术手段来缩小数字鸿沟，包括各国之间和各国之内的数字鸿沟，特别是发达国家和发展中国家之间、各地区和各群体之间，包括男性和女性之间的数字鸿沟，推动普遍接入，包括为所有人提供均等的数字机会开放式接入互联网。提高最贫困地区居民，特别是20%的最贫困居民，以及人口密度低的地区居民的宽带接入，努力为最不发达国家提供普遍和可负担得起的互联网接入。重申确保按照《连通2020目标议程》，实现在2020年前新增的15亿人能够联网，并享用有意义的互联网接入的目标。

（2）促进数字技术在中小学教育中的使用，以及在非正式教育中的使用，包括图书馆、博物馆和其他以社区为基础的组织中的使用，以缩小不同收入水平间的差距，推动适应数字经济的劳动力的发展。努力确保越来越多的中小学生可以在教室中合法接入教育内容，并且有宽带连接和数字化工具。

（3）促进食品配送、教育、卫生、补贴分配和治理等带来社会福利的数字技术的发展。

（4）认识到数字经济可能带来技能短缺、技能不匹配方面的风险和挑战，以及逐步上升的对待因技能缺乏所导致的落后群体的不平等，因此，通过学术机构和技术学校、图书馆、企业和社区组织之间开展合作，推广数字技术和更具竞争力的劳动力非常重要。提高公众的数字技能，包括青年和老年人，女性和男性，残疾人，文盲和弱势群体，以及低收入国家、发展中国家的民众，帮助他们参与数字经济，释放数字经济在创造高质量就业、提供体面的工作、促进收入增长和福利提升方面的潜力。加强劳动者权利保护方面的合作。

6. 促进中小微企业发展

（1）通过政策支持，促进中小微企业使用信息通信技术进行创新、提高竞争力、开辟新的市场分销渠道。

（2）推动以可负担的价格为中小微企业运营提供所需的数字基础设施。

（3）鼓励中小微企业为公共部门提供信息通信产品和服务，融入全球价值链。

（4）鼓励参与"全球企业注册倡议"等工作，创造透明简捷的商业注册机制。

C.4 政策支持：营造开放、安全的环境

二十国集团旨在鼓励交流、增进相互了解，加强政策制定、监管领域的合作。为此，鼓励成员：

1. 知识产权

重申《二十国集团安塔利亚峰会领导人公报》第 26 段内容，认识到适当、有效的知识产权保护和执法对数字经济发展的重要意义。

2. 促进合作并尊重自主发展道路

鼓励成员开展国际合作，减少、消除或防止不必要的监管要求的差异，以释放数字经济的活力，同时认识到所有成员应与其国际法律义务保持一致，并根据各自的发展情况、历史文化传统、国家法律体系和国家发展战略来规划发展道路。

3. 培育透明的数字经济政策制定

（1）发展和保持公开、透明、包容及以证据为基础的数字经济政策制定方式，并考虑到所有利益相关方的意见。在法律、法规、政策和其他措施审议、制定、实施之前，公开征求其意见。

（2）鼓励发布相关的、可公开的政府数据，并认识到这些对于带动新技术、新产品、新服务的潜力。

（3）鼓励智能的公共采购方案，支持私营部门创新数字产品生产和服务，同时保持需求由市场主导。

4. 支持国际标准的开发和使用

支持技术产品和服务的国际标准的开发和应用，这些国际标准应与包括世贸组织规则和原则在内的国际规则保持一致。

5. 增强信心和信任

（1）增强在线交易的可用性、完整性、保密性和可靠性。鼓励发展安全的信息基础设施，以促进可信、稳定和可靠的互联网应用。

（2）作为我们应对信息通信技术使用过程中的安全风险、威胁和缺陷所做的努力的一部分，包括那些信息通信技术的关键基础设施，要尽力加强国际协作、能力建设和公私伙伴关系，包括在相关国际论坛开展建设性讨论。支持和鼓励使用基于风险的技术标准、指导原则和最佳实践，以识别、评估、管理公私部门的安全风险。

（3）加强在线交易方面的国际合作，共同打击网络犯罪和保护信息通信技术环境。

6. 管理无线电频率频谱促进创新

认识到在数字经济时代有效管理无线电频谱对于实现移动革命全部潜能的重要性。

C.5 前进的方向：采取行动带来改变

认识到正在进行中的数字化转型正在重塑当今经济和社会并将在未来持续进行，二十国集团同意继续在以下事项上开展密切合作。基于此，二十国集团将：

（1）鼓励建立多层次交流，包括政府、私营部门、民间社会、国际组织、技术和学术群体等利益相关方以及行业组织、劳工组织等其他各方分享观点，促进数字经济合作。

（2）鼓励二十国集团成员交流政策制定和立法经验，分享最佳实践。

（3）鼓励通过数字经济方面的培训和研究合作使二十国集团中的发展中国家受益。

（4）欢迎和鼓励联合国、联合国贸易和发展会议、联合国工业发展组织、国际劳工组织、国际货币基金组织、国际电信联盟、经济合作和发展组织、世界银行和其他国际组织，在重要的政策问题方面开发更好的实用、相关、适当的指标，譬如数字经济中的信任、电子商务、跨境数据流动、物联网等问题。

（5）期待包括经合组织在内的相关国际组织和感兴趣成员做出努力，加强宏观经济统计中的数字经济测度问题研究，包括对各国统计机构开展自愿性"良好实践"调研，并组织由统计学家和数字企业参与的数字经济测度源数据研讨会。

（6）与二十国集团工商界活动（B20）、二十国集团劳动会议（L20）、二十国集团智库峰会（T20）等其他团体积极互动，与工商界、民间社会、学术界交流观点，就如何推动数字经济健康发展交流意见。

（资料来源：中国网信网 http://www.cac.gov.cn）